rowohlt
BERLIN

D1932440

Jens Bisky

Die deutsche Frage
Warum die Einheit unser Land gefährdet

Rowohlt · Berlin

1. Auflage September 2005
Copyright © 2005 by Rowohlt · Berlin
Verlag GmbH, Berlin
Alle Rechte vorbehalten
Satz Minion PostScript (QuarkXPress)
bei KCS GmbH Buchholz / Hamburg
Druck und Bindung Clausen & Bosse, Leck
Printed in Germany
ISBN 3 87134 526 1

Inhalt

Wir verstehen die Welt nicht mehr
Warum es eine neue deutsche Frage gibt

Manches fiele heute leichter, hätte man das Vereinigungsmanagement einem Mann wie C. R. MacNamara anvertrauen können, der 1961 in Billy Wilders Film «Eins, zwei, drei» demonstriert hat, wie man Ost-Menschen zu Glück und Erfolg in der freien Welt verhilft. In wenigen Stunden gelang es dem Chef der Coca-Cola-Filiale West-Berlin, den fanatischen Jungkommunisten Otto Ludwig Piffl in einen adretten Demokraten zu verwandeln, von dem man sicher sein kann, dass er auf seinem Weg nach oben alle Erwartungen erfüllen wird. Für das «Reeducation»-Programm brauchte MacNamara kaum mehr als einige loyale Angestellte und eine prall gefüllte Brieftasche. Unterstützt wurde er von den schönen Augen einer Amerikanerin. Er ließ den Jungkommunisten die Schrecken des ostdeutschen Geheimdienstes erleben, kaufte ihm ordentliche Anzüge und einen Wagen, verschaffte ihm einen neuen Lebenslauf und einen Job, und schließlich lehrte er ihn ein paar Floskeln, die in der Freiheit weiterhelfen konnten, weil der Boss sie gerne hörte: «Die Lage ist ernst, aber nicht hoffnungslos.» Piffls Wiedergeburt glückte beispielhaft.

So vulgär der Westen in «Eins, zwei, drei» auch erscheint, sosehr seine Helden von menschlichen Begierden gehetzt werden – dem Charme dieses Lebens, zu dem man sich nicht anders als ironisch verhalten kann, erliegen Piffl und die Zuschauer gemeinsam. MacNamaras Methode der Umerziehung setzte nichts voraus als den Egoismus jedes Einzelnen, seinen Willen, glücklich zu leben. Das Glücksstreben hat kleinliche Seiten, offenbart in jedem Augenblick die Unvollkommenheiten der Charaktere, ja, ihre Schäbigkeit. Doch nur auf diese Weise ist das Happy End gesichert. Keiner erhält all das, was er sich wünschte, keiner geht vollständig leer aus. Die Vertreter des Westens verletzen wie die des Ostens ununterbrochen ihre Prinzipien, niemand ist groß genug, die ihm zugedachte Rolle wirklich auszufüllen. Im Osten aber wäre Piffls Leben im dauernden Ringen mit übermächtigen Gewalten verstrichen – sei es im vergeblichen Kampf für die kommunistische Erlösung, sei es als ohnmächtiger Einzelner in den Fängen des Machtapparats. Im Westen drohten ihm höchstens Pech, Missgeschicke, Pannen. Der «Zauber der Freiheit» (Max Weber) kann sich nur als Komödie entfalten.

Als 1990 die staatssozialistische Gesellschaft der DDR in eine Marktwirtschaft überführt werden sollte, glaubten viele, das Modell MacNamara ließe sich anwenden. Die Brieftaschen waren gut gefüllt, die Beamten loyal und eifrig. Und war die Aufgabe nicht ohnehin leichter als die Umerziehung des SED-Aktivisten in Wilders Film? Die Ostdeutschen hatten die Diktatur von sich aus abgeschüttelt und den Geheimdienst aufgelöst, nun wünschten sie sich nichts sehnlicher als eine Position, von deren Annehmlichkeiten man Piffl erst mühsam überzeugen musste. Konsum und Teilhabe am Wirtschaftsleben, flankiert von antikommunistischer Erinnerungsarbeit, sollten die Integration der DDR-Bürger herbeiführen. Nur die freie Sicht aufs Eigene, das unbefangene Eingeständnis der Unvollkommenheiten des Westens und der Unwägbarkeiten des Vereinigungsprozesses fehlten allzu oft. Die Umgestaltung des Ostens wurde mit heiligem Ernst betrieben, der Atem der Geschichte sollte wehen, nicht der Hauch der Komödie. Verbissen nahm die Bundesrepublik, ihrer Art und ihrem Selbstverständnis nach unfähig zur Mission, die missionarische Aufgabe der Ost-Beglückung auf sich. Immerhin gewannen dabei alle Deutschen: Eine Despotie ging unter, fremde Truppen zogen ab, die Gefahr eines Atomkriegs schwand.

Mit der Vereinigung schien die deutsche Frage erledigt, das Land von ihrer Last befreit. Seine staatliche Gestalt und seine Grenzen sind nicht länger umstritten, sie haben europäische Normalität erlangt. Aber das ist nur die halbe Wahrheit. Wer heute eine Karte Deutschlands zeichnen und auf ihr die Entwicklung der Wirtschaft, des Parteiensystems, des sozialen Lebens, der Kultur, Politik oder der Altersstruktur in den einzelnen Bundesländern markieren würde, der sähe – ganz gleich, welches der Kriterien er wählen würde – die alte Zonengrenze vor sich. Die Wirtschaftskraft des Ostens liegt mehr als 30 Prozent unter dem westdeutschen Niveau, die Arbeitslosenquote ist doppelt so hoch wie im Westen. In Berlin und Mecklenburg-Vorpommern ist die PDS an der Regierung beteiligt; während sie in allen neuen Ländern mit zweistelligen Wahlergebnissen rechnen kann, erhält sie in den alten nicht einmal zwei Prozent. Wer im Osten heranwächst, geht zur Jugendweihe, nicht zu Konfirmation oder Kommunion. In seiner Nachbarschaft leben deutlich weniger Ausländer als im Westen.

Nach der Wende hat sich eine eigene ostdeutsche Identität herausgebildet, ein deutliches Bekenntnis, nicht dazuzugehören. Dem entsprechen auf der anderen Seite Desinteresse, Ignoranz und Umerziehungsphantasien. Die Brüder und Schwestern in Ost und West stehen denen im jeweils anderen Landesteil ebenso nah oder fern wie etwa Österreichern.[1] Der Aufbau des Ostens hat bisher rund 1250 Milliarden Euro Bruttotransfergelder verschlungen. Dafür haben wir erhalten: herrliche Kulissen, komfortables Elend, dauerhafte Abhängigkeit und Ruhe im Osten. Gesichert sind die Zahlungen – weitere 156 Milliarden – bis ins Jahr 2019. Ob die neuen Länder bis dahin aus eigener Kraft lebensfähig sein werden, bleibt ungewiss. Jeder dritte Euro, der heute im Osten ausgegeben wird, ist geborgt oder andernorts erwirtschaftet worden. Das ökonomische Desaster ist mit gesellschaftlicher Erstarrung und sozialpsychologischer Verkrampfung so innig verschwistert, dass gegenwärtig niemand eine wirksame Therapie vorschlagen kann.

Die Reihe ließe sich fortsetzen. Auch wenn jede dieser Zahlen und Tatsachen der Interpretation bedarf, zeigen sie doch eines: Fünfzehn Jahre nach der Vereinigung existieren zwei Teilgesellschaften in einem Staat. Die neuen Unterschiede zwischen Ost und West prägen die deutsche Gegenwart mindestens so stark wie die alten Gegensätze zwischen Arm und Reich oder die zwischen Links und Rechts. Sie haben Missverständnisse und Kränkungen heraufbeschworen, sich in Kulturkämpfen entladen, uns eine Neiddebatte über die Milliardentransfers beschert, zu Trotz und Resignation auf beiden Seiten geführt. Dabei vergiftet die andauernde Teilung nicht nur die Atmosphäre, sie schwächt das Land, verstärkt seine Krisen und erschwert den Umgang mit ihnen. Seit dem 3. Oktober 1990 agieren die Deutschen, als lebten sie in einer Gesellschaft, der der Boden unter den Füßen weggezogen wird. Sie schwanken zwischen Hilflosigkeit, Panik und dem selbstgenügsamen Rückzug auf angeblich sichere Positionen. Das Grundgefühl der Bedrohung, des unaufhaltsamen Abstiegs will nicht weichen. Dennoch wird die Gefahrenquelle Einheit gern beschwiegen, die ökonomische und soziale Zeitbombe Ost zu einer Wunderkerze verniedlicht. Wenn es aber heute eine innerdeutsche Normalität gibt, dann ist es die permanenter Unsicherheit. Sie ist uns nach fünfzehn Jahren zu einer vertrauten, beinahe alltäglichen Erscheinung geworden.

Einer schlechten Gewohnheit folgend, wird die Geschichte der Vereinigung meist als traurige Geschichte der Ostdeutschen erzählt, die sozialismusmüde waren, Kohls Versprechen leichtfertig glaubten und nun ihre Enttäuschungen in sich hineinfressen. Wie stark das europäische Revolutionsjahr 1989 den alten Westen erschüttert hat, vergisst man gern. Dabei ist der Schock noch immer nicht verwunden. Der für seine Gelassenheit gerühmte Protokollführer bundesrepublikanischen Bewusstseins, der Schriftsteller Hans Magnus Enzensberger, fiel «in den ersten Jahren nach Ende des Kalten Kriegs zugegebenermaßen in eine gewisse Panik»[2]. Dem Schriftsteller Patrick Süskind wurde mulmig zumute, «wie einem eben mulmig ist, wenn man in einem rasenden Zug sitzt, der auf unsicherem Gleis in eine Gegend fährt, die man nicht kennt»[3].

Selbstverständlich herrschten auch Freude und Erleichterung über das friedliche Ende des Kalten Krieges. Die Mehrheit begrüßte den Untergang der SED-Diktatur, viele empfanden die staatliche Einheit als Geschenk. Willy Brandts glückliches Wort, dass jetzt zusammenwachse, was zusammengehöre, brachte die Wünsche der meisten auf den Punkt. Aber es bannte die Verunsicherung nicht. Deren Grad hat das Allensbacher Institut für Demoskopie im Juni 1992 zu messen versucht. Es fragte, wer nach all den Umstürzen und Veränderungen das Empfinden habe, die Welt nicht mehr verstehen zu können. Anders als das Zerrbild von den selbstsicheren Wessis und den verängstigten Ossis es erwarten ließ, sagten damals nur 42 Prozent der Ostdeutschen: «Ich kann die Welt nicht mehr verstehen.» Im Westen waren es 46 Prozent.[4]

Hans Magnus Enzensberger muss zu ihnen gehört haben. «Da ist über Nacht eine Weltordnung zusammengebrochen», erinnerte er sich später. «Das hatte verheerende Folgen, und damit meine ich nicht nur das Ausbrechen dieser Kriege. Neu war ja auch, dass mit einem Schlag alle möglichen Spielregeln zu gelten aufhörten, an die man sich bis dahin hatte halten können.»[5]

Die Sorgen der DDR-Bürger, die soeben die Despotie abgeschüttelt hatten, waren nicht kleiner, wohl aber handfester. Gerade weil in nicht einmal zwölf Monaten die gewohnte Welt sich vollständig wandelte, waren die Ostdeutschen zunächst viel zu sehr mit Alltäglichem beschäftigt, als dass sich das Gefühl existenzieller Verunsicherung hätte einstellen können, das in westdeutschen Zeugnissen der Wendezeit so vehement zum Ausdruck kommt. Man fürchtete den Verlust des Arbeitsplatzes, trauerte um lieb gewordene «Errungenschaften» des Arbeiter- und Bauernstaates, erfreute sich neuer Freiheiten und entdeckte die Länder hinter der Mauer, hegte Erwartungen, ein Gemisch aus Angst und Hoffnung. Rasch war klar, dass man sich mit der Freiheit auch Ungewissheit, mit der Vereinigung auch Verluste eingehandelt hatte.

Der Erfolg der Helmut Kohl'schen Einigungspolitik ist nur vor diesem Hintergrund gesamtdeutscher Verunsicherung zu verstehen. «Einheit», das war etwas, woran man sich halten konnte, als gewohnte Geländer zerbrachen, andere Krücken und Hilfskonstruktionen versagten. Das Wort gewann an Zauber, zumal die Art der Vereinigung zu garantieren schien, dass die neuen Spielregeln sich kaum von den alten, im Westen erprobten unterscheiden würden. Ein Nachbau der Bundesrepublik im Osten, ergänzt um eine verstärkte europäische Integration – war das nicht das vertraute Muster Adenauer'scher Politik, ein wenig den Bedürfnissen der neunziger Jahre angepasst? Wirtschaftswachstum und Sozialstaat würden das Zusammenwachsen bewirken, Westbindung und antitotalitärer Konsens einen nationalistischen Taumel verhindern.

Die Selbstsicherheit des Kanzlers, der dieses Programm durchsetzte, war Glück und Fluch des Wendejahres zugleich. Zu Nervosität und Panik offenkundig unbegabt, schien Kohl die Zeichen der Zeit nicht so sensibel zu registrieren wie andere und daher das bedrohlich Neue zu verkennen. Deswegen wurde er der Mann der Stunde. Er griff diffuse Stimmungen in der DDR auf und wies der unvollendeten ostdeutschen Revolution ein Ziel. Die schockierte westdeutsche Seele besänftigte er, indem er die Aufgabe der Vereinigung zum Aufbau Ost verkleinerte. Skeptiker wurden mit der Behauptung überrollt, es werde lediglich der Wille der Geschichte vollzogen: Einführung der D-Mark, damit verbunden die Wirtschafts- und Sozialunion, Beitritt der neuen Länder nach Paragraph 23 des Grundgesetzes, Privatisierung der volkseigenen Betriebe durch die Treuhandanstalt, Aufbau von Verwaltungen und Parlamenten nach westdeutschem Muster. Wenn man nur diesem Fahrplan folge, so das beruhigende Versprechen in einer Zeit überraschenden Wandels, würden die Irritationen des Wendejahres rasch verfliegen.

Im Februar 1990 schlossen sich die Ost-CDU, die DSU und der Demokratische Aufbruch im Beisein des Bundeskanzlers zur «Allianz für Deutschland» zusammen. Unter dem Slogan «Keine Experimente» gewann sie die ersten freien Wahlen in der DDR. Kohl versprach den Ossis «blühende Landschaften», in denen zu leben und zu arbeiten sich wieder lohnen werde, und verhieß den Wessis, dass nach einer Phase außergewöhnlicher Anstrengungen alles geschafft sein werde. Man werde dann zurückkehren können in die vertraute Bahn bundesrepublikanischen Aufstiegs, mit immer mehr Wohlstand und immer mehr Freiräumen. Kohl garantierte Stabilität und konnte doch die grundsätzliche Verunsicherung nicht bannen, zumal jeder Monat nach dem 3. Oktober 1990 eine neue Hiobsbotschaft brachte. Nicht nur die Spielregeln hatten sich geändert, auch die erwarteten Erfolge blieben aus.

Fünfzehn Jahre danach ist den Deutschen ihre Einheit zu einer Fata Morgana geworden, zu einer Luftspiegelung über dem Abgrund, der das Land trennt. «Deutschland, einig Vaterland» – die Losung, unter der die Deutschen ebenso schockiert wie neugierig in die neunziger

Jahre gingen, klingt heute hohl und besagt nicht viel mehr, als dass Münchner und Rostocker, Dortmunder und Eisenhüttenstädter nun in einem Staat leben. Weit davon entfernt, Sicherheit zu bieten, sind die Ergebnisse der Vereinigungspolitik ein Hauptmoment der Krise des Landes geworden. Die deutsche Wachstumsschwäche ist nach OECD-Berechnungen zu zwei Dritteln auf die Sonderleistungen für den Aufbau Ost zurückzuführen. Der aber, das größte und teuerste Unternehmen der Bundesrepublik, ist gescheitert, die Annäherung beider Landesteile misslungen. In den neuen Ländern entstanden eine transferabhängige Wirtschaft und eine gefährlich labile Gesellschaft. Der Westen hat seine Gewissheiten und sein Selbstvertrauen verloren, einen großen Teil seiner ökonomischen Kraft eingebüßt.

Manche machen dafür die «Globalisierung» oder einen «entfesselten Kapitalismus» verantwortlich. Wer aber wissen will, was sich hinter diesen Begriffsgespenstern verbirgt, sieht sich immer wieder auf das Jahr 1989/90 verwiesen. Damals mussten Antworten auf drei Fragen gefunden werden: Wie kann die staatliche Teilung überwunden werden? Wie kann im eben noch sozialistischen Osten eine marktwirtschaftliche Demokratie entstehen? Wie kann sich das Land in einer Welt mit veränderten Spielregeln behaupten? Auf alle drei Fragen wurde mit der Kurzformel «Einheit» geantwortet, verstanden als Ausweitung des «rheinischen Kapitalismus». Inzwischen ist dieser selbst fragwürdig geworden.

Nach wie vor rollt der Zug auf unsicheren Gleisen durch unbekanntes Gelände. Alle paar Kilometer tauchen unerwartete Hindernisse und Warnschilder auf: «Hier geht es nicht weiter!», «Rente in Gefahr», «Krankenkassen überfordert», «Staat überschuldet», «Arbeitsplätze nicht in Sicht». Aber Lokführer, Zugbegleiter und Reisende schauen nur unwillig aus dem Fenster oder gar in Fahrtrichtung. Ans Ziel denken sie am liebsten mit geschlossenen Augen. Sie träumen dann von dem Bahnhof, an dem ihre Reise begann. Gern würden sie die Fahrt beschleunigen, hat man ihnen doch oft genug versichert, dass eines Tages, nach vielem Ruckeln und Zuckeln, alles wieder sein werde wie einst: saubere Züge auf robusten Gleisen in vertrauter Landschaft. Gleichzeitig werden die Stimmen immer lauter, die ihnen zurufen: «Wacht auf!», «Ändert die Fahrtrichtung!».

Die Möglichkeit, dies zu tun, haben die Deutschen dreimal verpasst: 1990, im Augenblick der Vereinigung, 1994, als die Vereinigungskrise von keinem mehr übersehen werden konnte, und 2002, als das gesamte Land Mut und Kraft endgültig verloren zu haben schien. Unter Kohl wie unter Schröder ist die Bundesrepublik in einen Zustand breschnewartiger Lähmung verfallen. Mit der Zahl der Probleme wuchs die Skepsis gegenüber Parteien und Staat, denen nicht mehr zugetraut wurde, einen Ausweg aus der Krise zu finden. So verband sich in den Wahlkämpfen 1998 und 2005 Wechselstimmung mit Niedergeschlagenheit und Erschöpfung zur Stagnation – nicht unähnlich der Atmosphäre in den letzten Jahren der DDR. Dass die Krise des Landes zu großen Teilen auf die misslungene Vereinigung zurückzuführen sei, wird oft bestritten. Aber was ist die Globalisierung anderes als eine Folge von Mauerfallnächten, an deren Morgen unerwartete Besucher und Konkurrenten vor der Tür stehen? So wie 1990 reagieren starke Kräfte in Politik und Gesellschaft auf jede neue Grenzöffnung und Herausforderung mit Abwehr und dem Festhalten am Gewohnten.

Das ist wohl menschlich und nicht von vornherein unvernünftig. Allerdings weckt die nostalgische Grundstimmung keine Kräfte, setzt kaum Energien frei. Vielmehr wirkt sie lähmend, und sie stärkt die Untugend der Selbstgerechtigkeit, das elende Erbe der Kohl'schen

Vereinigungspolitik. Diese hatte durchaus staatssozialistische Züge: Sie setzte auf Gleichheit, nicht auf Unterschiede; erwartete Zustimmung dank Wohlstand, nicht dank Freiheit; förderte Staatsgläubigkeit statt Selbstvertrauen und Risikobereitschaft. Sie nährte die Illusion, die Wirtschaft und die Regierung seien in erster Linie dazu da, Arbeitsplätze zu schaffen, tat so, als sei mit dem Bonner Provisorium namens Bundesrepublik das Nonplusultra der historischen Entwicklung erreicht, und schürte die Furcht vor Veränderungen. Die Deutschen erwarten heute zu viel vom Staat, der sie ständig enttäuscht, und trauen sich selbst zu wenig zu.

Die Ergebnisse dieser Politik sind in den neuen Ländern zu besichtigen. Man kann dort gut und bequem leben, wenn man bereit ist, die Gefahren der kommenden Jahre zu ignorieren. Aufgrund der wirtschaftlichen Schwäche droht der Osten zu verarmen, aufgrund der demographischen Entwicklung wird er vergreisen, aufgrund der Abwanderung könnte er verblöden: Während gut ausgebildete junge Menschen voller Tatendrang die neuen Länder verlassen, bieten sich den übrigen nur selten Chancen, ihre Fähigkeiten und Kräfte zu entwickeln.

Das alte Einheitsversprechen, an das alljährlich am 3. Oktober erinnert wird, hat der Bundespräsident im September 2004 beiläufig erledigt. Gefragt, ob man nach fünfzehn Jahren nicht «so viel Ehrlichkeit» aufbringen müsse, «den Menschen beispielsweise in Mecklenburg-Vorpommern zu sagen: dort wird sich nie wieder Industrie ansiedeln?», sagte Horst Köhler dem Magazin «Focus»: «Solche Prognosen kann niemand seriös abgeben. Aber unabhängig davon gab und gibt es nun einmal überall in der Republik große Unterschiede in den Lebensverhältnissen. Das geht von Nord nach Süd wie von West nach Ost. Wer sie einebnen will, zementiert den Subventionsstaat und legt der jungen Generation eine untragbare Schuldenlast auf. Wir müssen wegkommen vom Subventionsstaat. Worauf es ankommt, ist, den Menschen Freiräume für Ideen und Initiativen zu schaffen.»[6]

Für seine «ehrlichen Worte»[7] ist Köhler viel gelobt und erregt gescholten worden. Er hat eine Trivialität ausgesprochen, und dabei hätte er durchaus deutlicher werden können. Letztlich hat Köhler gesagt: Die Vereinigungspolitik der Regierungen Kohl und Schröder ruiniert das Land. Immerhin sind sämtliche Transferleistungen zwischen 1990 und 2005 mit dem Versprechen begründet worden, Unterschiede einzuebnen, die Lebensverhältnisse anzugleichen. Als der Parlamentarische Staatssekretär beim Ministerpräsidenten der DDR, Günther Krause, und der Bundesinnenminister, Wolfgang Schäuble, am 31. August 1990 im Berliner Kronprinzenpalais den Einigungsvertrag unterzeichneten, glaubten beide Seiten, damit «gesicherte Rechtsgrundlagen» zu schaffen «für das Zusammenwachsen beider deutscher Staaten und für einheitliche Lebensverhältnisse in den alten und neuen Bundesländern»[8]. Es schien auch gar nicht anders zu gehen. Schließlich sei, so hatte Schäuble seinen Verhandlungspartnern aus der DDR wiederholt versichert, «im Grundgesetz das Ziel der Einheitlichkeit der Lebensverhältnisse in allen Teilen seines Geltungsbereiches festgeschrieben»[9].

Wer das nicht vergessen hat, kann nur schmunzeln über die Eilfertigkeit, mit der Wolfgang Böhmer dem Bundespräsidenten beisprang. Köhler habe, wie der Ministerpräsident Sachsen-Anhalts meinte, «ganz nüchtern die Realität beschrieben». Die Entrüstung darüber könne er sich bloß mit «Mentalitätsunterschieden» erklären. «Die Menschen in den neuen Ländern haben eine andere Sozialisation erfahren, in der die Gleichheit ein staatliches Organisationsziel war. Viele müssen erst noch verstehen, dass Ungleichheit das Ergebnis einer freiheitlichen Entwicklung ist.»[10] Schäuble, Kohl und das

Grundgesetz dachten in diesem Punkt wohl sehr ostdeutsch. Kann man sich davon einfach so, im Vorbeigehen, verabschieden?

An die Stelle der Wünsche und Energien des Jahres 1990 sind längst Neid, Mutlosigkeit und Abstiegsängste getreten. Wer heute von Einheit redet, will das Schlimmste verhüten, ruft zur Umkehr in letzter Sekunde. Es geht um Katastrophenschutz, um die Abwehr von Ansprüchen, Hoffnungen und Versprechen, die das Land zu ruinieren drohen. Der Staat erscheint in dieser Sicht nur noch als Verwalter der Realität, als müsse er seine geographische Ausdehnung mit innerer Auszehrung bezahlen. Er soll sichern, was ist. Alles darüber Hinausgehende wird in die Hände der Individuen gelegt, die in Eigenverantwortung jene Probleme lösen sollen, die Staat und Gesellschaft überfordern. So einfach allerdings wird es nicht gehen. Politisch folgte aus Köhlers Äußerungen wenig. Im Großen und Ganzen wird weitergewurstelt wie gehabt. Zu einer grundsätzlichen Kurskorrektur des Aufbaus Ost konnte sich die Bundesregierung nicht durchringen. Die Mehrheit der Deutschen glaubt ohnehin nicht mehr an dessen Erfolg und streitet über Politikerversagen, Schuldzuweisungen oder die ostdeutsche Mentalität. Das sind wichtige Themen, aber sie lenken auch ab von den strukturellen, bleibenden Schwierigkeiten.

Wer auf diese schaut, fühlt sich zwangsläufig an den Schock von 1989/90 erinnert. Alle Fragen von damals, mit Ausnahme der nach der staatlichen Einheit, liegen heute wieder auf dem Tisch. Nur das Wort «Einheit» hat seinen Zauber verloren. Es bezeichnet den ersten großen Misserfolg der bundesdeutschen Geschichte.

Als noch ein Krieg zwischen Ost und West drohte, 1966, erschien im «Kursbuch» ein «Katechismus zur deutschen Frage». Sie fächere sich, hieß es da, «in eine ganze Schar von politischen, gesellschaftlichen und ökonomischen Fragen auf, deren gemeinsamer Ursprung der Zweite Weltkrieg ist. Der Krieg, angezettelt und verloren vom

Deutschen Reich, hat dieses Reich vernichtet und an seine Stelle gesetzt: zwei deutsche Staaten und ein Schutzgebiet der Siegermächte, die Stadt Berlin. Eine Regelung dieser Frage steht bis heute aus. – Ist eine solche Regelung möglich? – Ja. – Sind die Deutschen und sind die deutschen Regierungen bereit, sie zu treffen? – Das ist die deutsche Frage.»[11]

Sie ist heute in wesentlichen Momenten wieder aktuell. Die Spuren des verlorenen Krieges waren im Osten bis in die Mitte der neunziger Jahre gut zu erkennen. Die meisten sind inzwischen beseitigt, nicht zuletzt dank der Transfergelder. Genau besehen handelt es sich dabei um Kriegsfolgekosten. «Es gab», schrieb der ehemalige Bundesminister für Bildung und Wissenschaft Klaus von Dohnanyi 1990, «weder eine Alternative zur schnellen Einheit, noch gibt es eine solche zum inneren Ausgleich in Deutschland. Die notwendigen Investitionen sind gigantisch, aber vergessen wir nicht: Sie fließen nach Deutschland. Deutschland ist damit wohl in der Geschichte das einzige Land, dem es je gestattet wurde, seine Kriegsreparationen an sich selbst zu zahlen.»[12]

Das ändert freilich nichts daran, dass man über die Begrenzung der Kosten und einen sinnvollen Einsatz der Gelder sprechen muss, was wiederum voraussetzt, dass man sich darüber einigt, was man will und kann. Wenn es der unmögliche Nachbau des alten Westens und die unwahrscheinliche Angleichung der Lebensverhältnisse nicht sind – was dann?

Wie wollen die zwei deutschen Gesellschaften in einem Staat zusammenleben? Was wären Absichten und Erfolge eines vernünftigen, illusionslosen Aufbaus Ost? Was meint Einheit, wenn Ost und West doch deutlich unterschieden bleiben? Wie ließe sich ein gemeinsames Erstarren im Abstiegskampf verhindern? Das sind Facetten der neuen deutschen Frage. Warum ihre Lösung so schwer fällt, welche

Momente sie umfasst, welche Antworten vernünftig wären – davon handelt dieses Buch. Es will das geeinte Land aus gesamtdeutscher Perspektive betrachten, nicht bloß einen Teil oder das Ganze, wie es in den Augen eines Teils erscheint.

Die Schwäche der neuen Länder ist kein Sonderthema für Ossis, es ist ein Problem aller Deutschen. Falls kein Neuanfang gewagt wird, droht auch der Westen zu verarmen, zu vergreisen und zu verblöden. Intelligenz und Ideenreichtum brauchen Gelegenheiten, um sich entfalten zu können, sie benötigen Freiräume und ein Klima der Aufgeschlossenheit. Gegenwärtig werden sie durch die Reste der bundesrepublikanischen Kartellgesellschaft gehemmt und in der Reformdebatte zwar beschworen, in der Praxis aber regelmäßig vergessen. Wenn dies so bleibt, kommt es zu geistiger Verödung und Provinzialismus.

Der Aufbau Ost bindet Mittel und Energien, die an anderen Stellen fehlen. So gleicht der Westen einem Bären, der gezwungen wird, rascher und rascher zu tanzen, während man ihn mit immer neuen Gewichten beschwert. Im Jahr 2005 hat die Europäische Union die einheitsbedingten Sonderausgaben als außerordentliche Belastung anerkannt. Umso größer ist die Verpflichtung, die Gelder überlegt einzusetzen. Die ökonomische Schwäche der neuen Länder ist eine ständige Bedrohung, die durch den Solidarpakt II nicht kleiner wird. Arbeitslosigkeit und Überalterung überfordern die Sozialkassen schon jetzt. Statt weiter von einer Aufholjagd zu phantasieren, ist eine Auffächerung der Aufbaupolitik vonnöten: Sanierung, Aktivierung und Schrumpfungsmanagement. Wer den Ostdeutschen heute eine sich selbst tragende Wirtschaft im Jahr 2019 verspricht, redet so leichtsinnig wie einer, der behauptet, 2009 könne man wieder mit dem Ausbau des Sozialstaates beginnen.

Kommt es nicht zu einem Neuanfang, steht das politische System der Bundesrepublik vor einer Legitimitätskrise. Das Vertrauen in seine Leistungskraft ist ohnehin erschüttert. Zu lange haben SPD und CDU zwei Illusionen genährt: den Glauben an einen harmonischen Zustand, in dem alle profitieren, und die Hoffnung auf Wachstum, das sämtliche Probleme lösen werde. Beide verstehen sich als Volkspartei, nicht als Interessenvertreter. Die einen locken mit der Losung «Wachstum, Arbeit, Sicherheit», die anderen mit der Parole «Arbeit, Sicherheit und Wachstum». Unterschiede gibt es, wenn überhaupt, nur mehr in Fragen des Stils. Wenn es aber stimmt, dass die Deutschen eine «sparsame Demokratie» erproben müssen, wie es der Journalist Gustav Seibt ausdrückte, dann gehört dazu ein starker politischer Streit darum, wer die Lasten zu tragen hat. Die beliebte Antwort, sie müssten auf alle verteilt werden, spiegelt lediglich den Irrglauben, alle könnten gewinnen. Beides ist unwahrscheinlich. Doch auch die Verlierer müssen politisch vertreten sein. Anderenfalls ziehen sie sich weiter in Parallelgesellschaften zurück, droht die Entstehung geschlossener Milieus, die von Öffentlichkeit und Politik nicht mehr erreicht werden. In ihnen gedeihen Ressentiments, Extremismus, Gewalt und Hass auf die offene Gesellschaft.

Die Spannungen, die das Land durchziehen, sind nicht so übersichtlich wie die alten Klassengegensätze. Sie entstehen um neue Ungleichheiten herum. Den zivilisierten Umgang mit Unterschieden zwischen Schwachen und Starken hätten die Deutschen im Zuge der Vereinigung gut erproben können. Fixiert auf Gleichheit als Unterschiedslosigkeit, haben sie einander vielfach gekränkt, gedemütigt, herabgesetzt oder einen verklemmten Frieden geschlossen. Allen Fortschritten in der innerdeutschen Kommunikation zum Trotz wirken die Verletzungen nach, die Wunden sind noch nicht verheilt. Auch wenn Störendes, Konflikte, Fremdheitserfahrungen, Ost-

West-Spannungen in wachsendem Maß hinter nichts sagenden, politisch korrekten Floskeln verborgen werden, lassen sich Starrsinn, Aggression und Ablehnung auf beiden Seiten rasch wieder mobilisieren.

So hat der Vereinigungsprozess Schwächen der deutschen Gesellschaft und Politik verstärkt: Selbstgerechtigkeit, Harmoniesucht, Nostalgie, Sicherheitsdenken, Kleingeisterei, Staatsgläubigkeit und Missmut. Zweifelsohne war auch in den vergangenen fünfzehn Jahren, um es mit dem Ost-Jammer-Satz zu sagen, «nicht alles schlecht». Der Ausbau der Infrastruktur in den neuen Ländern, der Aufbau der Verwaltungen, die Integration der Ostdeutschen, die in den Westen gezogen sind, die Gründung neuer Unternehmen und Institute, die Entstehung eines gesamtdeutschen Milieus an Hochschulen und in einigen Bezirken Berlins – es gibt gar nicht so wenige Einzelerfolge. Die Bereitschaft zu Reformen ist in beiden Landesteilen ebenso groß wie die Furcht vor dem Kommenden.

Was aber immer noch aussteht, ist der Abschied vom alten Westen, vom Geist der Bundesrepublik. 1990 hat er sich der Fieberphantasie ewiger Dauer hingegeben und geglaubt, der Gipfel der historischen Entwicklung sei erreicht. Mit provinziellem Triumphgeheul steigerte er sich in die Rolle eines Kraftprotzes, der verkündete, alles zu vermögen. Als die Ostdeutschen auf die regelmäßige Nachfrage, ob sie sich nun beglückt fühlten, immer wieder mit dem Kopf schüttelten, hat er seine Anstrengungen zunächst verdoppelt und sich schließlich enttäuscht abgewandt. Parallel dazu entstand im Osten eine Mentalität, die alles Glück von außen erwartete und die Opferrolle dankbar annahm.

Der Osten hat nach 1990 einen beispiellos raschen Wandel erlebt, die Gesellschaft ist nach wie vor schwach, viele leben in prekären Verhältnissen. Die Transferzahlungen haben hier für Ruhe und Ordnung gesorgt. Aber der Grund blieb schwankend, Soziales, Politik und Wirtschaft ohne Halt. Wenn nicht alle Zeichen täuschen, dann stehen eher dem Westen Jahrzehnte der Instabilität, des Prekärwerdens aller Verhältnisse bevor, als dass der Osten festen Boden unter die Füße bekommt. Wird darauf mit einem «Weiter so!» reagiert, bleibt es also bei der alten Einheit, dann droht die deutsche Gesellschaft ihre angenehmste Eigenschaft zu verlieren: ihre Offenheit. Dann würde sie sozial erstarren, kulturell veröden, Politik durch Kleinstadtmoral ersetzen, das Vertrauen in ihre eigenen Kräfte verlieren. Sie würde eine neurotische Angstgesellschaft werden, die sich um einen halben Prozentpunkt Gewerbesteuer zerstreitet, weil sie über ihre tatsächliche Lage nicht reden will.

Es gibt keine Aussicht auf Angleichung der Lebensverhältnisse in Ost und West, vielmehr werden die regionalen Unterschiede im Westen zunehmen. Es gibt keine Aussicht auf ein Wachstum, so verlässlich und so segensreich wie in den goldenen Jahren der Bundesrepublik. Es gibt keine Aussicht, dass kulturelle Differenzen zwischen Ost und West plötzlich verschwinden.

Die folgenden Kapitel nähern sich der Vereinigungsmisere von verschiedenen Seiten. Kapitel eins beschreibt die Entwicklung der beiden deutschen Teilgesellschaften in den vergangenen fünfzehn Jahren. Kapitel zwei zeigt, wie der Osten zu einer wirtschaftlich rückständigen Region wurde. Kapitel drei untersucht die sozialen und mentalen Folgen, deren wichtigste die Herausbildung eines ostdeutschen Sonderbewusstseins ist; skizziert wird die Dialektik der deutsch-deutschen Abgrenzung, die Logik der Kulturkämpfe. Kapitel vier behandelt den deutschen Abstiegskampf, hervorgerufen durch demographische Krisen, politische Hilflosigkeit und illusionäre Erwartungen. Wachstum wird die Krise nicht beenden, daher brauchen wir eine neue Vorstellung von Einheit.

Statt den alten Trugbildern hinterherzurennen, sollten die Deutschen in Ost und West sich auf das besinnen, was wichtig ist: Freiheit, Offenheit, soziale Mobilität, Solidarität mit den Schwachen. All das ist zurzeit gefährdet, und man wird es nicht retten können, indem man alles flexibilisiert und einer einzigen Logik, der des Marktes, unterwirft. Man wird es aber auch nicht verteidigen können, wenn man so tut, als könne es so weitergehen wie bisher.

1. Vorboten der Angstgesellschaft
Der neue Verteilungskonflikt

Seit einigen Jahren sucht sich die deutsche Öffentlichkeit regelmäßig Sündenböcke. Einer von ihnen hieß Rolf John. Nachdem seine Ehe gescheitert war, zog er Ende der siebziger Jahre nach Florida und schlug sich dort als Immobilienmakler durch, bis eine Bauchspeicheldrüsenentzündung ihn 1985 zwang, seinen Job aufzugeben. Er war erwerbsunfähig, nun auf die Hilfe der Solidargemeinschaft angewiesen, wollte aber nicht in ihrer Mitte leben. Ein Gutachten bescheinigte dem Mann, dass ihm eine Rückkehr nach Deutschland gefährlich werden könne. Er neige zum Selbstmord, nur in vertrauter Umgebung, unter der Sonne Amerikas, sei er vom letzten Schritt abzuhalten. Daher gestattete ihm das Sozialamt, geltendem Recht folgend, nach Paragraph 119 des Bundessozialgesetzes, in Florida zu bleiben, und überwies ihm die Kosten für seinen Lebensunterhalt. Sein Apartment lag in Strandnähe.

Rolf John verzehrte seine Stütze, wo andere Urlaub machen, bis sich im Sommer 2003 die «Bild»-Zeitung des Falles annahm. Als «Florida-Rolf» wurde der Rentner zum bekanntesten «Sozialschmarotzer» der Bundesrepublik. Wie viele ihrer Landsleute war auch die Sozialministerin Ulla Schmidt empört: «Sozialhilfe kann nicht dazu da sein, Bundesbürgern ein schönes Leben in Florida zu finanzieren»[1], erklärte sie gegenüber «Bild». Zu dieser Zeit erhielten etwa 1055 Deutsche im Ausland Sozialhilfe – statistisch gesehen eine bedeutungslose Zahl. Angesichts der Milliarden, die jährlich für Sozialleistungen gezahlt werden, fielen ihre Bezüge nicht ins Gewicht. Und doch erhitzten sie die Gemüter und sorgten für Aufregung wie sonst nur Krieg, Mord oder Dosenpfand. Der Wahlverlierer und CSU-Chef Edmund Stoiber zog weitreichende Schlussfolgerungen. Der Paragraph, ursprünglich geschaffen, um Nazi-Opfern die Rückkehr nach Deutschland zu ersparen, müsse gestrichen werden. Außerdem plädierte Stoiber dafür, «dass Banken, Lebensversicherungen, Immobilienverwaltungen unbeschränkt Auskunft geben müssen über die Vermögensverhältnisse von Sozialhilfeempfängern»[2].

Das Magazin «Focus» nutzte den Fall der «Sozialhilfe unter Palmen», um die «legale Plünderei»[3] der Sicherungssysteme zu geißeln. «Kaum ein Land ist so freigebig bei der Verteilung sozialer Segnungen wie Deutschland», sagte der Sozialrechtler Eberhard Eichenhofer dem Blatt. «Florida-Rolf» und «Viagra-Kalle», der von der Solidargemeinschaft erwartete, dass sie die Wiederherstellung seiner Potenz bezahle, schienen lediglich die Avantgarde einer finsteren Gruppe der Gierigen und Faulen, die den Sozialstaat legal, aber gegen das Gerechtigkeitsempfinden der Mehrheit missbrauchten.

Üblicherweise sind Menschen auf Reiche, Schöne, Glückliche neidisch, die dank Vermögen oder Leistung das Dasein sorgenfrei genießen können und dem täglichen Trott aus Aufstehen, Arbeitsweg, Maloche und kleinen Besorgungen nicht unterworfen sind. Im Sommer 2003 allerdings konnte der Beobachter glauben, die deutsche Mittelschicht schaue scheel auf Hilfsbedürftige. Es schien, als neide sie ihnen die kleinen Freiheiten der staatlich alimentierten Existenz. Wer Hilfe in Anspruch nahm, sollte sich dabei nicht auch noch gut fühlen. Sonne und Meerblick wurden ihm ebenso wenig gegönnt wie regelmäßiger Sex. Es war der seltene Fall des Neids auf Unterschichten – ein geradezu klassisches Symptom von Angstgesellschaften, in denen mehr unternommen wird, das eigene Weltbild zu pflegen, als auf Veränderungen zu reagieren.

Zwölf Monate später, als die Regierung beschloss, die Verteilung sozialer Segnungen neu zu ordnen, jeden Hilfsbedürftigen zu durchleuchten, wie Stoiber es verlangt hatte, gab es in der deutschen Öffentlichkeit plötzlich nur noch Anwälte der Armen. Die «Bild»-Zeitung, deren Kampagne die Regierung zu einer Gesetzesänderung veranlasst und «Florida-Rolf» zur Rückkehr ins kalte Land gezwungen hatte, schürte wochenlang die Angst vor Hartz IV. Mit einem Mal stand sie an der Seite des Deutschen Gewerkschaftsbundes. Der prangerte das neue Gesetz mit einer Reihe von Fallgeschichten an. Darunter die der 43-jährigen Frau M., die seit drei Jahren arbeitslos war. Einst hatte sie 30000 Mark geerbt, nun wollte sie Arbeitslosengeld II beziehen, ohne ihr Erspartes anzutasten, wozu der Gesetzgeber sie zwingen wollte. Einen Freibetrag von 8600 Euro sah das neue Gesetz vor, der Rest würde angerechnet werden. Das schien dem Gerechtigkeitsempfinden vieler ebenfalls zu widersprechen, obwohl man fragen muss, wieso Frau M. trotz ihres Vermögens als hilfsbedürftig gelten sollte. Das Arbeitslosengeld wird schließlich auch aus Steuern jener Verkäuferinnen und Altenpfleger finanziert, die noch nie 15000 Euro besessen haben und denen höchstens ein Lottogewinn einmal so viel bescheren könnte.[4]

Jetzt geschah, was der Zeithistoriker Arnulf Baring im November 2002 gefordert hatte: Die Bürger gingen auf die Barrikaden. «Selbst Kinder», hatte der Feuilletonrevolutionär aus dem bürgerlichen West-Berlin im November 2002 in der «Frankfurter Allgemeinen Zeitung» geschrieben, «wissen inzwischen, dass Deutschland seit langem im steten Niedergang ist, der sich 2002 gewaltig beschleunigt hat und große Unruhe auslöst, weil keinerlei Aussicht besteht, unter den herrschenden Verhältnissen unserer Konsensgesellschaft die zunehmende Stagnation zu überwinden und die Situation des Landes zu stabilisieren. Für das Notwendige mag man den längst verschlissenen Begriff der ‹Reform› nicht mehr in den Mund nehmen. Es geht um etwas Selbstverständliches, Banales, nämlich endlich um die Einsicht, dass Deutschland schon lange chronisch krank ist, dass wir seit drei Jahrzehnten über unsere Verhältnisse gelebt haben und daher kräftig sparen, die Ansprüche aller Gruppen und Schichten eine Zeit lang reduzieren müssen.»[5] Die Bundesrepublik, so Baring, entwickle sich zu einer «westlichen DDR», da helfe nichts als die Erinnerung an die Helden von Leipzig, die 1989 auf die Straße gegangen waren, um die Herrschaft der SED zu beenden.

Im Sommer 2004 kam es wieder zu Montagsdemonstrationen, auch wenn sie nicht einer neuen republikanischen Bescheidenheit gewidmet waren, sondern gegen Hartz IV mobil machten. Die Gewerkschaften und die PDS waren dabei, versprengte Linke aus der SPD, zornige Ossis, Funktionäre der NPD. Selbst der sächsische Ministerpräsident Georg Milbradt erwog eine Teilnahme. Das Volksempfinden, das sich gegen «Florida-Rolf» und «Viagra-Kalle» gerichtet hatte, formierte sich nun zur Volksfront gegen die Zusammenlegung von Sozial- und Arbeitslosenhilfe.

Nichts scheint verlässlicher als die kurzfristigen Aufregungen. Die rasch vergessenen Skandale und Debatten sind das derzeit berechenbarste Moment einer erschütterten Gesellschaft. Wenige Monate nach der Hartz-IV-Hysterie fürchteten sich die Deutschen vor Billigarbeitern aus dem Osten, einer Konkurrenz, der man nicht gewachsen ist. Im ersten Quartal des Jahres 2005 haben sich im chronisch schwachen Berlin bereits 518 polnische Handwerker angemeldet.[6] Ein deutscher Facharbeiter kostet etwa 27 Euro die Stunde, ein polnischer ist oft für drei bis sechs Euro zu haben. 650 000 Baukräfte verloren ihren Job, aber tausende Maurer und Hilfsarbeiter aus den neuen EU-Ländern schaffen auf den Baustellen der Bundesrepublik.

Während von unten die Armen Europas drängen, wollen «die da oben» ihre Gewinne steigern. Die Deutsche Bank erzielte im Jahr

2004 einen Gewinn nach Steuern von 2,5 Milliarden Euro und will dennoch 6400 Mitarbeiter entlassen, darunter auch Banker mit branchenüblich hohen Gehältern, die das hohe Kündigungsrisiko im Finanzgewerbe kompensieren sollen. Der SPD-Vorsitzende Franz Müntefering nahm den Fall zum Anlass, das Feindbild «Kapitalismus» wieder zu entdecken. Er warnte vor Investoren, die wie Heuschreckenschwärme über Betriebe herfallen, diese kahl fressen und weiterziehen. Der Empörung, die sich gegen Sozialhilfeempfänger, die Bundesregierung oder gegen Konkurrenten aus dem Osten gerichtet hatte, bot er ein neues Ziel: Unternehmer ohne Patriotismus und Moral. Und die wehrten sich heftig.

So rasch die Feinde wechseln, so irregulär die Fronten verlaufen, so seltsam manche Koalitionen anmuten – die Erregung lässt nicht nach. Eines ist all den Fällen und Beispielen gemeinsam: Sie versuchen, der Bedrohung Namen und Gesicht, der Verunsicherung einen Gegner zu geben. Der vermeintlich faule Arbeitslose oder der gierige Unternehmer, der «Sozialschmarotzer» oder der überbezahlte Manager, der «Genosse der Bosse» oder der nur an Profiten orientierte Investor, die polnischen Bauarbeiter oder die unfähigen Politiker – einer muss doch schuld sein.

Die Summe der Empörungen belegt vor allem eins: Die Deutschen stehen mitten im schwierigsten Verteilungskonflikt ihrer Nachkriegsgeschichte, und weder Politik noch Gesellschaft sind darauf vorbereitet. Sie starren furchtsam auf die Hiobsbotschaften, reagieren mal ungläubig, mal ängstlich, stets jedoch in Abwehrhaltung. Unter anderem ist zu klären, wie Lasten zu verteilen sind, die mit wirtschaftlicher Stagnation, sozialer Verhärtung und allgemeiner Verunsicherung einhergehen. Wer hat den Preis zu zahlen für die Sanierung des Staatshaushaltes und der Sozialkassen? Wer kommt für die Anpassung einzelner Unternehmen an den globalen Wettbewerb auf? Wer kann die neuen Freiheiten nutzen? Und was geschieht mit den Verlierern? In diesem Verteilungskampf geht es darum, ob ein Ausgleich zwischen privatem Reichtum und öffentlicher Knappheit gefunden werden kann, wie Gefährdungen und Verluste zwischen den Generationen verteilt werden. Die neuen Konflikte zwischen unterentwickelten und prosperierenden Regionen, zwischen Eltern und Kinderlosen, denen mit und denen ohne Arbeit, denen mit fester Stelle und denen mit kurzfristigen Jobs, zwischen Jung und Alt ersetzen nicht die alten Gegensätze von Arm und Reich, Arbeitgebern und Arbeitnehmern – sie treten hinzu.

Die Fülle der Aufgaben würde jedes Gemeinwesen strapazieren, in Deutschland werden sie durch die Last der Vereinigung zusätzlich erschwert. Ost – West bildet keine zusätzliche Front, sondern einen Gegensatz, der alle anderen Gegensätze überlagert. Zum Selbstverständnis der alten Bundesrepublik gehörte der empirisch gut belegte Glaube, dass bei richtiger Politik, unter Vermeidung der Extreme, niemand zu kurz kommen werde. Der neue Verteilungskampf beginnt, wo ein gemeinsames Profitieren nicht mehr möglich scheint. In unübersichtlicher Lage wirkt die Einteilung in Ost und West auf beruhigende Weise vertraut. Die frei flottierenden Ressentiments, die sich seit dem Jahr 2001 immer neue Ziele suchen, können hier an bewährte Konfliktmuster anschließen, aber der Streit um den Osten will nicht recht in Gang kommen, obwohl er das beste Mittel wäre, die Vereinigungsmisere zu überwinden.

Wie in den Wahlkämpfen der Jahre 1998 und 2002 fragte die deutsche Öffentlichkeit auch 2005 zuerst, wie die Parteien den Arbeitsmarkt, das Steuer-, Krankenversicherungs- und Rentensystem reformieren wollen. Der Aufbau Ost spielte höchstens am Rande eine Rolle, dabei droht den neuen Ländern in drei Jahren schon, wenn die Transfers allmählich verringert werden, ein Kollaps, dessen Ausmaß das Vorstellungsvermögen der meisten von uns übersteigen dürfte. Überschuldete Länder, bankrotte Kommunen, eine arme und überalterte Gesellschaft sollen langsam in die Selbständigkeit entlassen werden, doch die Deutschen streiten leidenschaftlicher über Viagra-Kalle, polnische Bauarbeiter, die Manager der Deutschen Bank oder Hedge-Fonds.

Die Suche nach Sündenböcken hat ihr Pendant in einem patriotisch korrekten Beschweigen des Verteilungskonflikts zwischen Ost und West. Man legt wohl ab und an die Stirn in Falten, gibt sich sorgenvoll und gesteht Schwierigkeiten ein, wenn aber einer auftritt und eine ehrliche Bilanz verlangt, dann wird ihm entgegnet, die Einheit sei ein Geschenk gewesen, die Deutschen hätten ihre Freiheit friedlich wiedergewonnen, die Kriegsgefahr in Mitteleuropa sei geschwunden, und überhaupt: Es gebe auch Erfolge. Vor allem fürchten Politiker aller Parteien, den Ostdeutschen die in der Tat grässliche Wahrheit zu sagen. Man wendet sich ihnen mit paternalistischer Geste zu, mal verständnisvoll, mal fordernd. Man schüttelt den Kopf über die aus der Art geschlagenen Kinder, sieht sie als hilfsbedürftige Opfer mitleidig an. Äußern sie Unzufriedenheit oder Wut, springt eine Schar von Fachleuten herbei: Ein Schmeichler, der ihre Leistungen lobt, ein Völkerkundler, der ihre Eigenarten erklärt, ein Sozialingenieur, der Patentrezepte präsentiert, ein Löwenbändiger, der das «böse Tier» Ost zu besänftigen versucht. 1990 wollte man es beglücken. Jetzt hofft man, es möglichst lange ruhig halten zu können. Nähme man die Ostdeutschen als Bürger ernst, müsste gemeinsam über einen Neuanfang gestritten werden. Der aber setzt einen unbefangenen Blick auf die vergangenen fünfzehn Jahre voraus.

Fünfzehn Jahre Parallelgesellschaft

Die beiden deutschen Teilgesellschaften haben sich seit 1990 höchst unterschiedlich entwickelt. Im Osten folgte auf den *Vereinigungsschock* der Nachwendejahre (1990–1994) eine Zeit der *Abgrenzung* (1994–2001), in deren Folge sich eine stille Gesellschaft herausgebildet hat. Sie ist derzeit in *Auflösung* begriffen. Der Westen begann die Neunziger mit *nervöser Normalisierung*, die spätestens im Jahr 2001 in *Reformhysterie* umschlug.

Zwar hat es lange die Vorstellung gegeben, allein der Osten würde sich wandeln, bis er eines Tages ununterscheidbar westlich und mithin so weit wäre, auf den normalen Pfad bundesrepublikanischer Entwicklung einzuschwenken. Aber sie hat sich als falsch erwiesen und wird heute nur noch zu polemischen Zwecken aus der Mottenkiste hervorgeholt. Die Mahnung, dass nun auch im Westen Veränderungen anstünden, klingt angenehm zukunftszugewandt. Freilich ist kaum zu übersehen, dass der Westen schon jetzt nicht mehr der Bundesrepublik des Jahres 1990 gleicht. Er hat dramatische Wendungen erlebt: vom Hauptstadtumzug über den Solidaritätszuschlag bis zur Kriegsbeteiligung. Dennoch verlief der Wandel in den alten Ländern langsamer, und niemals hat er dort den Alltag geprägt. Das Gefühl herrscht vor, man sei vom Umbruch im Osten nur am Rande betroffen.

Glücklicherweise gibt es selten historische Phasen, in denen das Leben des Einzelnen durch und durch von äußeren Ereignissen bestimmt wird, weil die Regeln, nach denen die Individuen sich ihre Existenz eingerichtet haben, plötzlich nicht mehr gelten. Nur Katastrophen, Kriege oder Revolutionen entwickeln solche grundstürzende Macht. Ihr ausgeliefert zu sein, blieb auch nach 1990 eine ostdeutsche Erfahrung, allerdings eine zeitlich eng begrenzte. Sie hat die

Erinnerungen an die Wende des Jahres 1989 vielfach überlagert. Der Akt des Beitritts ließ vergessen, dass Währungsunion, Vereinigung, die Übernahme bundesdeutschen Rechts und die Einrichtung neuer Institutionen nach westdeutschem Vorbild noch wesentlich zur Geschichte der ostdeutschen Revolution gehören. Sie prägten die *Phase des Vereinigungsschocks*, die mit der Einführung der D-Mark am 1. Juli 1990 begann. Vieles spricht dafür, ihr Ende mit den Landtagswahlen 1994 anzusetzen. Parlamentarische Demokratie und Rechtsstaat waren etabliert, die Funktionseliten der DDR weitgehend ausgetauscht, die sozialen Sicherungssysteme installiert, die Privatisierung des «volkseigenen» Vermögens weit vorangeschritten. Die Treuhandanstalt, das von Ostdeutschen ersonnene und von Westdeutschen gestaltete Instrument zur schöpferischen Zerstörung der sozialistischen Ökonomie, war mit der Absicht angetreten, «die vorgefundene Wirtschaftsstruktur systemgerecht für die Wettbewerbswirtschaft herzurichten»[7]. 1994 endete ihre Tätigkeit.

Drei Details aus dem alltäglichen Leben sind kennzeichnend für diese Jahre: farbige Girlanden, frisch gestrichene Erdgeschosse maroder Häuser und ein Warnschild. Blau, gelb oder rot leuchteten die sternförmig hängenden Girlanden über den Gebrauchtwagenmärkten in nahezu jeder ostdeutschen Kommune, sie waren improvisierte Konsumkathedralen im Freien, während die größeren Warentempel noch auf sich warten ließen. So schäbig sie oft wirkten, sie erinnerten in dem bescheidenen Bemühen, dem Kaufakt etwas Festliches zu verleihen, daran, dass Konsum in den ersten Jahren mit einem Normalisierungsversprechen verbunden war. Mit der Diktatur war die staatliche Verwaltung des Mangels überwunden. Der Teilhabe am Wohlstand einer modernen Gesellschaft haftete ein Moment von Freiheit an. Auf diesem Gebiet verlief die Angleichung rasant. Es dauerte keine sechs Jahre, bis in den neuen Ländern die Versorgungsdichte mit Pkw westdeutsches Niveau erreicht hatte.[8] In Westdeutschland nahmen vergleichbare Konsumfortschritte durchschnittlich dreizehn bis fünfzehn Jahre in Anspruch. Dass der Aufholkauf, der auch in Ostdeutschland freien Bürgern freie Fahrt garantierte, mit einer ebenso dramatischen Entwertung der zuvor erworbenen Trabis und Wartburgs und mit dem Ende dieser ostdeutschen Marken einherging und dass ein Großteil des unter Girlanden gezahlten Geldes in westdeutsche Taschen floss, war nicht zu ändern.

Beinahe ebenso häufig wie den Girlanden begegnete der Reisende im Beitrittsgebiet Anfang der neunziger Jahre Häusern, deren Fassaden dringenden Sanierungsbedarf verrieten. Das Erdgeschoss aber war frisch gestrichen; dort hatte die Filiale einer Bäckereikette oder einer Bank Geschäftsräume gefunden. Der Anblick hatte etwas Albernes, offenbarte aber Vertrauen in eine rasche Aufholjagd: Bescheiden und mit Provisorien beginnend, würde die Umgestaltung des Ostens allmählich die höheren Stockwerke, endlich das ganze Haus erreichen.

Auf dem Weg dahin machten die Ostdeutschen erstmals Bekanntschaft mit dem Arbeitsamt und sahen der Schließung ihrer Betriebe zu. 1992 standen im thüringischen Kreis Arnstadt auf beiden Seiten der Bundesstraße 4 Warnschilder: «Mitarbeiter der Treuhandanstalt betreten das Gebiet der Gemeinden Siegelbach, Dosdorf u. Espenfeld auf eigene Gefahr!»[9]

Das war eines von vielen Zeichen für die Entwicklung einer Trotzkultur. Man hatte eine Revolution angezettelt und ein anderes System gewollt. Nun schienen die Herren aus dem Westen den Osten zu überrollen. Berühmt wurde der Hungerstreik der Kalikumpel von Bischofferode, denen Ende 1992 die Schließung ihrer Standorte und die Fusion der Mitteldeutschen Kali AG mit der BASF-Tochter Kali und Salz AG verkündet wurde. Ein Jahr lang kämpften sie für den Erhalt ihrer Arbeitsplätze, ein Teil der Belegschaft verbarrikadierte sich im Kulturhaus des Schachtbetriebes. In dem Gefühl, von Treuhand, Gewerkschaft, Bundestag und EU, die Beihilfen in Höhe von 1,5 Milliarden Mark bewilligt hatte, verraten worden zu sein, beendeten sie im Dezember 1993 den Arbeitskampf. Zwei Jahre später waren von 15 000 Beschäftigten 12 000 entlassen worden.[10]

Das Nebeneinander von Aufbau und Zerstörung prägte diese Jahre: der Verlust von Arbeitsplätzen und die Wohlstandsexplosion; die Deindustrialisierung und der Aufbau einer modernen Infrastruktur; das Gefühl der Ohnmacht und die erfolgreiche Einrichtung staatlicher und parlamentarischer Institutionen. Den Wahlkampf des Jahres 1994 führte Helmut Kohl, nach wie vor unempfänglich für das Neue nach 1989, mit der Kalten-Kriegs-Kampagne gegen «Rote Socken». Er gewann im Westen, im Osten hatte sich die PDS endgültig etabliert.

Außer dem Gefühl der ehemaligen DDR-Bürger, von der Treuhandanstalt über den Tisch gezogen worden zu sein, entzweite nichts die Deutschen in Ost und West so sehr wie der Streit über die Jahre im SED-Staat. Dabei diente die jüngste Vergangenheit regelmäßig der moralischen Mobilmachung, als gäbe es nur die Alternative, verschwommen oder ungerecht zu urteilen. Als Stefan Heym, Abgeordneter der PDS, im November 1994 nach parlamentarischem Brauch an die Mikrofone trat, um als Alterspräsident des Deutschen Bundestages dessen Legislaturperiode zu eröffnen, verweigerte ihm die CDU/CSU-Fraktion mit Ausnahme von Rita Süssmuth den Applaus. Man mag über die PDS denken, was man will. Brüskiert wurde bei jener Gelegenheit ein deutscher Jude, der für Carl von Ossietzkys «Weltbühne» geschrieben hatte, der in der US-Armee gegen Hitler diente und die SED-Oberen mehr ärgerte als alle von der CDU aufgenommenen Blockflöten zusammen. Ihm das Minimum parlamentarischer Anerkennung zu versagen, war provinziell und erinnerte überdies stark an kommunistische Gepflogenheiten.

Gerade im Umgang mit der PDS vergaß man sich gern. Als der damalige CDU-Generalsekretär Peter Hintze die «Rote-Socken-Kampagne» begann, um einen Lagerwahlkampf gegen die SPD zu führen, konnte er wissen, dass zwischen Zwangsvereinigung und parlamentarischer Zusammenarbeit ein wesentlicher Unterschied besteht. Es ist der Unterschied zwischen Diktatur und Demokratie. Hintze jedoch tat so, als sei eine nach Wahlen vereinbarte Zusammenarbeit dasselbe wie die 1946 unter sowjetischen Bajonetten, ohne freie Öffentlichkeit und mit Androhung von Gewalt vollzogene Gleichschaltung von SPD und KPD. Man mag gegen die PDS einwenden, dass sie von der Abgrenzung gegen den Westen lebt, dass zu viele ihrer Mitglieder ein schwammiges Verhältnis zur eigenen Vergangenheit pflegen, dass sie den Demagogen von der kommunistischen Plattform Raum gibt, dass sozialistische Ideale notwendig zu Unfreiheit führen. Wer aber an die Stelle des Arguments und der Analyse die billige Abgrenzung setzt, erzeugt den Eindruck, Demokratie beruhe auf erzwungenem Konsens statt auf dauerndem Streit.

Spätestens 1994 war der Vereinigungsschock vorüber, hatten sich im Osten eine stille Gesellschaft und eine Kultur der *Abgrenzung* herausgebildet. Bis etwa 2001 sollte sie die soziale Temperatur, die politischen Auseinandersetzungen, die Entwicklung in den neuen Ländern insgesamt bestimmen. Eine Zahl charakterisiert die Atmosphäre ganz besonders: 23 000 Babys wurden 1994 in den neuen Ländern geboren.[11] Es war die niedrigste Geburtenrate der Welt, nur im Vatikan kamen noch weniger Kinder zur Welt. In der stillen Gesellschaft fehlten offenbar das Weltvertrauen und die Zuversicht, die man braucht, um eine Familie zu gründen. Der Osten glich mehr einer Überlebensgemeinschaft als einem differenzierten sozialen Gebilde. Familienwerte wurden wichtiger als Öffentlichkeit, Gleichheit und Gerechtigkeit zu Götzen. Jeder zweite Ostdeutsche empfand Mitte der neunziger Jahre die Ordnung der Bundesrepublik als ungerecht. Kraft schöpfte man aus der Abgrenzung gegen den Westen. Es entwickelte sich eine «ostdeutsche Identität», die Stabilität und sozialen Frieden sicherte – weit über das wünschbare Maß hinaus. Die Jahre ihrer Herrschaft begannen nicht zufällig in dem Moment, in dem die Aufholjagd des Ostens zum Stillstand kam. Das Sonderbewusstsein war das Ergebnis einer nicht erreichten Angleichung der Lebensverhältnisse. In ihm sind Altes und Neues gemischt, wird eine «Kleine-Leute-Kultur» tradiert, zu deren wesentlichen Eigenschaften das Gefühl der Ohnmacht und der Unterlegenheit gehört. Durch die Erfahrung, dauerhaft am Tropf zu hängen, auf Transferzahlungen aus dem Westen angewiesen zu sein, wurde es genährt.

Die Szenerie, inmitten derer die stille Gesellschaft Ost entstand, trägt paradoxe Züge. Sie ist gekennzeichnet durch Ramsch- und Billigmärkte inmitten herrlich restaurierter Altstädte, das schroffe Nebeneinander von Luxusimmobilie und Verfallsobjekt. Man mag an Görlitz in Sachsen denken, «die Perle der Lausitz». Hätte es die Wende nicht gegeben, wäre die Altstadt wohl vernichtet worden, die Sprenglöcher waren bereits gebohrt. Heute gehört sie zweifelsohne zu den schönsten Deutschlands, doch jeder vierte Görlitzer ist ohne Arbeit, seit 1989 hat die Stadt 24 000 Einwohner verloren. Der Leerstand beträgt 27 Prozent, im restaurierten Zentrum rund um den mittelalterlichen Untermarkt 48,3 Prozent. Ein Extrembeispiel, das aber das Problem der stillen Gesellschaft Ost symbolisiert. Die Kulissen des Sozialen sind oft schöner wiedererstanden, als sie es je waren; es gibt eine moderne Infrastruktur, Cafés, Schulen, Shopping-Center. Nur wirken sie häufig unwirklich, kaum verwurzelt, erinnern an Disneyland. Die Anstrengungen des Aufbaus Ost scheinen die Kulissenhaftigkeit der Gesellschaft zu befördern. So wie Marie Antoinette sich einst, nach der Mode der Zeit, ein Bauerndorf errichten ließ, wurden in den neuen Ländern Stadtzentren restauriert, Gewerbegebiete erschlossen, Spaßbäder gebaut – nirgendwo auf der Welt sind sie so dicht gesät wie zwischen Elbe und Oder. Aber mit dem tatsächlichen sozialen Leben hat all das nicht viel mehr zu tun als Marie Antoinettes Bauerndorf mit der Landwirtschaft im vorrevolutionären Frankreich. Das Soziale ist fiktiv geworden, und ebendeshalb kann eine nur halb in der Wirklichkeit verwurzelte Erscheinung wie die «ostdeutsche Identität» so große, die Gesellschaft prägende Macht gewinnen.

Das Ensemble aus Markt, Demokratie, Grundrechten und Freiheitswerten musste sich in einer desorganisierten, durch Jahrzehnte der Diktatur verheerten Welt behaupten. In der neuen Abgrenzungskultur blieben die nach westlichem Muster errichteten Institutionen das Fremde, das Andere. Das schließt nicht aus, dass sie genutzt und teilweise bejaht werden. Anders als gern geraunt, ist die Demokratie in Ostdeutschland nicht direkt gefährdet. Sie wird nur selten attackiert, vielmehr entzieht man sich ihr.

Etwa seit dem Jahr 2001, als im Osten Illusionslosigkeit und Resignation ihren Höhepunkt erreicht hatten, mehren sich die Anzeichen für eine *Auflösung* der stillen Gesellschaft und für das Aufweichen der starren Abgrenzung. Ein Generationenkonflikt kündigt sich zaghaft an, die Folgen der Abwanderung sind allmählich zu bemerken, die Unterschiede zwischen einigermaßen prosperierenden Zentren und schrumpfenden Regionen so groß geworden, dass das ostdeutsche Gemeinschaftsgefühl zerfällt – oder wenigstens stark an Bindungskraft verliert. Was an die Stelle der alten Transfergesellschaft treten wird, lässt sich schwer vorhersehen. Mit ihrem Ende schwinden auch Bindungskräfte, wachsen Resignation und Orientierungslosigkeit. Eine umfassende Verwestlichung, wie man sie 1990 erträumte und plante, dürfte allerdings ausgeschlossen sein.

Heute scheinen Ost und West sich dann doch zu berühren. Auch die alten Bundesländer werden im Jahr 2005 von Krisenerscheinungen und Auflösungstendenzen geplagt. Das Politische erodiert, prekäre Lebenslagen nehmen zu, Abstiegsängste herrschen vor. Das ist neu. Lange hatte der alte Westen sich auf der sicheren Seite gewähnt. Zwischen dem 9. November 1989 und dem 11. September 2001 durchlebte er eine Zeit der *nervösen Normalisierung*. 1989/90 war man von den deutschen demokratischen Revolutionären überrascht worden, fühlte sich vom Gang der Ereignisse überfordert. Nicht wenige Westdeutsche sahen ihr Weltbild zertrümmert. Patrick Süskind sprach für seine Generation, als er im September 1990 schrieb: «Auf Potenzstörungen wären wir vorbereitet gewesen, auf Zahnersatz, Menopause, auf ein zweites Tschernobyl, auf Krebs und Tod und Teufel – bloß nicht auf ‹Deutsch-land-ei-nig-Va-ter-land›! Diesen politischen Ladenhüter! Diese älteste der alten Kamellen, die wir längst in die hinterste Ecke der untersten Schublade gesteckt hatten! Rumms! – da liegt sie, unsere kleine Kommode, und ringsum verstreut liegen die Stolpersteine.»[12]

Gegen diese Verunsicherung halfen drei Strategien: ein neues bundesrepublikanisches Selbstbewusstsein, der tröstliche Irrglaube, die wichtigsten Veränderungen seien außenpolitische, während im Inneren schon alles seinen Gang gehen werde, und eine exzessive Beschwörung des antitotalitären Konsens. Normalisierung hieß außenpolitisch vor allem Rückkehr der Ungewissheit, Abschied von selbst auferlegten oder diktierten Beschränkungen. Innenpolitisch bedeutete Normalisierung, dass die Linke, die im Kampf mit dem Staat groß geworden war, nun ihren Frieden mit ihm schloss. Unter einigen Intellektuellen ist das lustvoll zelebriert worden. Mit dem Provisorium Bundesrepublik, so hofften sie, würden auch Provinzialität und bornierte Behaglichkeit schwinden.

Die Neunziger begannen mit Abschieden: von Utopien, von links und rechts, von Bonn und den Achtundsechzigern, von Ideologien und gesinnungstüchtiger Griesgrämigkeit. Zwei Berliner Großereignisse – die Verhüllung des Reichstags und die Love Parade – machten die neue Normalität sinnfällig. Rings um das Brandenburger Tor, das deutsche Nationalsymbol schlechthin, feierte sich eine individualisierte Masse. Die Zuschauer am Straßenrand konnten darin ein Bild ihrer selbst sehen. Politischen Leidenschaften war man abhold, die Gesellschaft war ungefährlich geworden, Demagogen würden ihre Parolen ins Leere rufen. Man hatte Grund, stolz zu sein, und beging die Ankunft im Hier und Jetzt. Schrecken gab es in der Vergangenheit, die Zukunft stellte man sich als eine bruchlose Fortsetzung der Gegenwart vor. Mehr war denkbar, ein Anderes nicht.

Das ruhte auf scheinbar solider Grundlage. Die Vereinigung hatte dem Westen stabile Wachstumsraten beschert, der Nachholbedarf der Brüder und Schwestern rund 1,5 Millionen Arbeitsplätze gesichert. Nervös blieb die Normalisierung dennoch. Einerseits fürchtete man, mit der «Rückkehr der Geschichte» könnten Nationalismus und Größenwahn ausbrechen, andererseits sah man sich – kaum vorbereitet – außenpolitischen Entscheidungen gegenüber, wie sie in vierzig Jahren Bonner Republik nie hatten getroffen werden müssen. Nervös blieb die Normalisierung auch, weil viele Zeichen ihre Verletzlichkeit, die Erosion der Selbstverständlichkeiten, offenbarten. Trotz zahlreicher Warnungen machten Sozialstaat, Bildungsanstalten, Gewerkschaften und Parteien weiter wie bisher. Der von Marion Gräfin Dönhoff herausgegebene Reformkatalog «Weil das Land sich ändern muss», in dem kein Thema der gegenwärtigen Diskussionen fehlt, erschien bereits 1992. Dennoch wirkte das Land gesund, und es herrschte der Eindruck, mit einigen kleineren Korrekturen könnte es sein Bewenden haben.

Erst nach dem Kollaps der New Economy, dem Verfall der Aktienwerte und dem Einbruch des Terrors am 11. September 2001 begann im alten Westen die Zeit der *Reformhysterie.* Sie hält bis heute an. Radikale und apokalyptische Töne finden – und das ist neu in der Geschichte der Bundesrepublik – auch außerhalb von kleinen Grüppchen und Weltanschauungszirkeln Gehör. Von der Grundangst der frühen achtziger Jahre, der Furcht vor Atomkrieg und Waldsterben, unterscheidet sich diese Stimmung dadurch, dass sie nicht gegen Politik und Staat artikuliert wird, sondern mit ihnen. Das neue Angstbeben hat sein Epizentrum in den Institutionen, die für Sicherheit und Verlässlichkeit zuständig sind. Das Herz der alten Bundesrepublik, die Bundesversicherungsanstalt für Angestellte, gilt als akut infarktgefährdet. Auf sie zu vertrauen, rät keiner mehr. Die Wirtschaftskrise, die nicht enden will und deren Ausmaß zu großen Teilen auf die Fehler und Pannen beim Aufbau Ost zurückgeht, führte 2003/04 mit den Hartz-Gesetzen zu einem scharfen Einschnitt. Es wurde – beispiellos in der Geschichte des rheinischen Kapitalismus – ein Gesetz verabschiedet, das eine Senkung des Lebensstandards für viele nicht nur in Kauf nahm, sondern beabsichtigte. Das soziale Netz soll hinfort nicht allein für Sicherheit in Lebenskrisen sorgen, sondern zugleich Angst erzeugen, Druck erhöhen: «Fördern und Fordern».

Ein Jahrzehnt lang hatte der Westen sich als Sieger gefeiert. Jetzt begann die Zeit der Nachrufe auf das «Modell Deutschland». Aus guten Gründen: 2003 hat die Staatsverschuldung 63,8 Prozent des Bruttoinlandsprodukts erreicht, die Sozialleistungen 32,1 Prozent. Die Arbeitslosigkeit wächst und wächst und wächst mit der Zuverlässigkeit, die einst ein VW-Käfer besaß. Die Fundamente der Volkswirtschaft bröckeln. Alle Institutionen, die sich nach 1990 in der verheerten Umwelt Ost behaupten sollten, stehen nun gesamtdeutsch auf dem Prüfstand. Reformen werden nach dem groben Motto zusammengeschustert, dass jede heilige Kuh ein potenzielles Steak sei.

Die Reformer wie ihre Kritiker leben von einem nostalgischen Versprechen. Sie verheißen die Rückkehr zu den Zeiten von verlässlichem Wachstum und dazugehöriger Vollbeschäftigung. Ein neues Bild der künftigen Gesellschaft, eine Vorstellung, was Gemeinwohl in ihr heißen könnte, besitzen sie nicht. Daher werden schon leichte Abweichungen vom altbundesrepublikanischen Ideal hysterisch als Verfallserscheinungen beklagt. Gestritten wird, wie man den glücklichen Zustand der alten BRD wieder erreichen könne, obwohl den meisten schwant, dass er unwiederbringlich vergangen ist. Nach Vereinigungsschock und der Herausbildung einer Abwehrkultur im Osten, nach der nervösen Normalisierung im Westen treffen eine Gesellschaft in Auflösung und eine Gesellschaft in Reformhysterie aufeinander.

Der neue Osten nimmt heute Abschied vom Traum, einmal Westen werden zu können, der alte Westen verteidigt zäh sein Wunschbild ewigen Wachstums und entfernt sich doch unaufhaltsam von ihm. Er könnte den Abschied hinauszögern, wenn es den Osten nicht gäbe, aber er zahlt noch immer in der Hoffnung, der Osten werde irgendwann aufholen. Ohne den Westen gäbe es im Osten – wie in Polen, Ungarn oder Tschechien – Armut in großem Ausmaß, aber auch eine aus eigener Kraft lebensfähige Gesellschaft.

Einheit? Welche Einheit?

«Ossis sind Türken», titelte die «Zeit» im Frühjahr 2004.[13] Wenn man, so behauptete Toralf Staud, die Ostdeutschen als Immigranten verstehen würde, schienen ihre Verhaltensweisen weniger seltsam, vielmehr bestürzend normal. Einwanderer fühlen sich oft ausgebeutet, zurückgewiesen, nicht anerkannt – häufig nicht ohne Grund. Ein Teil von ihnen richtet sich auf marginalen Positionen ein, ein Teil integriert sich, einige versuchen es mit Überidentifikation, andere separieren sich. Ungewöhnlich am ostdeutschen Fall wäre so gesehen lediglich, dass die DDR-Bürger «eingewandert» sind, ohne den Ort zu wechseln.

Der Gedanke ist berückend. Es gibt keine Vorstellung vom Vereinigungsprozess, die so sympathisch und zugleich so realistisch wirkt. Aus Studien über Immigranten wissen wir, dass eine anfänglich starke Verteidigung der Herkunftskultur die Integration letztlich fördert. In der fremden Umgebung rücken Einwanderer zunächst enger zusammen. Sie pflegen familiäre und landsmannschaftliche Bindungen, entwickeln einen Lebensstil des Übergangs, mischen Eigenes und Fremdes. Die Stabilität der Einwanderergruppe, ihre Netzwerke und ihr Wissen ermöglichen dem Einzelnen Ankunft und Aufstieg in der Gastgesellschaft. Nach drei Generationen verflüchtigen sich kulturelle Unterschiede, einst sorgsam gehütete Traditionen werden zu folkloristischen Momenten des gemeinsamen Lebens. Könnte es sein, dass die ostdeutsche Sonderkultur – die Wagenburgmentalität der stillen Gesellschaft – die Integration nicht nur nicht behindert, sondern sie vorantreibt, ja, dass die zeitweilige Absonderung eine Bedingung gelingender Einheit wäre?

Gegen die Gültigkeit dieses Modells spricht allerdings, dass der Westen seit 1945 eine beachtliche Zahl von Ost-Einwanderern aufgenommen und integriert hat. Das Territorium der neuen Länder ist seit sechzig Jahren Abwanderungsgebiet. Allein bis zum August 1961 verließen mindestens 2,7 Millionen DDR-Bürger ihr sozialistisches Vaterland.[14] Zwischen 1991 und 2003 zogen mehr als 2,4 Millionen von Ost nach West.[15] Das sind stolze Zahlen. Doch so viel über Ost-West-Unterschiede auch debattiert wird, von den realen Ost-Immigranten hört man wenig. Schlagzeilen machte lediglich die «Vinzenz-Murr-Bande», eine Gruppe von etwa vierzig bis fünfzig Skinheads, die im Jahr 1999 von der bayrischen Polizei zerschlagen wurde, nachdem ihr mehr als zwanzig Gewalttaten gegen Linke, Ausländer und Homosexuelle nachgewiesen werden konnten.[16] Der Unternehmer Vinzenz Murr hatte in den neuen Ländern inseriert, um Lehrlinge für seinen Metzgereibetrieb und den Verkauf zu finden. Die Mehrzahl seiner 341 Auszubildenden kam aus Sachsen und Sachsen-Anhalt. Einige von ihnen trafen sich in der Freizeit zum Trinken und zogen dann los, um Opfer zu suchen.

Abgesehen von diesem Beispiel jugendlicher Gewalt blieb es um die Einwanderer aus dem Osten bemerkenswert ruhig. Lauter wurde über die Schwierigkeiten der Westler in den neuen Ländern gesprochen. Die Arztgattin Luise Endlich etwa hat sich in dem Bestseller «Neuland» all ihren Frust über die unkultivierten Zonis von der Seele geschrieben. Die Integration der Ost-Immigranten in die West-Gesellschaft hingegen scheint weitgehend problemlos zu gelingen. Von «Sachsen-Town» in München oder «Ossi-Vierteln» in hessischen Städten hat man jedenfalls noch nichts gehört. Eine eigene, abgegrenzte ostdeutsche Einwandererkultur existiert in den alten Ländern nicht. In der insgesamt ernüchternden Bilanz deutsch-deutscher Bemühungen ist dies eine erstaunliche, bislang nicht erzählte Erfolgsgeschichte. Es hilft also nicht weiter, Ostdeutsche als Immigranten zu betrachten. Wenn sie tatsächlich in den Westen gehen, verhalten sie sich kaum wie Einwanderer. Unter denen, die im Osten bleiben, dominieren Abschottung und Selbst-Marginalisierung.

Ein substanzieller, dauernder Konflikt zwischen Ost und West war aber nicht vorgesehen. Der Hang zur Harmonie, der angeblich für die Ostdeutschen so typisch ist, beherrscht nahezu alle Vorstellungen von Einheit, jene Schimäre, der die Deutschen in den vergangenen fünfzehn Jahren gemeinsam, wenn auch auf verschiedenen Bahnen, nachgerannt sind.

Zum zentralen Bild der Einheitsidyllen wurde die Nacht vom 9. auf den 10. November 1989, als die Deutschen, wie Walter Momper sagte, zum «glücklichsten Volk» wurden. Die einen kamen in Trabis oder zu Fuß, hatten Tränen in den Augen, die anderen klatschten, luden zu Getränken, öffneten ihre Türen. Man lag sich in den Armen. Nicht nur die Grenze war niedergerissen worden, sondern auch das, was Menschen sonst voneinander trennt. Man schien eine Familie. Selten sind solche Stimmungen Folge freudiger Ereignisse, meist treten sie in den Schreckensstunden nach Katastrophen auf. Der Einbruch des Außergewöhnlichen erzeugt den Eindruck universeller Gleichheit und Verbundenheit.

Gefühl und Stimmung eines einzigartigen Moments können nicht alltäglich werden. Auch die Euphorie über den Mauerfall war bald verflogen. Bereits im Dezember 1989 sank der Anteil der Westdeutschen, die DDR-Übersiedlern Sympathie entgegenbrachten, auf 42 Prozent. Im September des Revolutionsjahres waren es noch 59 Prozent gewesen.[17] Oskar Lafontaine nahm die Stimmung auf und forderte, die Sonderleistungen für Ost-Flüchtlinge einzustellen. Sie seien jetzt frei und müssten sich selber helfen. 41 Prozent der Westdeutschen sprachen sich damals für die Wiedervereinigung aus, 43 Prozent waren dagegen.[18] Gemessen wurden die Fortschritte in der innerdeutschen Verständigung weiterhin an den Bildern der glücklichen Nacht. Im Alltag aber wie in den zahllosen Diskussionen über Wege und Risiken der Vereinigung hatte sich längst gezeigt, dass die Kluft zwischen Ost und West tiefer war, als angenommen. So standen Begegnungen unter doppeltem Druck: Zur vorhandenen Fremdheit nach vierzig Jahren getrennten Lebens kam die Enttäuschung darüber, dass sich die Vertrautheit nicht einstellen wollte.

Die auf Angleichung zielende Einigungspolitik setzte neben den außergewöhnlichen Augenblick das zweite Modell, nach dem seither Einheit verstanden wird: Normalisierung, Veralltäglichung. Gebunden waren Versprechen und Maßnahmen an den Glauben, in einer kopierten Bundesrepublik würden sich auch die Ossis bundesbürgergleich verhalten. Der Nachbau der BRD scheiterte auf hohem Niveau. Aus den DDR-Bürgern wurden Ostdeutsche mit einer eigenen Kultur und Identität. Nun hieß es, dass ein Zusammenwachsen länger dauern werde; man müsse auf die Jüngeren setzen und Geduld haben. Am Ziel des Hineinwachsens der Ostdeutschen in die ihnen fremde Welt allerdings hielt man fest.

Die Flut des Jahres 2002 schien dann zu bestätigen, dass es zwischen den Deutschen besser stehe als angenommen und geschrieben. Erneut verdeckte ein außergewöhnliches Ereignis die alltäglichen Probleme. Man hatte sie jedoch inzwischen aufgespalten in einen ökonomischen Teil und einen eher sozialpsychologischen. Der erste wurde Fachleuten überlassen, die «innere Einheit» aber sollte sich am besten durch Erzählen und Zuhören einstellen. Das Schlagwort verspricht einen Zustand der Gleichheit und Unterschiedslosigkeit, der eher zu fürchten als zu wünschen wäre. «Innere Einheit» herrscht in Marschblocks und Volksgemeinschaften, zivilisierte Gesellschaften sind die Summe ihrer Konflikte.

Immer wieder meldeten sich Einzelne zu Wort und erklärten, dass die Gemeinsamkeiten in beiden Landesteilen weit gediehen seien. So behauptete der kanadische Politologe Laurence McFalls nach langen Feldstudien, die Ostdeutschen hätten den Übergang vom Sozialismus zum Kapitalismus längst vollzogen. Sie gäben an der Jahrtausendwende «das typische Bild der gequälten, besorgten, sozial isolierten, politisch desillusionierten, dafür umso eifriger konsumierenden Bürger einer postindustriellen Gesellschaft»[19] ab. Nur weil die Ossis noch nicht genug Zeit hatten, sich an ihr neues Lebensdesign zu gewöhnen, erscheine ihnen dieses in besonders grellem Licht. Bei genauerem Hinsehen sei zu bemerken, dass sich die kulturelle Vereinigung Deutschlands vor einigen Jahren schon vollzogen habe.

Wesentliche Differenzen werden da ausgeblendet: die ökonomisch unterlegene Position des Ostens; die Selbstdefinition als «nicht-westdeutsch»; der – im krassen Unterschied zu den alten Ländern – ungebrochen herrschende Atheismus; die andere Parteienstruktur. In einem Punkt aber hat Laurence McFalls Recht: Die Kernprobleme Ostdeutschlands sind die einer postindustriellen Gesellschaftsordnung an der Jahrtausendwende, Probleme, die den Westen ebenfalls beschäftigen, aufgrund der unterschiedlichen Geschichte jedoch in Ost und West verschieden wahrgenommen werden.

Das andere Extrem zur Behauptung längst eingetretener Normalität ist die Avantgardethese, die zuerst der Soziologe Wolfgang Engler vertreten hat, eine zeitgenössische Variante des Überholens, ohne einzuholen: Da Ostdeutsche über eine besondere Umbruchs- und Unsicherheitskompetenz verfügten und die dramatischen Probleme, mit denen sie zu kämpfen haben, ein Vorschein dessen seien, was auch dem alten Westen bevorstehe, sollten die neuen Länder als Experimentierfeld genutzt und ihre Bewohner als Pioniere einer kommenden Kultur alimentiert werden. Im Osten soll der Abschied von der Lohnarbeitsgesellschaft erprobt werden. Für Englers Vorschlag spricht, dass man mit den Millionen an Sozialleistungen, die zur Existenzsicherung und Ruhigstellung gezahlt werden, auch etwas Produktives anfangen könnte.

Die Abenddämmerung der klassischen Lohnarbeitsgesellschaft dauert nun auch schon Jahrzehnte. Der Westen steht dem Vorgang ebenso ratlos gegenüber wie der Osten. Sobald man aber die Details betrachtet, werden die Unterschiede deutlich. Nirgends im alten Westen ist das Industriezeitalter so abrupt, in Form eines Crashs, zu Ende gegangen. Nirgends waren vom Umbruch zugleich die politischen Institutionen und das Sozialleben betroffen. Die Dreieinigkeit der Transformationsprozesse hat diesen einzigartige Züge verliehen, und es sieht nicht so aus, als verliefen die Krisen in den alten Ländern nach ähnlichen Mustern. Zudem scheint die ostdeutsche Gesellschaft kaum gewillt, die ihr zugedachte Avantgarderolle zu übernehmen. Die allumfassende Verunsicherung hat eben nicht nur Energien frei gesetzt, sondern hauptsächlich Schutz- und Trutzreaktionen hervorgebracht.

Immerhin hat Engler wenigstens gefragt, wie von den offenkundigen Differenzen der Teilkulturen zu profitieren sei. Die Mehrheit derer, die ihre Konzepte, Vorstellungen, Vorschläge präsentieren, klammert sich an die Idee allmählicher Angleichung wie ein Ertrinkender an einen Strohhalm. Je unmöglicher die Rettung, desto verbissener wird um sie gerungen.

Im November 2004 wurden 500 Fachleute befragt, ob Ostdeutschland bis 2030 wirtschaftlich das westdeutsche Niveau erreicht haben werde, gemessen am Bruttoinlandsprodukt, am verfügbaren Einkommen und anderen zentralen Größen. Ein Drittel sagte rundheraus «nein», 40 Prozent waren unentschlossen.[20] In der Unentschlossenheit der 40 Prozent liegt das Moment von Wahrheit. Die Wirtschaft des Ostens wird sich weiterentwickeln, ohne mit dem Westen gleichzuziehen. Es kann nur um die sanfte Förderung vorhandener Potenziale gehen. Diese sind mickrig genug; viel ist davon nicht zu erwarten. Groß angelegte Industrieprogramme mögen einen kurzzeitigen Boom erzeugen können, wie es ihn nach 1990 im Bereich der Bauwirtschaft gegeben hat. Eine Reindustrialisierung des Ostens allerdings ist ausgeschlossen. Die Frage nach einem Aufholprozess stellt sich nicht, vielmehr die, wie Verelendung und eine Abwärtsspirale verhindert werden können. Vor diesem Hintergrund gewinnen kulturelle Unterschiede an Bedeutung.

Nur ein Prozent der Ostdeutschen glaubt, beide Teilkulturen seien bereits zusammengewachsen; sechs Prozent sehen geringe, 55 Prozent aber relativ starke Differenzen. 22 Prozent nehmen an, dass es auch in fünfzig Jahren noch gravierende Unterschiede geben wird.[21] Die Klischees sind bekannt: Der Ossi ist unzufrieden, misstrauisch, ängstlich und bequem, der Wessi arrogant, aufs Geld aus, bürokratisch, oberflächlich. Die Erfahrung, dass Ost und West im Alltag – etwa an Universitäten oder in der Bundeswehr – gut miteinander auskommen, ändert nichts an den allgemeinen Fremdheitsgefühlen. Diese sind empirie- und erfahrungsresistent. Der menschliche Westdeutsche, den ich im Urlaub treffe, ist eben kein Wessi, sondern ein netter Typ, der egoistisch-oberflächliche Ossi in meiner Firma ist kein Ostdeutscher, sondern ein Karrierist. Man mag weiterhin der gesamten Nation eine Redekur verordnen, sie auf die Couch setzen und darauf hoffen, dass sie sich eines Tages wieder in den Armen liegen wird. Wenn das deutsch-deutsche Geschwätz wie die angenehmen Diskussionen der neunziger Jahre nicht zum wechselseitigen Verständnis geführt haben, wird auch weiteres Reden nicht helfen.

Nachdem das Ziel der ökonomischen Angleichung sich als unerreichbar erwiesen hat, kann man auch das Vorhaben der kulturellen Vereinigung verabschieden. Stereotype und Fremdeln werden uns noch Jahrzehnte begleiten. Problematisch werden die Unterschiede, wenn sie zur Stimmungsmache genutzt werden. Das geschieht gegenwärtig auf beiden Seiten, etwa wenn der Osten mit pauschalen Klagen über die ungleichen Lebensverhältnisse Sonderbehandlung einklagt oder der Westen mit pauschalem Urteil über faule, zur Eigeninitiative unfähige Ossis verabredete Hilfen streichen oder sich der Verantwortung für das Sondergebiet Ost entledigen will.

Im Zentrum der Debatte stehen die Transferzahlungen, die der Solidarpakt II bis zum Jahr 2019 garantiert. Die langfristige Festschreibung von 156 Milliarden Euro aus dem Bundeshaushalt wie dem Länderfinanzausgleich ist ein außergewöhnliches Privileg. Während jeder Beitragszahler, jeder Rentner sich auf überraschende Änderungen einstellen muss, können die neuen Länder sicher planen. Dennoch traut niemand dem Frieden. Der Ministerpräsident von Sachsen-Anhalt, Wolfgang Böhmer, der Horst Köhlers Attacke auf das Ziel der Angleichung so vehement unterstützte, hat zur selben Zeit gemeinsam mit den anderen Ministerpräsidenten der neuen Länder gefordert, den Solidarpakt II im Grundgesetz festzuschreiben. Die Teilung Deutschlands würde damit Verfassungsrang erhalten. Es war zwar keine Mauer vorgesehen, aber eine eherne Grenze zwischen dem «normalen» und dem aufgrund seiner Hilfsbedürftigkeit privilegierten Teil. Mit ihrem Ansinnen demonstrierten die Ost-Ministerpräsidenten ihr Misstrauen gegenüber der politischen Stimmung im Lande und erweckten den Eindruck, es handele sich bei den Hilfen um einen Besitzstand wie die Eigenheimzulage oder die Agrarsubventionen.

Da weder der Bund noch die Länder über ein schlüssiges Konzept der Förderpolitik verfügen, fehlt eine Basis für sachlichen Streit. Die

Ostländer bekommen Geld, erstatten regelmäßig Bericht über ihre Lage, und die Öffentlichkeit wartet bis zum Silvesterabend 2019 auf die unmögliche Angleichung. Verhandelt werden die Probleme auf Länderebene, wo weder 1990 noch später ein besonderes Interesse für gesamtstaatliche Belange zu spüren war. Der hessische Ministerpräsident Roland Koch hat im September 2004 die Streichung des Grundgesetz-Artikels 91a verlangt, der Bund und Länder dazu anhält, die Wirtschaft in unterentwickelten Regionen zu fördern.[22] Koch wie die ostdeutschen Ministerpräsidenten stritten nicht politisch über vernünftige Hilfen für den Osten, sondern um das Gesamtpaket. Wo nur eine falsche Wahl möglich ist – weitermachen wie bisher oder abschaffen –, gedeihen Stammtischparolen bestens.

Am 30. Dezember 2004 rief der Bund der Steuerzahler dazu auf, den Solidaritätszuschlag zu überprüfen, der 2005 seinen zehnten Geburtstag feiern konnte. 1995 hatte man ihn als Ergänzungsabgabe eingeführt, gegenwärtig beträgt er 5,5 Prozent auf die fällige Lohn-, Einkommen- und Körperschaftssteuer. Etwa 115 Milliarden hat er dem Bundeshaushalt eingebracht.[23] Er wird in Ost und West erhoben und fließt in den allgemeinen Bundeshaushalt. Eine direkte Verbindung zu den Transferleistungen gibt es nicht, so wie alles getan wurde, um die Solidarität mit dem Osten vollständig in die Hände einer Verteilungsverwaltung zu legen. Der Bedarf an Symbolen, an Integrationsfiguren und gemeinsamen Projekten ist groß. Doch aufgrund der Entkoppelung von Solidaritätszuschlag und Förderprogrammen müssen Appelle an ein innerdeutsches Solidaritätsgefühl ungehört verhallen. Zwischen Ost und West steht eine umverteilende, die Förderung organisierende Bürokratie, der gegenüber jedes Misstrauen berechtigt ist.

Im Juli 2004 waren lediglich 18 Prozent der West- und 10 Prozent der Ostdeutschen mit der Politik des Aufbaus Ost zufrieden.[24] Dennoch wird sie unverändert fortgesetzt. Der zuständige Minister, der Sozialdemokrat Manfred Stolpe, hat eigentlich mit dem Riesenressort für Verkehr-, Bau- und Wohnungswesen genug zu tun. Der Aufbau Ost ist keine Sache, die nebenher erledigt werden kann. Außerdem ist Stolpe geschwächt durch die zahlreichen Pleiten, die er als Ministerpräsident von Brandenburg zu verantworten hatte: von der Cargo-Lifter-Halle über den Lausitz-Ring bis hin zur Chip-Fabrik in Frankfurt/Oder. Als Bundesminister fügte er dieser Pannenserie das Toll-Collect-Desaster hinzu. Den Ernst der Lage leugnet er standhaft. Im Einheitsbericht 2004 heißt es: «In vielen Bereichen wurden in den vergangenen Jahren bemerkenswerte Erfolge erzielt und sind Fortschritte festzustellen. Ohne die besonderen Probleme in den neuen Ländern, insbesondere die hohe Arbeitslosigkeit und die gesamtwirtschaftlichen Schwächen, übergehen zu wollen, muss dem Bild des ‹Scheiterns› deutlich widersprochen werden. Vieles wurde durch den Einsatz und die Veränderungsbereitschaft der Menschen erreicht. Die Förderpolitik auf Basis eines breit angelegten, flächendeckenden Ansatzes hat dazu wichtige Beiträge leisten können.»[25] Wenn freilich die Milliarden aus dem Solidarpakt II mit ebenso großem Erfolg ausgegeben werden wie die bisherigen Fördermittel, werden wir am Silvesterabend 2019 in einen Abgrund schauen. Keiner der heute verantwortlichen Politiker wird dann noch im Amt sein. Doch es müsste Wunder über Wunder geschehen, sollten die Schwierigkeiten der neuen Länder bis dahin behoben sein.

In den Parteien ist niemand in Sicht, der sich des Themas annehmen würde. Es gilt als eines, das man am besten aus dem Streit heraushält. Wenn aber nicht gestritten wird, gedeiht neben Expertenwesen vor allem Demagogie. Die Wahlerfolge der NPD in Sachsen und der DVU in Brandenburg oder die Existenz «national befreiter Zonen», in denen Skinhead-Kameradschaften Ausländer angreifen,

Unliebsame terrorisieren, zeigen, wie viele bereit sind, im Krisenfall auf Abschottung und Ausgrenzung zu setzen. Fremdenfeindlichkeit, Gleichgültigkeit gegenüber dem Schicksal anderer, Intoleranz, die Aversion gegen Parteienstreit und Parlamentarismus, eine Schwäche für Vaterfiguren und für paternalistische Belehrung sind Geschwister. Es ist ein und derselbe Geist, der im miefigen Milieu der Sächsischen Schweiz NPD-Erfolge garantiert oder an Ruhrgebietsstammtischen meint, der Osten hätte jetzt genug gekostet, die sollten da mal selber sehen, wie sie klarkommen. Politik und Öffentlichkeit haben viel getan, diese Stimmungen zu überdecken, statt sie ans Licht der Öffentlichkeit zu zerren, wo die Sonne der Vernunft sie ausdörren kann.

Was in der deutsch-deutschen Debatte über den Aufbau Ost und die Einheit fehlt, sind Anstrengungen, die jede Kommunikation benötigt, wenn sie gelingen soll. Viel zu selten sind Versuche, die Perspektive zu wechseln, probeweise die Rolle des anderen einzunehmen: des Arbeitslosen in der Lausitz wie des Steuerzahlers in Franken. Sie haben verschiedene, in einigen Punkten gegensätzliche Interessen. Im neuen Verteilungskonflikt sind die Positionen beider Seiten gleich berechtigt: Ostdeutsche, die sich mit der wirtschaftlichen und sozialen Misere in den neuen Ländern nicht abfinden wollen, Westdeutsche, die nicht länger bereit sind, in ein Fass ohne Boden zu investieren. In der Politik ist der Konflikt so wenig repräsentiert wie die Gegensätze zwischen den Generationen oder zwischen Reformgewinnern und -verlierern. Das unterscheidet ihn von klassischen Auseinandersetzungen zwischen Bourgeoisie und Proletariat, Arbeitnehmern und Arbeitgebern, Diktatoren und Dissidenten. Auch im sozialen Raum haben die Fronten keinen klaren Verlauf mehr. Da steht der ergraute VW-Arbeiter mit guten Rentenaussichten gegen die Mecklenburger Arbeitslose von dreißig Jahren, deren politische Interessen in vielen Punkten denen eines New-Economy-Unternehmers gleichen, etwa in Sachen Rentenreform, Kündigungsschutz, Entbürokratisierung.

Oft kann man nur zwischen zwei Übeln wählen. Soll man, um die Sozialkassen zu entlasten, die Abwanderung junger arbeitsloser Frauen aus deindustrialisierten Regionen fördern und damit zugleich die Region jeder Aussicht auf Besserung berauben? Soll man alle Mittel auf drei, vier industrielle Kerne konzentrieren, wenn die dort erwirtschafteten Gewinne dann doch in darniederliegende Gegenden transferiert werden müssen? Wo Alter, Wohnort und Ausbildung ebenso wichtig werden wie Einkommen und Arbeitsverhältnis, versagen die klassischen Institutionen zum Austragen von Konflikten. Wenn aber die Lösungsroutinen der alten Bundesrepublik, nach denen man den Osten beglücken wollte, selbst nicht mehr greifen, stellt sich die Frage, was an deren Stelle treten soll.

Die Bilanz der neunziger Jahre ist eindeutig: hohe Transfers, eine schwache Wirtschaft, weit verbreitete Resignation, vertane Gelegenheiten und verschenkte Chancen, rechtzeitig und kühn zu reformieren. Allen Momenten gemeinsam ist die geringe Aussicht, dass es anders werden könnte. Eine gesamtdeutsche Öffentlichkeit, dies zu debattieren, existiert freilich nur in schüchternen Anfängen. Ostdeutsche verweigern sich den überregionalen Zeitungen und Zeitschriften. Dort werde, wird gern verständnisinnig eingewandt, nicht genug über Ostdeutschland und ohnehin in einem fremden Idiom berichtet. Das Zurückschrecken vor den gesamtdeutschen Medien gehört zu den folgenreichen Abschottungsstrategien der stillen Gesellschaft Ost, die sich in diesem Punkt ohne Not selbst an den Rand stellt, um dann über Marginalisierung zu klagen. Medien, die in allen neuen Ländern zur Kenntnis genommen werden, gibt es wenige: «Super

Illu» und seit kurzem die Jugendzeitschrift «Spiesser». Ansonsten bleibt man dem örtlichen Sender und dem Regionalblatt treu.

Der Ost-West-Verteilungskonflikt muss also in einer Situation verhandelt werden, in der stabile Klischees zur Verfügung stehen, das zentrale Ziel der Einheit – Angleichung – imaginäre Züge angenommen hat, Parteien und Parlamente den Konflikt beschweigen und eine gemeinsame Arena des Streits noch nicht gefunden ist. Das Zusammentreffen dieser Faktoren lässt eine ressentimentgeladene Atmosphäre entstehen.

Im Jahr 1990 fürchtete Frank Schirrmacher, damals Literaturchef der «Frankfurter Allgemeinen Zeitung», halb polemisch, halb ironisch um die Besonderheiten der Bonner Republik. Patrick Süskind war ein wenig traurig, «daß es den faden, kleinen, ungeliebten, praktischen Staat Bundesrepublik Deutschland, in dem ich groß geworden bin, künftig nicht mehr geben»[26] würde. Der Abschied konnte lange hinausgezögert werden. So wie sich der Osten postsozialistische Wärmestuben und eine Sondermentalität gönnte, haben im Westen viele die Fenster geschlossen und so getan, als sei der alten Bundesrepublik ein langer, geruhsamer Lebensabend beschieden. Im Alltag blieb es behaglich, der Osten war ein Spezialproblem für Wirtschaftsexperten, die in unverständlichem Kauderwelsch stritten, bärtige Bürgerrechtler und PDS-Rentner im Anorak.

Florian Illies hat das Gefühl ewiger Geschichtslosigkeit auf die hübsche Formel gebracht: «‹Raider› heißt jetzt ‹Twix›, sonst änderte sich nix.»[27] Andere rechnen mit einer Katastrophe. So fürchtet der Journalist Uwe Müller in seiner Bestandsaufnahme des «Supergaus Deutsche Einheit», dass sich, wenn die Belastungen durch den Aufbau Ost nicht geringer werden, in den alten Ländern separatistische Bewegungen formieren könnten, wie sie in Italien mit der Lega Nord aufgetreten sind.[28]

Ebenso wahrscheinlich und ebenso gefährlich wie dramatische Zuspitzungen sind Prozesse der schleichenden Schwächung, der Erosion. Wer erlebt hat, wie sich an einer Universität oder in einem größeren Unternehmen, sobald Entlassungen angekündigt werden, bis dahin sympathische Zeitgenossen in leise rotierende Kampfmaschinen verwandeln, Tücke, Furcht und Neid die Atmosphäre zu bestimmen beginnen, hat eine Vorstellung davon, was Erosion heißt. Ebenso wie physische Not, Hunger und Durst, verwandeln Verlustängste, das Gefühl der Hilflosigkeit, den Einzelnen in ein egoistisches Tier. Der Mensch wird dem Menschen zum Wolf, er verliert die Fähigkeit, an andere zu denken, sich selbst mit Distanz zu betrachten, seine Lage nüchtern zu analysieren. Dies aber wäre die Voraussetzung, um das Heft wieder in die Hand zu nehmen, statt sich in der sinnlosen Hatz auf Sündenböcke zu verausgaben.

Für den Zustand eines Gemeinwesens kann es nicht folgenlos bleiben, wenn sein wichtigstes Vorhaben misslang. Das ist keine Panne, nach der man zur Tagesordnung übergehen kann, sondern ein Scheitern, das auf Jahrzehnte Folgen haben wird. Daher stehen Ost- und Westdeutschland nun vor einer dritten Zäsur. Nach der Beteiligung der Bundesrepublik an einem Krieg und dem Systembruch des Hartz-IV-Gesetzes müssen sie mit den Folgen der missglückten Vereinigung, also mit dauerhaft ungleichen Lebensverhältnissen, leben lernen. Das setzt einen grundsätzlichen Wandel der Mentalität voraus. Gleichheit ist im Osten wie im Westen ein hoher Wert. Die einen reden von «sozialer Gerechtigkeit», die anderen von «Mitte» oder «Zwei-Drittel-Gesellschaft», was vergleichbare Lebensverhältnisse der Zwei-Drittel-Mehrheit suggeriert. Dass ebender Wunsch, Gleichheit zu erreichen, Ungleichheit zementiert hat, belegt die wirtschaftliche Entwicklung des Ostens.

2. Der Westen zahlt, der Osten leidet
Weshalb die Aufholjagd gescheitert ist

«Das Schlimmste am Pessimismus ist, dass man den nicht zeigen darf, aber innerlich fühlt man ihn doch»[1], hat der Bürgermeister von Mestlin gesagt. Im einstigen sozialistischen Musterdorf, östlich von Schwerin gelegen, versuchen die Übriggebliebenen heute, das soziale Leben trotz Arbeitslosigkeit und Abwanderung neu zu erfinden, mit Kleingärten, Kinderfest und Kulturhaus. Hier wird im Stadium der Aussichtslosigkeit etwas getan, mal mit, mal ohne Fördergelder, vor allem aber ohne die Gewissheit, aus der prekären Lage herausfinden zu können. Wenn es ein Sinnbild für die Lage in den neuen Ländern gibt, dann sieht es so aus: in der Hoffnungslosigkeit etwas unternehmen.

Ein Blick auf die ostdeutsche Wirtschaft ist geeignet, jeden Optimisten, und sei er noch so unbelehrbar, zur Verzweiflung zu treiben. Seit siebzig Jahren wird ihr Schicksal nahezu ausschließlich von der Politik bestimmt. Sie hat Zeiten des Wachstums und der Schrumpfung erlebt, nie jedoch aus ihrer strukturellen Krise herausgefunden. An diesem grundsätzlichen Befund ändern auch die Erfolge einzelner Betriebe nichts: Die Wertschöpfung stagniert bei 63 Prozent des Westens, es fehlen etwa 3000 mittelständische Unternehmen und 700 000 Arbeitsplätze, die vorhandenen Firmen sind zu klein und leiden unter geringer Eigenkapitalausstattung, jede fünfte Erwerbsperson hat keinen regulären Arbeitsplatz, die Abwanderung dauert an. Das ökonomische Elend ist dauerhaft geworden. Eine Wende zum Besseren zeichnet sich nicht ab. Die Krisenmomente scheinen zu vielfältig, die Folgen der katastrophalen Einbrüche unüberwindbar.

Aus dem Teufelskreis heraushelfen soll eine neue, diesmal effiziente Förderpolitik. Konzepte kursieren. Das zuständige Ministerium setzt auf Kontinuität, der «Gesprächskreis Ost» hat die Einrichtung einer Sonderwirtschaftszone empfohlen. Die CDU in Sachsen und die SPD in Brandenburg wollen sich auf «Industrielle Leuchttürme» konzentrieren. Zwei Glaubenssätze gelten als unumstößlich: Erstens dürfe man nicht mit der Gießkanne hantieren, vielmehr müsse man gezielt die Starken unterstützen. Zweitens sei es Aufgabe des Staates, den Aufschwung mittels Wirtschaftsförderung herbeizuführen. Dabei müsste die Geschichte des Aufbaus Ost eigentlich zur Skepsis gegenüber der Auffassung erziehen, dies sei das Hauptbetätigungsfeld vernünftiger Politik. Staatliche Wirtschaftsförderung ist ein Teil des Problems, nicht dessen Lösung: Im Osten hat sie überwiegend verhängnisvoll gewirkt, Strukturen erzeugt, die ohne Dauersubventionen zusammenbrechen würden. Die ökonomischen und sozialen Folgekosten werden gewaltig sein. Und auch an Ausreden besteht kein Mangel. Es gab, heißt es, keine Alternative, der Sozialismus sei schuld, die Ostdeutschen seien mit der Marktwirtschaft eben überfordert, die Lage bessere sich allmählich. Das stimmt alles nur halb und wird doch immer wieder vorgebracht.

Die Angleichungsideologie, Selbstgerechtigkeit und vor allem die Unfähigkeit zu raschen Korrekturen haben eine Situation herbeigeführt, in der es schon als Erfolg gelten muss, wenn einige Regionen Ostdeutschlands 2020 aus eigener Kraft existieren können. Die meisten Gegenden aber scheinen ohne Transferleistungen nicht mehr überleben zu können. Sie hängen bereits zu lange am Tropf. Künftig werden sie mit unterentwickelten Regionen im Westen um Fördertöpfe konkurrieren müssen. Keine der Entscheidungen, die jetzt anstehen, ist verlockend. War der Sozialismus durch Mangelverwaltung gekennzeichnet, so ist es die Gegenwart im Osten durch das Management von Schwäche. Ohne ehrlichen Rückblick kann ein Neuanfang beim Aufbau Ost allerdings nicht gelingen.

Der staatssozialistische Weg in die Marktwirtschaft

Im Dritten Reich wurde die mitteldeutsche Industrielandschaft zu einem Kerngebiet der Rüstungsproduktion ausgebaut. Zwischen 1936 und 1944 wuchs die Brutto-Industrieproduktion hier um 54 Prozent, die Produktivität lag um 27 Prozent höher als in Westdeutschland.[2] Nach der Befreiung begann die Demontage von insgesamt mehr als 3400 Betrieben. Zurück blieben ältere Anlagen und Reste. Setzt man das Bruttoanlagevermögen auf dem Gebiet der späteren Sowjetischen Besatzungszone im Jahr 1936 mit 100, so betrug es 1945 trotz der Kriegszerstörungen 123,1 Prozent, nach den Demontagen aber, im Jahr 1948, nur noch 74,3 Prozent. In Form von Reparationsleistungen entzog die sowjetische Besatzungsmacht der Wirtschaft in der SBZ/ DDR bis 1953 im Jahresdurchschnitt ungefähr 22 Prozent des Bruttosozialprodukts, 1946 waren es stattliche 48,8 Prozent.[3]

Von dieser Basis ausgehend, gelang der DDR ein Wiederaufbau, der jedoch vor allem politischen Überzeugungen und weniger ökonomischer Rationalität folgte. Züge der Kriegswirtschaft blieben bis zum Ende des Arbeiter- und Bauernstaats erhalten: das Ziel der Autarkie, der Unabhängigkeit vom Weltmarkt; die zentrale Zuweisung von Kapazitäten, Mitteln und Arbeitskräften wie die zentrale Abschöpfung von Gewinnen; der Zwang zum Improvisieren, Basteln, Reparieren überalterter Anlagen. Noch in den späten achtziger Jahren konnte die Energieversorgung in der kalten Jahreszeit allein durch eine «Winterschlacht» unter Beteiligung der Nationalen Volksarmee gesichert werden.

Die DDR behauptete von sich, zu den zehn führenden Industrieländern der Welt zu gehören, und das wurde ihr gern geglaubt, auch wenn 1989 die Zahlungsunfähigkeit drohte. Dabei war die Verschuldung gegenüber dem Westen, etwa 10,8 Milliarden Dollar, nicht entscheidend für den Untergang der DDR. Ihr Wirtschaftssystem hätte den notwendigen Wandel nicht aus eigener Kraft vollziehen, geschweige denn die Konsumansprüche der Bürger befriedigen können. Der Wirtschaftshistoriker André Steiner kommt zu einem nüchternen Schluss: «Das System war nicht in der Lage, auf die neuen Rahmenbedingungen – weltweit veränderte Preise für wichtige Ressourcen und internationale Verbreitung eines postfordistischen Produktionsregimes auf Basis flexibler Technologien – zu reagieren und sich ihnen anzupassen. Die Entwicklungspotentiale des Systems selbst und der DDR-Volkswirtschaft schienen in den achtziger Jahren erschöpft zu sein.»[4] Wie hätte sich eine Wirtschaft auf dem Weltmarkt behaupten sollen, die nicht einmal imstande war, ausreichend Festnetzanschlüsse zur Verfügung zu stellen, und die 534 Mark aufwenden musste, um einen 256-Kbit-Speicherschaltkreis zu produzieren, der im Westen für vier bis fünf Valutamark zu haben war?

Außerhalb der rückständigen High-Tech-Bereiche wurde mit hoffnungslos veralteten Anlagen gearbeitet. Als Konrad Henkel vor dem Rückkauf der Waschmittelwerke Genthin den Betrieb besichtigte, stellte er überrascht fest, dass er die Aggregate zur Produktion des Waschmittels «Spee» bestens kannte: aus seinem Betriebspraktikum in den dreißiger Jahren. Der Entwicklungsrückstand der sozialistischen Wirtschaft gegenüber der des Klassenfeindes betrug 1989 etwa zehn bis zwanzig Jahre, die Arbeitsproduktivität lag um zwei

Drittel hinter der in der Bundesrepublik.[5] Keine der in manchen postsozialistischen Zirkeln kursierenden Dolchstoßlegenden hält der Prüfung stand. Das Land hatte abgewirtschaftet.

In dem Augenblick, in dem keine Mauer vor internationalem und innerdeutschem Wettbewerb mehr schützte, wurden die Folgen sichtbar. Von 1990 bis 1992 sank das Volumen der ostdeutschen Industrieproduktion um zwei Drittel. Hatte sie im ersten Halbjahr 1990 noch 92,7 Prozent des Standes von 1989 erreicht, so fiel sie in der zweiten Hälfte des Vereinigungsjahres, nach der Einführung der D-Mark, auf 50,3 Prozent.[6] Ende 1994 beschäftigten die Betriebe des verarbeitenden Gewerbes in den neuen Bundesländern 1,1 Millionen Menschen, im Jahr 1989 waren es 3,4 Millionen gewesen. Es fällt schwer, Beispiele für einen ähnlich rasanten Absturz zu finden. Nach dem Ersten Weltkrieg betrug die Industrieproduktion Deutschlands noch 57 Prozent des Jahres 1913. Auf dem Höhepunkt der Weltwirtschaftskrise, 1932, erreichte sie immerhin noch 59 Prozent des Jahres 1928.

Wer den Deindustrialisierungs-Schock des Jahres 1990 vor Augen hat, versteht, warum die meisten Statistiken zum Aufbau Ost erst mit dem Jahr 1991 oder danach beginnen. Nun ist Misstrauen gegen Zahlen aus der DDR angebracht, vieles nicht zu vergleichen. Aber indem die Nach-Wende-Statistiken sie völlig übergingen und bei dem historischen Tiefstwert ansetzten, verleiteten sie zu abenteuerlichen Anfällen von Euphorie. Mit Blick auf den niedrigen Stand des Jahres 1991 verkündete die Bundesregierung Anfang 1995: «Die neuen Länder sind heute die wirtschaftlich dynamischste Region in Europa.»[7] Das waren sie, allerdings kam der Aufholprozess 1995/96 bereits wieder zum Stillstand.

Die Etablierung einer funktionierenden Marktwirtschaft in den neuen Ländern hatte mit mehreren grundsätzlichen Schwierigkeiten zu kämpfen. Da war zunächst das Erbe aus fünfzig Jahren marktferner, marktfremder oder auch marktfeindlicher Wirtschaftsentwicklung. Hinzu kamen die Folgen der schockartigen Zerstörung der DDR-Wirtschaft in den Jahren 1990 bis 1992. Immer deutlicher werden nun auch Verzerrungen durch marktkorrigierende Eingriffe seit 1990. Außerdem war parallel zum Abschied vom Staatssozialismus der vom Industriezeitalter zu vollziehen. Wo eine Industrieökonomie alten Stils geherrscht hatte, sollte eine moderne Dienstleistungswirtschaft entstehen. An die Stelle arbeitsintensiver Produktionsstätten wollte man kapitalintensive setzen. Das Ruhrgebiet wie das Saarland sind mit der Aufgabe seit mindestens dreißig Jahren beschäftigt. Im Osten sollte sie von heute auf morgen bewältigt werden. Der dreifache Bruch – Einführung der Marktwirtschaft, Deindustrialisierung, Sprung in ein neues Wirtschaftszeitalter – fand zudem in einem historischen Moment statt, in dem sich die Weltwirtschaft vollständig wandelte. Ganz gleich, ob man die Entwicklung in den neunziger Jahren mit den Schlagworten New Economy, Globalisierung, Neuer Kapitalismus oder Wissensgesellschaft charakterisiert – sie hat Firmen mit über hundertjähriger Erfolgsgeschichte vernichtet, anderen schmerzhafte Anpassungen abverlangt. Die Herausbildung einer neuen Wirtschaftsstruktur in den neuen Ländern hat sie nicht eben begünstigt.

Der auf diese Weise mehrfach belastete ökonomische Umbruch ging mit politischen und gesellschaftlichen Umbrüchen einher. Man konnte den Eindruck haben, alles beginne zur gleichen Zeit einzustürzen. Was selbst den Optimisten vor der völligen Verzweiflung bewahren mag, ist die angesichts der Dramatik erstaunliche Tatsache, dass diese Massierung von Krisenmomenten nicht zu sozialen oder politischen Eruptionen in Ostdeutschland führte. Russland hat eine gewaltige Finanzkrise erlebt, der Balkan mehrere Kriege, in Rumänien kam es zu gewaltsamen Bergarbeiterdemonstrationen, in Tschechien hebelte ein Pakt zwischen Opposition und Regierung die Kontrollfunktion des Parlaments aus. Im deutschen Osten geschah nichts dergleichen.

Die Ruhe in den neuen Ländern spricht auch für die ungeheure finanzielle Leistungskraft und die Robustheit der politischen Institutionen in Deutschland. Aber sie hatte ihren Preis. In einem Punkt erfolgte die Angleichung sehr rasch. Die Sozialleistungsausgaben pro Kopf erreichten 1996 Westniveau.[8] Für die Finanzierung des ostdeutschen Arbeitsmarktes zahlte die Bundesanstalt für Arbeit von 1990 bis zum April 2003 138 Milliarden Euro. Etwa 6,5 Millionen Menschen nahmen an ABM oder Weiterbildungsmaßnahmen teil.[9] Das entspricht der Zahl der Erwerbstätigen in den neuen Ländern. Mit der gleichen Konsequenz, mit der die DDR-Wirtschaft zerstört wurde, ist die soziale Absicherung im Osten ausgebaut worden, hat man dafür gesorgt, dass der Lebensstandard stieg. «Es wurde», schließt der ostdeutsche Finanzwissenschaftler Ulrich Busch seinen Überblick über die Transferzahlungen, «in erheblichem Umfang in das Lebensniveau investiert, aber zu wenig in die Produktion, mehr in den Absatzmarkt als in den Produktionsstandort Ost.»[10] Das dauerhafte Elend ist vergleichsweise komfortabel.

Damit sind Ursachen der strukturellen Krise, unter der die ostdeutsche Wirtschaft leidet, beisammen. Neben dem dreifachen, beispiellos rasch vollzogenen Bruch gehört dazu eine Förderpolitik, die mehr für die Ruhe der Gegenwart zahlt als für die Überwindung der Schwäche. An den Zielen, die Anfang der neunziger Jahre formuliert worden sind, hält die Bundesregierung dennoch fest: Angleichung der Lebensverhältnisse, Vollbeschäftigung, Aufbau einer sich selbst tragenden, international wettbewerbsfähigen Wirtschaftsstruktur.

Die Diskussion über den Aufbau Ost und die wirtschaftliche Lage in den neuen Ländern ist hochgradig ideologisiert, als müsste die Ratlosigkeit durch Meinungsstärke kompensiert werden. Wer die rasche Vereinigung im Jahr 1990 für einen Fehler hielt, versucht, alles Elend Helmut Kohl, der Treuhand oder westdeutschen Kapitalinteressen anzulasten. So verwahrt sich Siegfried Wenzel, bis 1989 Stellvertreter des Vorsitzenden der Staatlichen Plankommission für Gesamtrechnung und Plankoordinierung in der DDR, dann Mitglied der Regierungskommission für die Schaffung der Wirtschafts-, Währungs- und Sozialunion, energisch gegen die Behauptung, der Sozialismus auf deutschem Boden sei pleite gewesen. Die gesamte Vereinigungspolitik folgte, behauptet er, «einer geschlossenen strategischen Konzeption»[11]. Wichtig sei den rücksichtslosen Akteuren die «Delegitimierung des SED-Regimes» gewesen. Allerdings war da nicht mehr viel zu delegitimieren. Die Mehrzahl der DDR-Bürger lehnte das System ab und entschied sich für ein neues. Nicht einmal die systemtragenden Schichten, die Funktionseliten der DDR, waren willens, das alte Regime entschlossen zu verteidigen.

Ebenso verbohrt wirken Versuche, sämtliche Fehler und Pannen der Nachwendezeit mit dem Hinweis auf vierzig Jahre Sozialismus zu entschuldigen. In Polen, Ungarn, Tschechien und der Slowakei haben die kommunistischen Parteien gewiss nicht besser gewirtschaftet als in der DDR. Allerdings verläuft die ökonomische Entwicklung in diesen Transformationsländern heute dynamischer als die in Ostdeutschland.

Gern wird auch die Währungsunion angeprangert, zuletzt von Wolfgang Herles[12], der die Ursünde des Vereinigungselends im Umtauschkurs entdeckt haben will. Es sei ein schwerer Fehler gewesen, für eine DDR-Mark eine D-Mark zu geben. Eine gleichsam Natur gewordene Anspruchshaltung der Ostdeutschen und der Machtwille

Kohls im Wahljahr 1990 hätten hier, so Herles in seinem Buch «Wir sind kein Volk», verheerend zusammengewirkt. Ein anderer Umtauschkurs hätte sich 1990 allerdings nicht durchsetzen lassen. Die DDR-Bürger, die das SED-Regime gerade abgeschüttelt hatten, waren keine beliebig verschiebbare Masse, sie und ihre im März 1990 gewählte Regierung nicht bereit, zu jeder Bedingung beizutreten. Die Einheit aber herbeizuführen, war der Auftrag des Grundgesetzes. Obendrein gebot es schon das Sicherheitsinteresse der Bundesrepublik, alles zu unternehmen, um die explosive Lage zwischen Elbe und Oder zu entspannen. Nach rein ökonomischer Logik freilich hätten die Bundesdeutschen auf die Einheit verzichten müssen. Kohls Widersacher, Oskar Lafontaine, nutzte denn auch hauptsächlich wirtschaftliche Argumente und Verlustängste, um die Vereinigung zu verhindern.

Kohl hoffte auf eine rasche Wiederholung der westdeutschen Nachkriegsentwicklung: Währungsunion – Aufstieg – Wirtschaftswunder. Dass etwas an dieser Analogie nicht stimmte, ist damals schon gesehen worden. Die Währungsreform des Jahres 1948 war mit einer Abwertung, die Einführung der D-Mark 1990 mit einer Aufwertung verbunden. Die explosionsartig gestiegene Kaufkraft der Ostdeutschen musste zunächst vor allem westdeutschen Firmen und Händlern zugute kommen, die mühelos das Beitrittsgebiet versorgen und lange aufgeschobene Konsumwünsche befriedigen konnten. Ohne Protektion hatten die DDR-Betriebe keine Chance, im neuen Umfeld aus Währungsaufwertung, gestiegenen Kosten und übermächtiger Konkurrenz zu bestehen.

Wahrscheinlich führt der Streit, ob in erster Linie sozialistisches oder Kohl'sches Erbe für die heutige Misere verantwortlich ist, in die Irre. Allen Unterschieden zum Trotz wirkten beide in ähnliche Richtung. Im Sozialismus war der Einzelne als Wirtschaftssubjekt schwach. Die Vereinigungspolitik tat wenig, diesen Zustand zu beheben, sie vertraute auf Engagement und Investitionen derer, die bereits stark waren. Ein wesentlicher Unterschied zwischen Ost und West wurde zementiert. Zugleich setzte sie mit Treuhand und Transfers auf den Staat. Wie einst im Sozialismus wurde er zum entscheidenden wirtschaftlichen Akteur. Dass die ostdeutsche Wirtschaft heute transferabhängig ist, heißt: Sie ist abhängig vom Staat. Darüber hinaus baute Kohl auf die stabilisierende Kraft des Konsums. Die SED hatte nach dem 17. Juni 1953 begonnen, die ihr fehlende Legitimation durch sozialpolitische Bestechung, eine bessere Versorgung der DDR-Bürger mit Konsumgütern zu erkaufen. Ähnlich rechnete man nun auch in den neuen Ländern damit, dass die allgemeine Hebung des Lebensstandards die Zustimmung zum neuen System sichern würde. Kurz, die Bundesrepublik agierte in den frühen neunziger Jahren gleichsam staatssozialistisch. Das hatte entsprechende Folgen. Die Schwäche der ostdeutschen Wirtschaft scheint von Dauer zu sein. Der notwendige Wandel ist aus eigener Kraft nicht zu bewerkstelligen.

Dieses Ergebnis widerspricht den ursprünglichen Absichten. Die Treuhandanstalt erhielt am 17. Juni 1990 vom Gesetzgeber, der Volkskammer, ausdrücklich den Auftrag, «die unternehmerische Tätigkeit des Staates durch Privatisierung so rasch und so weit wie möglich zurückzuführen»[13]. In ihren besten Zeiten schloss sie täglich zwischen 25 und 30 Kaufverträge ab. Als ihre Arbeit am 31. Dezember 1994 endete, hatte sie 32 800 Privatisierungen durchgeführt. Die Nachfolgeeinrichtung, die Bundesanstalt für vereinigungsbedingte Sonderaufgaben (BvS), brachte weitere 12 000 auf den Weg. Insgesamt wurden die Schaffung oder der Erhalt von 831 752 Arbeitsplätzen festgeschrieben sowie Investitionen in Höhe von etwa 67 Milliarden Euro zugesagt.[14]

Als Detlev Karsten Rohwedder Mitte August 1990 die Leitung der Treuhand übernahm, um, wie er in einer legendär gewordenen Ansprache erklärte, schnell zu privatisieren, entschlossen zu sanieren, behutsam stillzulegen, hatte die Konkursverwalterin der DDR-Wirtschaft sich um gut 8000 Unternehmen mit rund vier Millionen Mitarbeitern zu kümmern, außerdem um 25 Milliarden Quadratmeter Grund und Boden. Die Treuhand war für mehr Mitarbeiter verantwortlich als die 25 größten börsennotierten Unternehmen der Vereinigten Staaten zusammen.[15] Zum Zeitpunkt ihrer Auflösung hinterließ sie dem Bundeshaushalt mehr als 250 Milliarden Mark Schulden.[15]

Ursprünglich hatte man mit Gewinn gerechnet, der dem Staatshaushalt einverleibt werden oder den DDR-Bürgern als ihr Anteil am Volksvermögen direkt zugute kommen sollte. Das Volkseigentum so aufzuteilen, dass die sozialismusmüden DDR-Bürger nicht mit leeren Händen in die Marktwirtschaft gingen, war die ursprüngliche Intention gewesen, als Bürgerrechtler am Runden Tisch die Gründung einer Treuhand vorschlugen. Das spätere Gründungsgesetz der Anstalt schloss die Möglichkeit dazu nicht aus.

Es gehört zu den neuen, in kein Links-Rechts-Schema passenden Konstellationen der neunziger Jahre, dass die aus der Bürgerbewegung stammende Idee, den Bürgern Anteile am Volkseigentum zu übergeben, auch von Hans-Werner Sinn vertreten wurde, der heute Chef des Ifo-Instituts für Wirtschaftsförderung ist und vielen als neoliberaler Gottseibeiuns gilt. Wenn, so Sinns Argument, der gesamte Kapitalstock einer Volkswirtschaft auf einmal verkauft werde, bringe dies deren Kreislaufbeziehungen durcheinander, die Kapitalmärkte würden überlastet, angemessene Preise seien dann nicht mehr zu erzielen. Er war daher für Privatisierung ohne Verkauf, als Schenkung.[17]

In der Tschechoslowakei etwa wurde die Privatisierung – ähnlich wie in Polen – durch die Ausgabe von Gutscheinen vollzogen. Gegen die Zahlung von ungefähr einem Monatseinkommen erhielten die Bürger eine bestimmte Zahl von Coupon-Punkten, die in Auktionen gegen Unternehmensanteile eingetauscht wurden. Jeder konnte sich ein Portefeuille zusammenstellen.[18] Die Bürger wurden Eigentümer des herrenlosen Kapitals, der Kapitalmarkt wurde nicht belastet.

Einen großen Vorzug der «Privatisierung ohne Verkauf» sah Hans-Werner Sinn darin, dass man den Ansprüchen der ostdeutschen Bevölkerung auf das ehemals volkseigene Vermögen hätte gerecht werden können.[19] Eine Reihe von Argumenten ist vorgebracht worden, um zu begründen, warum dies dennoch nicht sein durfte. Zwar wäre, erklärt etwa der Kölner Wirtschaftswissenschaftler Herbert Hax, die Privatisierung rasch vorangekommen, die Sanierung aber wäre problematisch geblieben. Die über Nacht zu Eigentümern gewordenen Arbeitnehmer hätten wahrscheinlich ein starkes Interesse an baldiger Sanierung gehabt. Sie wären wohl auch bereit gewesen, auf Lohnerhöhungen zu verzichten, und hätten versucht, ein qualifiziertes Management zu gewinnen. Die Sanierung hätte allerdings, so Hax, Entlassungen erzwungen, und für die davon betroffenen Arbeitnehmer «wäre es nur ein schwacher Trost gewesen», wenn sie «ihre Anteile hätten behalten dürfen und ihnen zwar kein Arbeitsplatz, aber die Hoffnung auf eine Wertsteigerung ihrer Unternehmensanteile nach erfolgreicher Sanierung verblieben wäre.»[20]

Das konnte man nicht dulden. Möglicherweise – man stelle sich den Skandal vor – wären die arbeitslosen Eigentümer dann nicht auf die sozialen Sicherungssysteme angewiesen gewesen. Vielleicht besäßen einige von ihnen inzwischen ein kleines Vermögen, statt Arbeitslosengeld II zu beziehen, und könnten ihren Kindern den Weg in die Selbständigkeit erleichtern. Sicherlich hätten nicht alle so viel Glück gehabt, und wo wäre man hingekommen, wenn beim Übergang aus einer zwangshomogenisierten in eine freie Gesellschaft größere soziale Unterschiede entstanden wären? Das konnte verhindert werden.

Die Ausgabe von Anteilsscheinen wäre keine Gewähr für Erfolg und Glück gewesen, aber sie hätte eine nennenswerte Zahl von Ostdeutschen in Souveräne ihres ökonomischen Geschicks verwandelt. Der Wille, etwas zu tun, war groß. Einige Beispiele aus dem Wirken der Treuhand belegen es. Dort, wo es möglich war, griffen Honeckers Ex-Untertanen zu. Im November 1990 wurden 8500 Ladengeschäfte bis zu einer Größe von 100 Quadratmetern Verkaufsfläche sowie 2500 Gaststätten bis zu einer Größe von 160 Quadratmetern Gastraumfläche ausgeschrieben.[21] An die Übernahme waren schwierige Bedingungen geknüpft. Die neuen Besitzer würden an bestehende Arbeitsverträge, Dauerschuldverhältnisse und Abnahmeverpflichtungen gebunden sein. Vom Ansturm der Interessenten war das Konkursverwaltungskombinat Treuhand überfordert. Immerhin konnten 70 Prozent der Objekte privatisiert werden, 90 Prozent der erfolgreichen Bieter stammten aus dem Osten.

Im Januar 1991 wiederholte man die Ausschreibung, diesmal für größere Geschäfte und Gaststätten. Der Treuhandabschlussbericht konstatiert: «Aufgrund des wesentlich höheren Finanzbedarfs kamen nur in 40 Prozent der Fälle Bieter aus den neuen Bundesländern zum Zuge.»[22] Wo waren das Kreditprogramm und die Beratungsangebote, das zu ändern? Ein großer Teil des Geldes, das für die Beschäftigungstherapie mittels ABM und Weiterbildung ausgegeben wurde, wäre hier sicher besser investiert gewesen.

Erfolgreich waren etwa 3000 Firmenübernahmen durch Geschäftsführer und leitende Angestellte ehemaliger Treuhandunternehmen. Die Furcht, das Schicksal der Betriebe in die Hände der

Mitarbeiter zu legen, regierte auch hier. Das so genannte Management-Buy-out (die Geschäftsführung übernimmt die Mehrheit der Anteile) kam häufig erst zustande, wenn sich ansonsten kein Interessent finden ließ. Diese Unternehmen standen vor denselben Problemen wie alle ehemaligen Staatsbetriebe: zu wenig Eigenkapital, kaum wettbewerbsfähige Produkte, geringe Erfahrung im Management. Dennoch war die Ausfallrate in den ersten fünf Jahren nicht höher als bei vergleichbaren Betrieben, die von westdeutschen Investoren übernommen wurden, und das, obwohl die Voraussetzungen ungünstiger schienen.[23] Auf diese Weise begannen einige Erfolgsgeschichten Ost, die der Rotkäppchen Sektkellerei GmbH, Freyburg/Unstrut, die der Multicar Spezialfahrzeuge GmbH, Waltershausen, die der Florena Cosmetic GmbH, Waldheim.

Das Risiko des Scheiterns war bei kapitalkräftigen, erfahrenen Investoren nicht geringer. Krupp erwarb 1990 für einen stolzen Preis das Kaltwalzwerk Oranienburg aus dem Verbund des Eisenhüttenkombinats Ost und legte das Werk später still. Vertraglich Zugesichertes, Arbeitsplätze und Investitionen, ließen sich nach Auskunft der Bundesanstalt für vereinigungsbedingte Sonderaufgaben nicht einklagen. Stillgelegt wurde auch die deutsche Kugellagerfabriken GmbH in Chemnitz, die 1990 von den Schweinfurter Kugellagerfabriken übernommen worden war. Beide Ost-Unternehmen wurden als «verlängerte Werkbänke» erworben und geopfert, sobald der West-Investor in Schwierigkeiten geriet.

Erfolgreiche Unternehmenssanierungen wurden oft durch Steuergelder finanziert. Jenoptik, das leuchtende Beispiel, erhielt mehr als drei Milliarden D-Mark an staatlichen Subventionen und baute zwei Drittel seiner Arbeitsplätze ab.[24] Was wäre anders, wenn die Arbeitnehmer des ehemals Volkseigenen Betriebs Anteile an Jenoptik erhalten hätten?

Es gibt kein ökonomisch überzeugendes Argument gegen die von so unterschiedlichen Seiten empfohlene Abgabe von Unternehmensanteilen an ostdeutsche Arbeitnehmer. Sie war politisch nicht gewollt, wich sie doch zu sehr von westdeutschen Gepflogenheiten ab. Daher gingen aus dem Treuhandvermögen 10 Prozent an ausländische Investoren, Käufer, Bieter, 85 Prozent an westdeutsche. Und an ostdeutsche? Die Bundestagsdrucksache 14/2622 vom 31. Januar 2000 teilt als Antwort auf eine Große Anfrage mit, dass «im Prozess der Privatisierung des Volkseigentums der DDR durch die Treuhandanstalt» fünf Prozent des ostdeutschen Produktivvermögens an Ostdeutsche gegangen seien.[25] Fünf Prozent! Bezogen auf die Zahl der Arbeitsplätze immer noch weniger als sechs Prozent. Wenn es im Geflecht der Entscheidungen und Ereignisse den einen Sündenfall gegeben hat, dann ist es dieser. Weder der Umtauschkurs von 1:1 noch spätere Lohnerhöhungen und erst recht nicht die gern bejammerte «Entwertung der Biographien» haben ähnlich verhängnisvoll gewirkt.

Fünf Prozent. Es ist im Zusammenhang mit dieser Zahl von «Enteignung» gesprochen worden. Das trifft die Sache nicht ganz. Das Volkseigentum war nie tatsächlich im Besitz der DDR-Bürger. Mit dem Wort wurde ein ideologischer Anspruch bezeichnet. Zum Eigentümer fehlte DDR-Bürgern die Verfügungsgewalt. Die Zahl steht für Schlimmeres: Als es um die Zukunft der neuen Länder ging, als durch Privatisierung Strukturen für die kommenden Jahrzehnte geschaffen wurden, sind Ostdeutsche mit System auf die niedrigen Plätze verwiesen worden: kleinere Gaststätten und Läden, Management-Buy-out, wenn kein anderer wollte. Die Treuhandpolitik, vollzogen unter Aufsicht des Bundesfinanzministers, führte zum kollektiven Ausschluss der Ostdeutschen von der Verfügungs- und Entscheidungsgewalt in der Wirtschaft.

Nun ist es für den Erfolg eines Unternehmens gleichgültig, woher sein Eigentümer kommt, und den Ostdeutschen fehlte es in der Tat an Kapital und Kreditwürdigkeit. Sie hatten kaum Erfahrungen mit Markt, Bilanzen und Gesellschaftsrecht sammeln können. Das hätte allerdings niemanden überraschen dürfen. Der Sozialismus war nicht dazu angetreten, Unternehmer hervorzubringen, Vermögensbildung und bürgerliche Tugenden zu fördern. Es ist ein Skandal, mit welcher Nonchalance die Kohl-Regierung diese staatssozialistische Zurichtung der Ostdeutschen zu Untertanen akzeptierte. Dass sie zu Unternehmern, Investoren, Managern nicht taugten, nahm sie hin wie eine Naturtatsache. Den Anteil ostdeutscher Käufer hätte man durch geeignete Förderprogramme auf wenigstens 20 Prozent steigern können, ohne das gesamtwirtschaftliche Risiko zu erhöhen. Dass die Marktwirtschaft im Osten eine neue Unternehmerschicht benötigte, ist damals zu selten gesehen worden. Der Ausschluss der Ostdeutschen beeinträchtigt bis heute die soziale, politische und kulturelle Entwicklung in den neuen Ländern.

Wie konnte es dazu kommen? Interessen der westdeutschen Kartellgesellschaft, die Konkurrenz im eigenen Land fürchtete, haben ebenso eine Rolle gespielt wie Glücksrittertum und Gier, für die Umbruchszeiten immer Sternstunden sind. Hinzu trat ideologische Verblendung. Man vertraute auf den Markt, wie man ihn aus Westdeutschland zu kennen glaubte, und behandelte Ostdeutsche daher wie Unmündige, deren Beglückung nicht durch Experimente aufs Spiel gesetzt werden sollte.

Zugleich dürfte die altbundesrepublikanische Scheu vor sozialen Unterschieden das Ihre zum Ausschluss beigetragen haben. Besser die Ossis blieben alle auf einer Stufe, als Einzelne zu privilegieren. Der Staat des alten Westens war durch Mittelstandsprotektionismus und Umverteilung zugunsten der Mittelschichten groß geworden.

Im Osten fehlte aber eine Ober-, eine Unternehmer-, eine krisenfeste Mittelschicht. Wie hätte sie sich ohne staatliche Förderung herausbilden können? Stattdessen sollte der Markt es richten und die erforderliche soziale Differenzierung hervorbringen. Er hat es nicht getan.

Der Glauben an die allein selig machende Wirkung des Marktes ist Steuer- wie Beitragszahler im Westen teuer zu stehen gekommen. Das ist die Nemesis scheinliberaler Selbstgerechtigkeit. Jene, die 1990 glaubten, der Markt werde sein Werk besser tun, wenn der Staat sich nicht zu viel einmische, erzeugten Zustände, in denen der Staat stärker gefordert ist, als wenn er anfangs vernünftig interveniert hätte. Klaus von Dohnanyi hat schon 1991 vor der Marktvergötzung gewarnt. 2003 hatte er nichts zurückzunehmen: «Der Irrglaube an den sich selbst heilenden Markt war eben fatal. Warum sollte ‹westliches› Kapital in den ‹Osten› als Industrieinvestition fließen, wenn der Mechanismus des freien Marktes den westlichen Unternehmen die neuen Märkte auch ohne solche Investition auslieferte?»[26] Man sieht, dass die Marktwirtschaftler der Wiedervereinigungsjahre vom Markt und seinen Mechanismen nur wenig verstanden.

Ruft man sich die politische Situation des Jahres 1990 ins Gedächtnis, so ging es wohl tatsächlich nicht anders, als rasch die staatliche Einheit herzustellen, selbst um den Preis eines Umtauschkurses, der politisch notwendig, aber ökonomisch nicht zu rechtfertigen war. Andere Entscheidungen sind nicht durch den Zwang der Umstände zu entschuldigen. Es gab Alternativen. Man hätte die Schulden der Betriebe und Wohnungsgesellschaften nicht 1:2 umstellen müssen. Ein großer Teil dieser Schulden ging lediglich auf die Abrechnungsmodalitäten der DDR-Planwirtschaft zurück, die den Betrieben die Gewinne abnahm und Investitionsmittel zentral zuwies.

Man hätte die Beseitigung der Umweltschäden, die von den Betrieben verursacht worden waren, unverzüglich zur öffentlichen Aufgabe erklären können. Verkauf und Sanierung wären dann nicht zusätzlich belastet worden. Unternehmen in Ostdeutschland hätte man Steuerprivilegien zugestehen können. Sobald sie Gewinn erwirtschafteten, zahlten sie wie Firmen in den alten Bundesländern. Die Möglichkeiten zur Bildung von Eigenkapital wurden auf diese Weise unnötig eingeschränkt.

Steuererleichterungen hat es gegeben, Abschreibungsmöglichkeiten etwa. Doch nur, wer bereits über Investitionsmittel verfügte, konnte davon profitieren. Hans-Werner Sinn hat die absurde Situation beschrieben: «Auch dann, wenn das eingesetzte Kapital keine Erträge lieferte, sondern pro Jahr Bruttoverluste im Umfang von etwa fünf Prozent des eingesetzten Kapitals brachte, hatte es dank der Subventionen für den Investor immer noch dieselbe Nettorendite wie langfristige Staatspapiere eingefahren.»[27]

Der Osten wurde als unterentwickelter Westen, nicht als qualitativ verschiedene Gesellschaft behandelt. Dadurch baute man seine Schwächen aus oder verfestigte sie. Die Vereinigungspolitik der ersten Jahre hat der vorhersehbaren Niederlage der ostdeutschen Betriebe auf dem plötzlich offenen Markt kaum entgegengewirkt. Sie hat wenig unternommen, Kapital- und Vermögensbildung im Osten zu fördern, sie hat die sozialen Folgen der Deindustrialisierung den Sicherungssystemen aufgebürdet und deren Niedergang damit beschleunigt. So einigten sich Arbeitnehmer und Arbeitgeber – der öffentliche Dienst übernahm dabei die Rolle eines Pioniers – rasch auf Lohnerhöhungen, die keineswegs durch gesteigerte betriebliche Leistungskraft begründet werden konnten. Im Gegenteil. Erhöht wurden die Löhne auch in Betrieben, die wenig später abgewickelt werden mussten. Die Lohnersatzleistungen stiegen entsprechend. In den Augen Hans-Werner Sinns kamen die Tarifvereinbarungen für Ostdeutschland einem Beschäftigungsverbot gleich.[28]

Die Ostdeutschen machten daher eine Erfahrung, die historisch ohne Beispiel sein dürfte. Obwohl die DDR abgewirtschaftet hatte, obwohl die ostdeutsche Volkswirtschaft die Wende nur um wenige Monate überlebte und dann zusammenbrach, obwohl eine eigenständige Wirtschaftsstruktur bis heute nicht entstanden ist, obwohl das Beschäftigungsverbot durch Tarifabschlüsse Wirkung zeigte und die Arbeitslosigkeit dramatisch zunahm, wuchs der Lebensstandard in den neuen Ländern kontinuierlich. 1991 betrug die Pro-Kopf-Produktivität des verarbeitenden Gewerbes im Osten ein Sechstel des westdeutschen Wertes, die effektiven Arbeitsentgelte jedoch beliefen sich bereits auf ein Drittel der Zahlungen in den alten Ländern, die Arbeitskosten übertrafen die Bruttowertschöpfung um zehn Prozent. Ohne staatliche Stütze wäre der Rest der Industrie vollständig zusammengebrochen.[29]

Von Ökonomen wurden die Renten- und Lohnerhöhungen der frühen neunziger Jahre vielfach kritisiert, sie kompensierten immerhin die Preisangleichungen im gemeinsamen Wirtschaftsraum und bescherten der Westwirtschaft einen Vereinigungsboom. Aber selbst in der Stagnationsphase von 2001 bis 2003 wuchs das durchschnittliche Haushaltsnettoeinkommen in den neuen Ländern: von 2023 auf 2233 Euro.[30] Das sind 77,1 Prozent des Durchschnittseinkommens westdeutscher Haushalte. Seit 1993 haben die Vermögen der Haushalte in den neuen Ländern nominal um 63 Prozent zugenommen.[31] Immer mehr Ostdeutsche wurden und werden Immobilienbesitzer.

Die Ausstattung mit Konsumgütern, Waschmaschinen, Pkw, Fernsehern etc. hatte sich Ende der neunziger Jahre in beiden Teilen Deutschlands angeglichen. Bereits 1996 hegten die Ostdeutschen nur noch drei Nachholkaufpläne: Sie wollten eine Einbauküche erwerben, eine Rechtsschutzversicherung abschließen und eine Geschirrspülmaschine kaufen. Ansonsten unterschied sich ihr Konsumverhalten kaum mehr von dem der Brüder und Schwestern im Westen.[32]

Selbstverständlich lässt sich eine Gegenrechnung aufstellen. Das Arbeitslosengeld II beträgt in den neuen Ländern 14 Euro weniger als in den alten. Mit knapp 60 000 Euro verfügen ostdeutsche Haushalte über lediglich 40 Prozent des Durchschnittsvermögens West von 149 000 Euro. 1991 betrug der Abstand zwischen dem Haushaltsnettoeinkommen 1440 D-Mark. Er verringerte sich auf 730 D-Mark im Jahr 1996.[33] Der heutige Abstand ist mit 662 Euro wieder größer. 36 Prozent der Ostdeutschen gaben 2003 an, dass ihr Einkommen nicht zur Befriedigung ihrer Bedürfnisse ausreiche.[34] Bedenkt man aber, dass Geld seiner Natur nach knapp ist, dass man davon nie genug besitzt oder erhält, ist das kein schlechter Wert, zumal die hohe Zahl der Arbeitslosen in den neuen Bundesländern besonders ins Gewicht fällt.

Man mag mit der Bundesregierung eine allmähliche Angleichung der Lebensverhältnisse beobachten oder viel zu geringe Zuwachsraten beklagen, man mag überhaupt einen differenzierteren Blick für sinnvoll halten, nach der Qualität der Konsumgüter und der Verteilung des Wohlstands fragen – fest steht, dass Einkommen und Vermögen in den neuen Ländern seit 1990 wachsen und dass Konsum und Kaufkraft der wirtschaftlichen Entwicklung nicht entsprechen. Zu den großen Unterschieden zwischen Arm und Reich, die andere Transformationsländer auszeichnen, ist es nicht gekommen. Verglichen mit der Ausgangslage in den Jahren 1989 bis 1991 gehören die Ostdeutschen insgesamt zu den materiellen Gewinnern der Einheit.

Allerdings wächst die Zahl der Ost-Haushalte, die von Sozialtransfers abhängig sind, vor allem Arbeitslose und Rentner. 2002 stammten 30 Prozent des gesamten Brutto-Haushaltseinkommens Ost aus Transfers, im Westen 20 Prozent. Bezogen auf das Nettoeinkommen betrug der Anteil im Osten fast 40 Prozent und überstieg damit die in Ostdeutschland gezahlten Einkommensteuern und Sozialbeiträge um 2300 Euro pro Haushalt.[35] Auch hier also ein Bild komfortablen Elends, kaschierter Schwäche, subventionierter Stagnation.

Förderelend

Das Paradebeispiel verblendeter Förderpolitik ist die Geschichte der Bau- und Wohnungswirtschaft in den neuen Ländern. Zu tun gab es viel. Die öffentliche Armut der DDR konnte niemand übersehen: holprige Straßen, ein Schienennetz, das die Folgen der Demontage noch nicht überwunden hatte, verfallende Innenstädte und gigantische Plattenbausiedlungen, ein Telefonnetz auf dem Stand von 1939.[36]

Die Wohnungsnot, vor allem in den Städten, war erdrückend. Viele Gelder sind geflossen, um diesen Zustand zu beheben. Zwischen 1991 und 1999 kamen in Ostdeutschland rund 776 000 Wohnungen neu auf den Markt, rund 690 000 davon waren Neubauten.[37] Ein Zehntel des heutigen Wohnungsbestandes stammt aus den neunziger Jahren, in denen obendrein drei Viertel der Wohnungen aus DDR-Zeiten saniert oder modernisiert wurden. Der Eindruck, dass Kommunen und Städte im Osten herrlich wiedererstanden sind und vielfach den Vergleich mit westdeutschen Städten nicht zu scheuen brauchen, geht nicht zuletzt auf dieses gigantische Sanierungs- und Neubauprogramm zurück. Bauinvestitionen sind großzügig gefördert worden, für sozialen Wohnungsbau und für die Stadtsanierung, für Modernisierung und Instandsetzung wurden eigene Programme aufgelegt. Sie bescherten der Bauwirtschaft einen Boom und überforderten den Markt. Heute stehen rund eine Million Wohnungen in den neuen Ländern leer, das sind etwa 13 Prozent des Gesamtbestandes.

Den Leerstand mit dem Bevölkerungsrückgang zu erklären, führt in die Irre. Während Gebärstreik und Abwanderung die Einwohnerzahl in den neuen Bundesländern drastisch verringerten, stieg die Zahl der Haushalte, und die ist für den Wohnungsmarkt entscheidend. Auch im Osten leben immer weniger Personen gemeinsam in einem Haushalt, der Trend zum freiwilligen oder erzwungenen Singledasein hält an. Dank dieses Freiheitsgewinns stieg die Nachfrage nach Wohnungen. Außerdem wuchsen mit höheren Einkommen die Ansprüche. Im Jahr 2002 kamen fünf von der Bundesregierung beauftragte Wirtschaftsinstitute zu dem Schluss, dass die Hauptursache für den massiven Leerstand im Überangebot zu suchen sei. Verantwortlich war «der politisch induzierte Neubauboom der neunziger Jahre»[38].

Eigenheimzulagen, Kredit- und Zuschussprogramme werden nach wie vor gewährt. Jeder hat einen Rechtsanspruch auf diese Fördermittel. Auf Drängen der Wohnungswirtschaft hat die Bundesregierung im Jahr 2001 allerdings ein Abrissprogramm «Stadtumbau Ost» aufgelegt, das für acht Jahre etwa eine Milliarde Euro zur Verfügung stellt, um den Abriss oder den Rückbau von etwa 40000 Wohnungen zu unterstützen. Gefördert werden also Wohnungsbau und Wohnungsabriss zu gleicher Zeit an gleicher Stelle. Den Wohnungsunternehmen wurde außerdem Altschuldenhilfe versprochen, wenn sie ihren Bestand verringern. 85000 Wohnungen sollen bis 2010 auf diese Weise zusätzlich «vom Markt genommen» werden. Ein Problem, das wesentlich durch verfehlte Förderpolitik in den neunziger Jahren entstand, wird nun mit weiteren Fördergeldern behoben. Entsprechendes gilt für Büroflächen, die völlig am Bedarf vorbei gebaut wurden. Man kann darin ein Symbol des Aufbaus Ost sehen, er kämpft vielfach mit Schwierigkeiten, die er selbst hervorgebracht hat. Daher steht heute nicht nur die Aufgabe, die Verheerungen aus vierzig Jahren DDR zu beseitigen, ebenso müssen die Folgen des Vereinigungsschocks kuriert und die Resultate des Aufbaus Ost korrigiert werden.

Etwas anders sieht es im Fall der Infrastruktur aus. Hier wurde Großartiges geleistet, der Anschluss an Bundesniveau grundsätzlich erreicht. Es ist der größte Erfolg der Vereinigung. Die neuen Länder sind mittlerweile besser mit Eisenbahnstrecken und Personenbahnhöfen versorgt als die alten. Auf tausend Einwohner kommen dort 860 Meter Schienen, im Westen sind es 390 Meter.[39] Für den Ausbau des Telefonnetzes hat die Deutsche Telekom bis 1997 etwa 50 Milliarden Mark investiert, die Versorgungsdichte erreichte in jenem Jahr das Niveau der alten Bundesländer. Außerdem verfügten 4,6 Millionen Haushalte über einen Kabelanschluss. Für Bundesstraßen sind von 1991 bis 1998 25 Milliarden Mark aufgewendet worden,[40] das Autobahnnetz wurde modernisiert und stark erweitert. 1999 gab es im Westen acht, im Osten neun Kreise mit mehr als neunzig Minuten durchschnittlicher Fahrzeit zum «nächstgelegenen Verdichtungsraum»[41]. Dazu gehören Ostvorpommern, Rügen, Greifswald und Cottbus. Sind weitere Investitionen in diesen Randregionen wirklich zwingend? Ist eine gleichmäßig über alle Teile des Landes sich erstreckende öffentliche Infrastruktur wünschenswert, oder sind Unterschiede, begründet etwa durch Bevölkerungsdichte oder Wirtschaftskraft, zu akzeptieren? Erbarmungswürdig ist der

Zustand vieler kommunaler Straßennetze. Die ostdeutschen Gemeinden aber wurden von den Förderprogrammen nur in Ausnahmefällen erreicht, da sie oft außerstande waren, den verlangten Eigenanteil aufzubringen.

Ausbau und Modernisierung der Infrastruktur standen bisher im Zentrum des Aufbaus Ost. Nach dem Urteil der Experten kann heute nicht mehr pauschal von einer Infrastrukturlücke in den neuen Ländern gesprochen werden. Zu den Begleiterscheinungen jedoch zählen Größenwahn, unbegründete Wachstumserwartungen, ein Hang zum Luxus. Berühmt sind die überdimensionierten Klärwerke ostdeutscher Kommunen, berüchtigt die Spaßbäder, die vielerorts mit Steuergeldern errichtet wurden. Lächerlich groß erscheinen viele Gewerbegebiete, die erschlossen wurden und nun unterhalten werden müssen, obwohl sich kaum Gewerbe angesiedelt hat.

Nahezu jeder kennt Possen, die von Dummheit, Dilettantismus und Verschwendung handeln. So haben die Stadtväter von Chemnitz beschlossen, dass es, um das Image der einstigen Karl-Marx-Stadt aufzubessern, einen steinernen Bahnhofsvorplatz brauche. Ein Architektenwettbewerb wurde ausgeschrieben, 2,8 Millionen Euro soll die Verschönerung kosten. EU-Subventionen fließen. Verwendet hat man einen speziellen Sorarer Lamprophyr zum Quadratmeterpreis von 300 Euro. In Meißen beschloss der Stadtrat 1995, ein Fahrrad-Parkhaus für 125 000 Euro zu errichten. Allerdings benötigte keiner das Objekt, und der Standort war wohl nicht geeignet. Es war nur sechs Wochen in Betrieb, Gelder für Instandhaltung und Reparaturen hatte man nicht eingeplant und beschloss im Jahr 2002 den Abriss.[42]

Die zwischen Halle und Magdeburg gelegenen Buna-Werke unterhielten einst einen großen Kulturpalast, der fünfzig Jahre nach seiner Erbauung allerdings saniert werden musste. Glücklicherweise fand sich ein Gastronom aus Halle, der dort das multikulturelle Zentrum «X 50» errichten wollte. Das Wirtschaftsministerium von Sachsen-Anhalt bewilligte Fördermittel von 9,6 Millionen Euro. 4,6 Millionen waren bereits geflossen, als dem Land Zweifel kamen, ob eine Großdisco hier Erfolg haben könne. Die Auszahlung der zweiten Förderrate unterblieb. In «X 50» wird noch immer nicht getanzt.[43]

Derlei Schildbürgerstreiche gehören überall zum Alltag. Das Problem des Aufbaus Ost ist, dass hier häufig mit System falsch entschieden wird. Im Mai 2003 wurden in Leipzig die Verträge zum Bau eines City-Tunnels unterzeichnet. Die Arbeiten laufen. Der gesamte Regionalverkehr in Nord-Süd-Richtung und der Leipziger S-Bahn-Verkehr sollen demnächst durch den Tunnel fahren. Das «größte Verkehrsprojekt Sachsens» kostet den Steuerzahler 572 Millionen Euro, wenn man, was selten der Fall ist, im geplanten Rahmen bleibt. Sachsen zahlt 182 Millionen Euro, 360 Millionen schießen der Bund und die Europäische Union zu. Das Vorhaben ist eines für fette Jahre, der langfristige wirtschaftliche Nutzen wahrscheinlich gering. Ist der Regionalverkehr in Nord-Süd-Richtung das dringlichste Problem Leipzigs?

Dort, wo man nicht mit einem Tunnelblick auf kurzfristige Investitionserfolge starrt, sondern wo es um helle Köpfe geht, wird abgeräumt. Zwischen 1993 und 2004 fielen 325 Haushaltsstellen an der Universität Leipzig fort, bis 2009 werden weitere 116 folgen. Die Betreuungsverhältnisse haben sich entsprechend verschlechtert. Kamen einst 38 Studenten auf einen Professor, sind es heute 70. 1995 wurden für Lehre und Forschung 519 Euro pro Student ausgegeben, 2004 waren es noch 234. Innerhalb von neun Jahren sanken die Mittel zum Literaturerwerb von 312 Euro pro Student auf 107 Euro. Was hätte man mit den 182 Millionen Euro, die das Land Sachsen in den City-Tunnel investiert, an der Universität ausrichten können?

Dass förderwillige Politiker Infrastruktur- und Bauprojekte so sehr mögen, hat seine Gründe. Man kann etwas vorweisen und erzielt kurzfristig Wachstumseffekte. Etwa die Hälfte aller Mittel, die der Bund seit 1971 im Bereich Städtebauförderung ausgegeben hat, kamen den neuen Ländern zugute. Ein Fördereuro löst dabei im Regelfall das Achtfache an privaten und öffentlichen Investitionen aus. In Ostdeutschland galt die Bauwirtschaft daher fünf goldene Jahre lang als «Lokomotive des Aufschwungs». 1996/97 beschäftigte die Bauwirtschaft Ost etwa 1,2 Millionen Menschen. Dann platzte die Blase. Seitdem schrumpft die Branche. Bis 2002/2003 wurden 400000 Stellen abgebaut.[44] Prognosen gehen davon aus, dass sich der Niedergang bis ins Jahr 2008 fortsetzen wird.

Das Schicksal der ostdeutschen Bau- und Wohnungswirtschaft in den neunziger Jahren sollte für alle, die auf staatlich erzeugten Boom hoffen, abschreckend genug sein. Man zahlt wenigstens doppelt für derlei Abenteuer: erst für Aufträge und Förderprogramme, dann fürs Krisenmanagement, meist kommen noch Zinsen für die Schulden der öffentlichen Hand hinzu, vielfach auch die Kosten für den Unterhalt einer Infrastruktur, die in dieser Größe nicht mehr gebraucht wird.

Höheres Wachstum als der Westen und steigende Beschäftigtenzahlen weist in den neuen Ländern allein das verarbeitende Gewerbe aus, die wiedererstandene oder gerettete Industrie nebst Handwerksbetrieben. Die Bruttowertschöpfung ist 2003 auf 235 Prozent des Ausgangsniveaus von 1991 geklettert.[45] 1999 waren 810000 Arbeitnehmer im verarbeitenden Gewerbe tätig, 2003 waren es schon 11000 mehr. Das ist erfreulich, allerdings kein Grund zum Jubeln. Verglichen mit den knapp 1,7 Millionen des Jahres 1991 sind das lediglich 48 Prozent. Wenn dies, wie die Wirtschaftsinstitute behaupten, der «Wachstumsmotor» Ostdeutschlands ist, dann läuft er solide, aber Arbeitsplätze in wünschenswerter Zahl entstehen dabei nicht.

Über die historischen und strukturellen Ursachen dafür, dass der erhoffte Aufschwung ausgeblieben ist, sind sich die Ökonomen einig. Der Deindustrialisierungs-Schock wirkt weiter. Die Betriebe sind schlicht zu klein. Nur 23 von ihnen erzielten 1999 einen Umsatz von mehr als einer Milliarde Mark,[46] im Westen überschritten rund 600 diese Schwelle. Das Umsatzvolumen der einhundert umsatzstärksten Unternehmen in den neuen Ländern ist so groß wie das von RWE oder Metro allein. Die Unternehmen sind nicht nur zu klein und verfügen über zu wenig Eigenkapital, es fehlen auch technologieorientierte Betriebe und Investitionen für Forschung und Entwicklung. Aus diesen Gründen erreicht die Arbeitsproduktivität im Durchschnitt knapp zwei Drittel des Westniveaus.

Schaut man sich die Beschäftigtenstruktur in der ostdeutschen Industrie an,[47] dann zeigt sich, dass etwa gleich viele Facharbeiter wie im Westen beschäftigt werden, aber deutlich weniger Angestellte in höheren oder gar leitenden Funktionen. Sehr viel mehr Beschäftigte werden für einfache Tätigkeiten eingesetzt: An den «verlängerten Werkbänken», in Zweigwerken größerer Unternehmen, werden Transport-, Wartungs-, Reinigungs- und einfache Fertigungsarbeiten ausgeführt. Marktforschung, Werbung, Datenverarbeitung, Forschung und Entwicklung leisten die Konzerne außerhalb der neuen Länder. Wesentliche Wachstumsimpulse sind von diesem verarbeitenden Gewerbe nicht zu erwarten. Sein Anteil an der Wertschöpfung beträgt magere 15,8 Prozent. Im Westen sind es 22,4.[48] Nur 19,6 Prozent aller sozialversicherungspflichtigen Beschäftigten Ostdeutschlands arbeiteten 1999 in diesem Sektor, in den alten Ländern waren es 32,2 Prozent. Es bedarf also der Hilfe von außen.

Ohne Ausweg – Das Dilemma der Transferwirtschaft

Es hat lange gedauert, bis sich herumsprach, dass der Aufbau Ost in seiner bisherigen Form selbst ein Teil des Problems ist. Die Schwäche der Wirtschaft, die hohe Arbeitslosigkeit, die trostlose Haushaltslage der Länder und Kommunen, Abwanderung und Überalterung bilden einen Teufelskreis. Leichter als Anzeichen einer Aufholjagd lassen sich Symptome einer Abwärtsspirale entdecken. Resignation und Verbitterung prägen die Atmosphäre in den neuen Ländern stärker als Elan und Aufbruchsstimmung.

Mit der Frage «1250 Milliarden – wofür?» schockierte der «Spiegel» im Frühjahr 2004 nicht nur seine ostdeutschen Leser, sondern auch jene Westdeutschen, die so staatsgläubig wie naiv darauf vertraut hatten, dass eines Tages der Durchbruch erreicht sein und es fortan im Osten verlässlich aufwärts gehen werde. Dazu ist es nicht gekommen, weil nach der Deindustrialisierung vor allem in Konsum, sozialen Frieden und Infrastruktur investiert wurde. Es gelang, die neuen Länder nach dem Crash auf Zwei-Drittel-Niveau ruhig zu stellen. Nur ein winziger Bruchteil der Transfers wurde für die Aktivierung von Selbstheilungskräften, zur Erschließung von Wachstumspotenzialen aufgewendet.

Die Frage, was die Transfers bewirken, war nur allzu berechtigt und überfällig, schien es doch seit Mitte der neunziger Jahre so, als zahle der Westen Schweigegeld. Über den Lifestyle der neuen Mitte, über Ökosteuer, Dosenpfand und Homo-Ehe hatte die deutsche Öffentlichkeit mit größerer Leidenschaft gestritten als über die wirtschaftliche Lage der neuen Länder. Man vernahm mit sarkastischem Lächeln, wie der Kanzler den Osten zur «Chefsache» erklärte, wappnete sich mit Geduld oder pflegte tradiertes Desinteresse. Die gesamtdeutsche Nostalgiewelle nährte als Kuschelorgie am Abgrund obendrein die Illusion gemeinsamer Gemütlichkeit, bis die Experten aus dem «Gesprächskreis Ost» den faulen Frieden störten.

Es handelt sich um einen lockeren Zusammenschluss von dreizehn Herren, darunter Klaus von Dohnanyi, Edgar Most aus der Geschäftsführung der Deutschen Bank und der Präsident der Industrie- und Handelskammer Magdeburg, Klaus Hieckmann. Sie musterten die bisherigen Förderprogramme und kamen zu dem Schluss, dass diese ungeeignet seien, der Wirtschaft in den neuen Ländern auf die Beine zu helfen. Abschreibungen, mit verantwortlich für den Bauboom, hatten in der Produktionswirtschaft nur kurzfristige Effekte. Überdies kamen sie im Wesentlichen Investoren mit Sitz außerhalb der neuen Länder zugute. Investitionszulagen und Investitionszuschüsse bewirkten als einmalige Zuwendungen kaum eine längerfristige Ertragssteigerung. Nichts wurde unternommen, um die Verlagerung von Forschungs- und Entwicklungsaktivitäten der Unternehmen in den Osten voranzubringen. «Es fällt auf, dass abgesehen von den genannten Anschubhilfen (Abschreibungen, Zulagen und Zuschüsse) die Unternehmenswirtschaft für die Standortwahl Ostdeutschlands keinerlei längerfristige Anreize im Sinne einer nachhaltigen Stärkung der Ertragskraft erhielt und damit auch geringere Möglichkeiten eines entsprechenden Wachstums bestehender Betriebe hatte.»[49] Es sei äußerst schwer für die ostdeutsche Industrie, «Kostenvorteile zur Produktentwicklung und Markteroberung zu gewinnen»[50].

Unverzüglich versuchte der zuständige Minister zu beschwichtigen. «Es stimmt», erklärte Manfred Stolpe 2004, «dass Ostdeutschland nach einigen Kriterien stagniert. Seit 1997 dümpelt die Wirtschaftsleistung pro Kopf bei rund 62 Prozent des West-Durchschnitts. Die Arbeitslosigkeit liegt bei 20 Prozent. Da muss man noch intensiver überlegen, was zu tun ist.»[51] Er plädierte für «Feinjustierung», als wäre die Nagelfeile das Hauptwerkzeug des Katastrophenmanagements.

Die Debatte dauert an, aber kein Förderkonzept scheint geeignet, den Teufelskreis der Transfergesellschaft, die immer nur ihre eigene Schwäche reproduziert und dauerhaft neuen Transferbedarf erzeugt, zu durchbrechen. Der Osten steht vor einem nahezu schulbuchreifen Dilemma. Ohne Hilfe aus dem Westen droht ihm der ökonomische und soziale Kollaps, aber auch mit dieser Hilfe findet er nicht aus seiner Schwäche. Es sieht so aus, als werde er – wie der Mezzogiorno oder das Saarland – noch Jahrzehnte am Tropf hängen. Kann es sinnvoll sein, jedes Jahr aufs Neue eine Wüste zu bewässern und dann festzustellen, dass doch nur in ein paar Oasen etwas Vorzeigbares gedeiht? Wäre ein harter Schnitt nicht vernünftiger?

Der verständliche Ruf nach Kürzungen der Transfers wird öffentlich selten erhoben. Am Stammtisch gehört er zum guten Ton. Tatsächlich streichen kann man nur wenig. Die Horrorzahl 1250 Milliarden umfasst alle Ausgaben des Bundes, der alten Länder und der Sozialversicherungen im Osten. Unterhaltskosten für Kasernen in Mecklenburg fallen ebenso darunter wie das Gehalt eines Bundesbediensteten in Leipzig. Da auch Ostdeutsche Beiträge und Steuern entrichten, sollte man besser von den Nettotransfers sprechen. Das waren von 1990 bis 2003 schätzungsweise 950 Milliarden Euro.[52] In dieser Höhe, 2003 mit mehr als 80 Milliarden Euro, wird die Kaufkraft in den neuen Ländern gestützt. Für Aufbauhilfen wurden bis 2003 etwa 250 Milliarden Euro aufgewendet. Das sind lediglich 20 Prozent der Bruttotransfers. Für Konsum und Stabilisierung gab man etwa das Zweieinhalbfache dessen aus, was man für den Aufholprozess zahlte. Fragt man nach Programmen speziell und ausschließlich für Ostdeutschland, wird die Zahl noch einmal kleiner. Das Institut für Wirtschaftsforschung Halle beziffert die «Sonderleistungen» für die neuen Länder – dazu gehören etwa Investitionszulagen und Bundesergänzungszuweisungen im Rahmen des Solidarpakts – auf 13 Prozent der Bruttotransfers, etwa fünfzehn Milliarden Euro jährlich. Wollte man Stammtischparolen folgen, könnte man diese Gelder unverzüglich streichen – und hätte sich damit der Mittel entledigt, die Transferabhängigkeit des Ostens zu überwinden oder wenigstens zu mildern.

Kürzungen hätten auch kurzfristig dramatische Folgen. In den drei Jahren 2001, 2002 und 2003 waren knapp 16 Prozent der Wertschöpfung der Unternehmen in den neuen Ländern transfergestützt.[53] Das entspricht etwa 85 000 Arbeitsplätzen. Ein bedeutsamer Teil der ostdeutschen Wirtschaftsleistung kann allein aufgrund der Unterstützung von außen erbracht werden. Selbst in den wirtschaftsstarken Regionen Ostdeutschlands liegt das aus eigener Kraft, ohne Transfers erwirtschaftete Bruttoinlandsprodukt je Einwohner bei höchstens 55 Prozent des westdeutschen Durchschnittswerts.

Was wird getan, um diese Schwäche zu beheben? Es ist dafür gesorgt, dass selbst die geringen Sonderhilfen Ost ihr Ziel nicht erreichen. Bis zum 31. Dezember 2004 erhielten die neuen Länder und Berlin jährlich 10,5 Milliarden Euro, die den schönen Namen «Sonderbedarfs-Bundesergänzungszuweisungen» tragen. Im Solidarpakt II werden sie weiter gezahlt, wenn auch in allmählich abnehmender Höhe. Ausgegeben werden sollten sie für den «Ausgleich teilungsbedingter Sonderlasten» und «zur Kompensation der unterproportionalen kommunalen Finanzkraft».[54] Aber daran hat sich etwa im Jahr 2002 lediglich Sachsen gehalten. Die anderen Länder sahen sich genötigt, Haushaltslöcher damit zu stopfen, laufende Ausgaben zu decken. 30 bis 40 Prozent der Mittel, in Sachsen-Anhalt noch mehr, wurden zweckentfremdet. Bei diesem Brauch blieb es in den Folgejahren.

Die Ursache dafür ist freilich nicht einfach der Leichtsinn der ostdeutschen Ministerpräsidenten, sondern die miserable Haushaltslage der Länder und Kommunen. Das Finanzierungssaldo betrug in den neuen Ländern einschließlich ihrer Gemeinden 2001 minus 3,5 Milliarden Euro, in den beiden darauf folgenden Jahren minus 6,6 beziehungsweise minus 5,9 Milliarden Euro.[55] Eigene Steuereinnahmen deckten die Ausgaben 2003 zu lediglich 43 Prozent. Die Finanzierungslücken entstanden trotz der Zuweisungen des Bundes und aus dem Länderfinanzausgleich. Also wuchs die Neuverschuldung. Leicht kann man strenge Haushaltsdisziplin empfehlen. Die neuen Länder müssten dann noch mehr Personal entlassen, mit Folgen für die Sozialkassen und die Kaufkraft. Und sie wären gezwungen, ihre Investitionen zu reduzieren. Diese betrugen 2003 pro Kopf 874 Euro, in westlichen Flächenländern waren es 300.[56] Ein wichtiger Wirtschaftsfaktor fiele damit weg, höhere Arbeitslosenzahlen und geringere Einnahmen wären die unmittelbare Folge. Die Kommunen sind heute schon so hoch verschuldet, dass sie kaum noch investieren können. Handwerk und örtliche Kleinstindustrie leiden.

In den kommenden Jahren wird darüber hinaus mit einem deutlichen Rückgang der Einwohnerzahlen gerechnet. Die Zuweisungen aus dem Länderfinanzausgleich werden entsprechend sinken, während die aus dem Solidarpakt II planmäßig geringer werden. Jens Bullerjahn, der parlamentarische Geschäftsführer und haushaltspolitische Sprecher der SPD-Fraktion im Landtag von Sachsen-Anhalt, hat 2004 einen «realistischen Blick» auf die Entwicklung des Landes geworfen. Er kommt zu dem Ergebnis, dass ein Solidarpakt III wohl unausweichlich ist. Über ihn müsse «spätestens ab 2008, also bei Auslaufen des Solidarpaktes II verhandelt werden, um negativen Trends rechtzeitig entgegenzutreten. Er muss politisch beim Eintreten der Projektionen von allen Ostdeutschen eingefordert werden.»[57] Bullerjahn ist kein Jammerossi mit unausrottbarer Anspruchsmentalität. Er gehört zu den wenigen Landespolitikern, die sich der Frage nach langfristigen Entwicklungen überhaupt stellen und ihren Ostdeutschen reinen Wein einschenken. Aber welche Zahlenreihe auch immer man betrachtet, welche Entwicklungslinie auch immer man anschaut, ein rascher Ausweg ist nicht in Sicht.

Die ökonomische Schwäche der neuen Länder ist geeignet, in naher Zukunft Probleme und Konflikte heraufzubeschwören, gegen die sich die bisherigen Verwerfungen geradezu niedlich ausnehmen dürften. Im Herbst 1989 nahm das Politbüro unter dem letzten Generalsekretär der SED, Egon Krenz, endlich zur Kenntnis, dass die Zahlungsfähigkeit der DDR nur zu sichern sei, wenn man den Lebensstandard um 25 bis 30 Prozent senke.[58] Welche Wohlstandseinbußen wären hinzunehmen, wenn die neuen Länder heute plötzlich auf Hilfen aus dem Westen verzichten müssten? 20 Prozent oder nicht doch 30? Könnte die Demokratie das unbeschadet überstehen?

Die Ruchlosen unter den Optimisten behaupten gern, der Aufholprozess dauere lediglich etwas länger als ursprünglich erwartet. Da aber die Einführung der Marktwirtschaft wie ein Blitzkrieg betrieben wurde, ist es zweifelhaft, wie lange das Land den Stellungskampf beim Aufbau Ost durchhalten kann. Wie viel Zeit bis zur Angleichung der Lebensverhältnisse oder dem Entstehen einer eigenständigen Wirtschaftsstruktur vergeht, hat nicht nur sozialpsychologische Folgen. Die über dem Aufbau Ost verstreichenden Monate und Jahre sind selbst ein ökonomischer Faktor, mit dem gerechnet werden muss. Von den Erfolgen hängt etwa die langfristige Entwicklung der Kaufkraft ab. Gegenwärtig erhält ein Rentnerpaar im Osten, obwohl ihm nur 87,9 Prozent der Westrente zustehen, durchschnittlich mehr Geld als sein Pendant im Westen, da in der Regel beide

Partner auf ein ununterbrochenes Arbeitsleben zurückblicken können. In den kommenden Jahren erreichen in Ostdeutschland viele das Rentenalter, die sich seit 1990 mit ABM, Weiterbildung und Gelegenheitsjobs über Wasser gehalten haben. Das Durchschnittsrentenniveau wird spürbar sinken und mit ihm die Kaufkraft, vor allem in Kommunen, die aufgrund hoher Arbeitslosigkeit von Jüngeren verlassen werden. Ein heute Dreißigjähriger, der sein Berufsleben in den neuen Ländern begonnen hat, wird bei Renteneintritt weniger erhalten als sein gleichaltriger Stuttgarter Kollege. Löhne und Beitragsbemessungsgrenze sind im Osten niedriger.

Ähnliches muss jeder bedenken, der für Niedriglohnjobs im Osten plädiert. Gut möglich, dass auf diese Weise einige auf den Arbeitsmarkt zurückgeholt werden können, die zurzeit Arbeitslosengeld II beziehen. Kaufkraft und Binnennachfrage dürften also heute nicht so stark leiden, wohl aber in zwanzig Jahren oder später. Mit leichten, raschen Erfolgen, gleichgültig, welche Maßnahme man ergreift, wird im Osten keiner mehr rechnen. Es gibt für Junge, gut Qualifizierte also höchstens private Gründe, in den neuen Ländern zu bleiben. Ökonomisch und unter Karrieregesichtspunkten spricht alles für einen raschen Fortzug.

In dieser Situation hat der «Gesprächskreis Ost» vorgeschlagen, eine «Sonderwirtschaftszone» einzurichten. Die Förderprogramme sollten hauptsächlich der Industrie zugute kommen. Zu empfehlen seien Steuerprivilegien, ein ostfreundliches Kreditsystem, die Befreiung von Regeln und Normen, eine durchgreifende Deregulierung. Ulrich Busch hat dagegen eingewendet, dass wahrscheinlich «auch dieses Konzept die Probleme nicht lösen wird, sich durch seine Umsetzung aber die Gefahr vergrößern würde, dass Ostdeutschland vom westdeutschen Wohlfahrtsstaat endgültig abgekoppelt wird»[59].

Lothar Späth, der Vater des teuren Erfolgs von Jenoptik, protestierte ebenfalls, es sei für all diese Maßnahmen zu spät. Angesichts der heutigen Tariflöhne und Sozialabgaben würden steuerliche Erleichterungen nicht mehr dabei helfen, große Produktionsbetriebe anzulocken. «Die großen Investoren kommen nicht mehr, oder sie sind schon da.»[60] Keine Sonderwirtschaftszone könne sich gegen die osteuropäische Konkurrenz behaupten. Sinnvoll sei die Konzentration auf wenige «Leuchttürme».

In diesem Punkt sind sich inzwischen nahezu alle einig. Man spricht von «Clusterbildung» und «Wachstumskernen», aber ein nüchterner Blick raubt die Hoffnung, damit könne viel gewonnen werden. Um im Osten in etwa die Industriedichte des Westens zu erreichen, bräuchte man «110 neue BMW-Werke der Leipziger Größe»[61]. Mit einer Rückkehr der Industrie in diesem Ausmaß können nur Phantasten rechnen.

Das Wort vom Kern verheißt, dass er nicht allein bleibt, dass eine Schale sich anlagern wird oder von ihm Impulse ausgehen. Die Hoffnung liegt nahe und ist keine neue. «Industrielle Leuchttürme» und Netzwerke wollten Gewerkschaften wie Länderpolitiker bereits in den frühen neunziger Jahren erhalten. Allerdings strahlen diese Leuchttürme mit viel zu schwachem Licht, ihr Einfluss auf Beschäftigung und Unternehmensgründungen in der näheren Umgebung ist oft kaum messbar. Die Erwartung, dass sich um größere Betriebe, die Anfang der neunziger Jahre saniert und erhalten worden sind, ein Unternehmensnetz bildet, hat sich nicht erfüllt. Beispiele, die über enge lokale Grenzen hinaus von Bedeutung sind, gibt es wenige: die Kraftfahrzeugproduktion in Zwickau und Eisenach, eine Monokultur, die entsprechend krisenanfällig ist, Jenoptik in Jena und die für ostdeutsche Verhältnisse besonders differenzierte Produktionslandschaft in Dresden. Außer im Großraum Eisenach ließen sich aber bis

2002 keine Effekte für die angrenzenden Regionen feststellen. So vernünftig es klingt, das Gießkannenprinzip aufzugeben, in Stärken zu investieren, statt Schwächen zu kompensieren, so gering sind die Aussichten, dass, mit den Wachstumskernen beginnend, eine Erholung der ostdeutschen Wirtschaft einsetzt. Die strukturellen Schwächen bleiben erhalten: Ostdeutsche Betriebe sind zu klein, die Wahrscheinlichkeit, dass sie zahlungsunfähig werden, ist etwa 8,5 Prozent höher als bei vergleichbaren westdeutschen Unternehmen.[62] Ihre Einbindung in Netzwerke mit vor- und nachgelagerten Firmen der gleichen Branche ist unterentwickelt, ihre Marktmacht, vor allem bei der Preisgestaltung, minimal.

Die Bundesregierung hat darauf reagiert, indem sie sich am bisher Erreichten orientiert, als wäre dies das Ziel aller Wünsche. Damit werde, wie Ulrich Busch konstatierte, das wirtschaftliche Gefälle zwischen Ost und West «als Normalität akzeptiert»[63]. Spätestens seit dem Einbruch von 1996 dienen die Transferzahlungen überwiegend der Erhaltung des Status quo. So wie der Solidarpakt II geplant ist, wird er Katastrophen verhindern, aber wenig zur Überwindung der Dauerkrise beitragen. Man kann es sich im Elend gemütlich machen.

Gibt es zwischen der Scylla Sonderwirtschaftszone und der Charybdis Kontinuität wirklich keinen Ausweg? Was tun in paradoxer Lage? In einem Gespräch über den richtigen Weg vom Staatssozialismus in die Marktwirtschaft soll ein Kenner einmal gesagt haben: «Wir haben sehr viel darüber diskutiert, wie man aus einem Fisch Suppe kochen kann. Aber wir wissen absolut nicht, wie man aus Suppe Fisch macht.»[64] Das Rezept dazu ist bis heute nicht gefunden worden, aber nach den Erfahrungen der vergangenen fünfzehn Jahre lässt sich doch sagen, was nicht mehr geht, worauf nicht zu hoffen ist.

Die Geschichte des Aufbaus Ost zeigt deutlich, dass der Staat nicht in der Lage ist, einer eigenständigen Wirtschaftsstruktur zum

Leben zu verhelfen. Wer dergleichen verspricht, nährt Illusionen und erzeugt mithin die Enttäuschungen der Zukunft. Neu verhandelt werden muss das Verhältnis von Transfers für den Konsum und solchen für Aktivierung, heute etwa zwei Drittel zu ein Drittel. Vernünftig wäre eine Aufbaupolitik, die sich nicht mehr am Leitbild Westdeutschland orientiert, sondern die besonderen Probleme der Transfergesellschaft ernst nimmt. Das würde vor überzogenen Erwartungen ebenso bewahren wie vor dem perfektionistischen Größenwahn, der den Aufbau Ost mehr als alles andere ins Gerede gebracht hat. Man könnte sich auf das Wahrscheinliche einstellen und auf die spezifischen Schwierigkeiten des Ostens reagieren. Ostdeutschland hat sich in den neunziger Jahren als unterentwickelte Region etabliert. Weite Teile der neuen Länder liegen an der Peripherie. Sie werden nicht ins Zentrum des Geschehens zurückkehren. Die gut ausgebildete Jugend wird auch in den kommenden Jahrzehnten in die wenigen Großstädte der neuen Länder oder in den Westen abwandern.

Es kann fünfzehn Jahre nach der Vereinigung nicht mehr darum gehen, das Feuer von 1991 noch einmal zu entfachen und – koste es, was es wolle – eine Aufholjagd mit ungewissem Ausgang zu inszenieren. Eine ökonomisch unterentwickelte, randständige Region wird Ostdeutschland in den kommenden dreißig Jahren wahrscheinlich bleiben. Anders als viele paternalistische Äußerungen der jüngsten Zeit glauben lassen, überfordert diese Tatsache eher westdeutsches als ostdeutsches Vorstellungsvermögen. Wut und Ratlosigkeit erzeugt die Feststellung in beiden Landesteilen. Nach vierzigjähriger Erfolgsgeschichte fällt es nicht leicht, eine Niederlage zu akzeptieren. Sich der Wahrheit zu stellen, kann allerdings nicht heißen, den Bettel hinzuschmeißen und zu resignieren. Im Gegenteil. Wo immer sich

Wachstumskräfte im Osten regen, müssen sie konsequent unterstützt werden. Der Traum flächendeckender Erlösung ist freilich ausgeträumt. Daher sind Sonderwirtschaftszonen oder die Erlaubnis zum Experiment ohne Rücksicht auf Gesetze und Gepflogenheiten der alten Republik nicht zu rechtfertigen. Weniger Regeln und staatliche Lohnzuschüsse für einen Niedriglohnsektor forderte der sächsische Ministerpräsident Georg Milbradt 2005 und betonte noch einmal das Ziel gleichwertiger Lebensverhältnisse.[65] Aber die Zeit, in der Sonderregelungen noch helfen konnten, ist abgelaufen. Wenn Lohnzuschüsse dazu beitragen, die Arbeitslosigkeit zu senken, sollten sie in ganz Deutschland gewährt werden. Wer heute mit uneinlösbaren Versprechen neue Opfer von den Ostdeutschen verlangt, spielt leichtsinnig mit dem schwachen Vertrauen in die Demokratie.

Wer allerdings andererseits auf Kontinuität, die Routine der Transferzahlungen setzt, nährt das Anspruchsdenken im Osten, das Warten auf die gewährende Hand des Staates. Es war im Jubeljahr 1989/90 fast verschwunden und ist durch Kohl wieder aktiviert worden. Wettbewerbsvorteile besitzt die Wirtschaft im Osten kaum. Steuerprivilegien für Unternehmen, so sie denn nach EU-Recht gewährt werden dürfen, führen vor allem zu Mitnahmeeffekten. Gegen die geringen Löhne in den osteuropäischen Beitrittsländern kann im Osten aufgrund der höheren Lebenshaltungskosten nicht ernsthaft konkurriert werden. Die eine strukturelle Lösung ist bisher weder im Ruhrgebiet noch im Saarland, noch andernorts gefunden worden. Entscheiden kann man lediglich, wann und wie die neuen Länder in die offene Konkurrenz mit anderen Krisenregionen entlassen werden. Mit den 156 Milliarden aus dem Solidarpakt II sollte man keine weiteren Infrastrukturprojekte finanzieren und hoffen, damit Investoren anzulocken. Zu fördern wären Forschung und Bildung im Osten, Unternehmens- und Existenzgründer aus den neuen Ländern und Steuervorteile für Einzelne,[66] etwa eine niedrigere Einkommensteuer, von der alle profitieren würden.

Statt mehr oder weniger intelligente Programme aufzulegen, nach denen die Individuen sich dann richten, denen sie ihr Verhalten anpassen, sollte man ihre Ausgangsposition im Wettbewerb verbessern. Nur so kann der notwendige Stimmungsumschwung und der Mentalitätswechsel gelingen. Die Bewohner der neuen Länder – wie auch die der alten – dürfen nicht länger als Objekte staatlicher Beglückungspolitik behandelt, sondern müssen als Subjekte ihres Geschicks unterstützt werden.

Wenn der Solidarpakt II ausgelaufen ist, werden hinter den Neubundesbürgern dreißig Jahre Transfergesellschaft liegen. Die Mehrzahl der Experten erwartet erst nach dem Jahr 2030 eine Besserung der Lage. Träfe das zu, hätte der Aufbau Ost so lange gedauert wie die Bonner Republik. Selbst wenn die Entlassung in die Selbständigkeit dann gelänge, ließen sich die Erfahrungen der Übergangsjahre nicht einfach vergessen. Sie werden das Klima im Osten ebenso weiter bestimmen wie das ökonomische und soziale Geschick der einzelnen Familien. Mit gesellschaftlichen und politischen Folgen rechnen leichtsinnigerweise die wenigsten der Wirtschaftsexperten.

3. Wir sind anders
Die Kultur der Abgrenzung

«Unzucht mit Abhängigen» hat Wolfgang Hilbig die Vereinigungspolitik genannt, als er 1998 den Lessing-Preis entgegennahm. Der Dichter aus Meuselwitz in Sachsen hatte in der DDR als Heizer gearbeitet, nebenher geschrieben, im Gefängnis gesessen, nicht veröffentlichen, aber Bekanntschaft mit dem Ministerium für Staatssicherheit machen dürfen. Gründe für nostalgische Erinnerungen, für eine posthume Verklärung der Despotie schien es in seinem Lebenslauf nicht zu geben. Mit der Wende gewann er die Freiheit zu publizieren, öffentliche Anerkennung und zahlreiche Preise. Dennoch prägte Hilbig die schärfste Formel für das ostdeutsche Gefühl, über den Tisch gezogen worden und zur Zweitklassigkeit verdammt zu sein, auch wenn er hinzuzufügen vergaß, dass der Westen seit 1990 ebenso vom Osten abhängig ist, die Beigetretenen nicht mehr los wird.

Für Claudia Ruschs Erinnerungen an das Aufwachsen unter DDR-Oppositionellen, «Meine freie deutsche Jugend», schrieb Hilbig im Jahr 2003 ein Geleitwort, das der Fremdheit noch einmal Ausdruck verlieh – diesmal weniger aggressiv, dafür mit dem Pathos des Unverstandenen, der es leid ist, als anormales Exemplar beäugt zu werden: «Wir waren ganz normale Menschen, die sich ihrer Tränen, ihrer Lust, ihrer Irrtümer und Wahrheiten nicht zu schämen brauchten.»[1]

«Fremd im eigenen Land» (Jan Faktor/Annette Simon), «Denn wir sind anders» (Jana Simon), «Zonenkinder» (Jana Hensel), «Ihr könnt uns einfach nicht verstehen!» (Olaf Georg Klein) – schon die Buchtitel signalisieren ein Nicht-Dazugehören, ein Bewusstsein bedrohter Besonderheit. Die Botschaft wird im Westen nicht ungern vernommen. Schließlich hat man immer schon geglaubt, dass mit «denen von drüben» etwas nicht stimme, dass wir eben nicht «ein Volk» seien. Als Trabi- und Golf-Fahrer sich noch jubelnd in den Armen lagen, erschien in der «Titanic» das Bild einer jungen Frau, die den Betrachter ebenso debil wie selig anstarrte, eine fachmännisch geschälte Gurke in der Hand haltend: «Zonen-Gabi im Glück: Meine erste Banane». Die ostdeutsche Antwort auf diese Verspottung der Konsumbegeisterung fiel rüde aus: «Pornos, Nutten, Dosenbier – Helmut Kohl, wir danken dir».

Eine kleine Industrie lebt gar nicht so schlecht von den Unterschieden zwischen Ost und West, von Neugier und Schaudern im Angesicht der Landsleute. Auf Wolfgang Menges Fernsehserie «Motzki» – feinsinnige Ost-Frau putzt beim groben West-Macker – antwortete der Mitteldeutsche Rundfunk mit «Trotzki»: Sächsische Familie schlägt sich durch die Umbruchszeit.

Im Jahr 2001 traf der Sänger Kai Niemann aus dem thüringischen Sangerhausen mit unmissverständlichen Versen den Nerv vieler Ostdeutscher: «Die eingefleischten Kenner wissen, / dass die Männer im Osten besser küssen. / Dass die Mädchen im Osten schöner sind, / weiß heutzutage jedes Kind. / Dass die Mauern im Osten besser halten, / dass die meisten hier meistens etwas schneller schalten: / dass eigentlich fast alles etwas besser ist als im Westen.» Der Regionalhit «Im Osten» berichtet von einer Art, die weniger verkünstelt lebt als ihr Pendant im Westen, deren Omis lieber sind, deren Kinder öfter lachen, deren Spinner nicht so durchgeknallt agieren, deren Butter und Sekt noch nach Sekt und Butter schmecken, die auf die Semperoper und Martin Luther stolz sein könnte, aber vorerst noch viel zu große Zurückhaltung übt, um aus ihrer Überlegenheit praktische Vorteile zu ziehen: «Trotzdem sind wir viel zu bescheiden. / (Wir sind ja so cool!) / Trotzdem kann uns immer noch nicht jeder leiden. / Wir sind viel zu bescheiden. Dass wir irgendwann die Sieger sind, / lässt sich nicht vermeiden.» Hier mischen sich der sympathische Stolz der Schwachen und lokalpatriotische Borniertheit.

Im fünfzehnten Jahr der Einheit ist «Titanic» die Plattform der PARTEI, die für den Wiederaufbau der Mauer streitet. Die Journalisten Michael Jürgs und Angela Elis haben in ihrem Buch «Typisch Ossi, typisch Wessi» die Klischees katalogisiert. All das wäre kaum ernster zu nehmen als ein Ostfriesenwitz, entspräche dem lustvollen Spiel damit nicht eine sozialpsychologische Verkrampfung im deutsch-deutschen Umgang. Sie rettete das zweigeteilte Weltbild des Kalten Krieges, als BRD und DDR einander entweder Blackbox des Bösen oder Projektionsfläche unerfüllter Sehnsüchte waren. In der Fixierung aufeinander drohen Ost und West heute, die gesamtdeutsche Jugend in Sondermilieus zu drängen oder sie zu verlieren.

Der innere Orient – Was ist ostdeutsch?

Am 12. Mai 1990, gegen 11 Uhr, versammelte sich die gesinnungsstarke, überwiegend bundesrepublikanische Linke vor der Alten Oper in Frankfurt am Main, um dann zum Römerberg zu laufen. 130 Gruppen und 200 Einzelpersonen hatten zu einer Kundgebung unter dem Motto «Nie wieder Deutschland!» aufgerufen. Das konnte in diesen Tagen nur heißen: Keine Währungsunion! Keine Vereinigung! Hört nicht auf die Wünsche der Ostdeutschen! «Gegen die imperialistische Einverleibung – für ein sozialistisches Deutschland», stand auf Transparenten. Das Polizeiaufgebot war gewaltig, 2000 Autos wurden kontrolliert, Banken und Versicherungen besonders beschützt. Die Atmosphäre, berichteten Zeitungen, sei «von Anfang an aufs Höchste gespannt gewesen»[2]. Ordnungshüter aus ganz Deutschland, einschließlich Bundesgrenzschutz, standen etwa 7000 Demonstranten gegenüber, die Veranstalter sprachen von 20 000.

Dem Historiker Gerd Koenen ist die Demonstration wie ein Fastnachtsumzug der Wiedergänger erschienen, ein letztes Zusammentreffen jener, die seit 1968 die revolutionäre Flamme hüteten und weitertrugen. Ein «FDJ-Block in originalen Blauhemden» war darunter, ein Schalmeienzug, ein «Wagen mit der großen Weltkugel, auf der tatsächlich noch einmal Lenin als der große Prolet mit der Schlägermütze stand und mit dem Besen den Globus von allem Ausbeutergeschmeiß rein fegte», daneben und danach «dumpfe Heavy-Metal-Gesänge», der Schwarze Block.[3] Der Arzt und Historiker Karl-Heinz Roth wusste, was die Stunde geschlagen hatte. Der Anschluss der DDR, erklärte er, sei Teil der Osteuropa-Strategie des BRD-Kapitals.[4] Wasserwerfer fuhren auf, Steine flogen. Krawalle, Verletzte und Festnahmen bestätigten das Weltbild der Welterlöser. Von Emanzipation hatte die West-Linke phantasiert, seit es sie gab. Als der Augenblick der Befreiung eintrat, bemühte sie sich mit Ingrimm, ihn zu ignorieren.

Beinahe zu gleicher Zeit, wenige Monate davor, hatten in Dresden drei junge Männer eine Karriere begründet, die sie an die Spitze eines ebenso großen wie erfolgreichen internationalen Netzwerks führen sollte. Einer der Studienfreunde, Olaf Schumann, war in der DDR aus politischen Gründen inhaftiert und dann in den Westen abgeschoben worden. Nun, nach dem Fall der Mauer, nächtigte er gemeinsam mit seinen westdeutschen Kommilitonen Thomas Heilmann und Sebastian Turner in der Wohnung seiner Mutter, die sie bekochte und mit Ratschlägen versorgte. Sie wollten eine Firma gründen. Unter der Regierung Modrow war dies jedoch nur möglich, wenn DDR-Bürger daran beteiligt waren. Also wurde Lore Schumann Mitbegründerin des ostdeutschen Ablegers der Werbeagentur Scholz & Friends. Man hatte Erfolg und zog 1992 nach Berlin. Heute hängt ein Ölporträt Lore Schumanns in der Agentur. Fünfzehn Jahre danach, im Frühjahr 2005, haben Scholz & Friends liebevoll an ihre ostdeutschen Anfänge erinnert und «Lore's Law» publiziert, die «zehn Grundsätze der Dresdner Hausfrau Lore Schumann, mit denen ein Unternehmen, eine Revolution und eine gute Suppe gelingen».

Die zehn sächsischen Gebote, denen die kapitalistische Musterfirma viel verdanken will, sind von menschenfreundlicher Schlichtheit: «Wenn etwas nicht klappt, fängt man eben noch mal an.» – «Was man nicht mit Freude macht, macht auch anderen keine Freude.» – «Wenn man etwas bekommt, sagt man Danke.»[5] Der geborene Ostdeutsche, Olaf Schumann, hat Scholz & Friends inzwischen verlassen. Dem Turbokapitalismus, erzählen einige, habe er nicht länger folgen, die Kampagnen der «Initiative Neue Soziale Marktwirtschaft» nicht mehr unterstützen wollen. Die Dresdner Hausfrau aber war dabei, als Turner und Heilmann das «Gesetzbuch des gesunden Menschenverstandes» in Berlin präsentierten. Dass die Ostdeutschen etwas «einbringen» sollten ins geeinte Vaterland, wurde oft gefordert. Hier scheint es geschehen.

«Nie wieder Deutschland» und «Lore's Law», die letzte linke Großveranstaltung des alten Westens und die Erfindung einer ostdeutschen Tradition in der Musteranstalt zeitgemäßen Unternehmertums, sind extreme Pole deutsch-deutschen Beisammenseins. Aber sie fallen nicht aus dem Rahmen. Zwischen Abstoßung und nostalgischer Heimholung schwankt der westdeutsche Umgang mit dem neuen Osten seit fünfzehn Jahren.

Sosehr die Linke der alten Bundesrepublik sich in Parallelwelten eingerichtet und eine Wahrnehmung kultiviert hatte, in der klassenkämpferische Dogmen jede Erfahrung und Empirie besiegten, so sehr war sie zugleich mit der Kultur des Westens verwachsen. Zwar glaubten 1990 nur wenige an imperialistische Strategien, aber dass aus dem Osten und mit ihm überwunden Geglaubtes zurückkehre, haben viele registriert oder befürchtet. Die erste Reaktion darauf war eine abwehrende. Am stärksten verunsicherte die glücklich gefundene Losung der ostdeutschen Revolutionäre. «Wir sind das Volk!» und «Wir sind ein Volk!» – das musste in westdeutschen Ohren wie nationalistische Parolen klingen. Die Identität der Linken, nicht allein der kämpferischen, sondern auch der gemütvoll kulturellen, beruhte darauf, nach Auschwitz und Zweitem Weltkrieg alles Deutsche unter Generalverdacht zu stellen, jede nationale Emphase abzulehnen.

Der Furor des kollektiven Selbsthasses konnte auf sehr verschiedene Wege führen. Die Ideologie des internationalen Klassenkampfes, der am 12. Mai 1990 in Frankfurt noch einmal gefeiert worden war, fand Anhänger nur im überschaubaren K-Gruppen-Universum. Das Unbehagen am nationalen Pathos, die Furcht vor politischer Leidenschaft überhaupt, ergriff weite Kreise. Teile der SPD wie der Grünen wünschten die Trennung möglichst lange aufrechtzuerhalten. Die schnellen Erfolge rechtsextremer Schläger, die ihre Netzwerke bereits Ende 1990 im Osten etabliert hatten, nährten solche Sorgen ebenso wie der bald darauf ausbrechende Golfkrieg. Der befriedete Zustand, an den man sich gewöhnt hatte und von dem man nicht lassen wollte, war vorüber. Fast hätte man die Wirrköpfe der Frankfurter Demo darum beneiden müssen, wie leicht es ihnen fiel, ihr altes Weltbild zu erhalten. Die weniger Glaubensfesten artikulierten ihre Verwirrung, gaben Trauer zu Protokoll. Die Bundesrepublik, zu deren angenehmen Eigenschaften es gehörte, dank pragmatischer Mittelmäßigkeit auf Bekenntnis und Leidenschaft nicht angewiesen zu sein, gewann im Augenblick des Abschieds innige Liebe und erhielt einen Heiligenschein. Mit der Vereinigung war die Behaglichkeit der westdeutschen Durchschnittsexistenz im Schönwetterstaat Bundesrepublik gefährdet. Die kulturellen Strategien, dieser Gefährdung zu begegnen, haben sich bis Mitte der neunziger Jahre herausgebildet und seitdem nicht gewandelt. Es sind Ausschluss, Nostalgie, Paternalismus und Projektion. Auf höchst verschiedene Weise werden die großen oder kleinen Ost-West-Unterschiede zelebriert, die es erlauben, sich weiter in einer zweigeteilten Welt zu bewegen. Jene Stabilität, die der Kalte Krieg mit seiner pervers schlichten Ordnung garantiert hatte, konnte so gerettet werden. Die Frankfurter K-Gruppen-Demo mag von ideologischer Verblendung und Aggressivität zeugen. In ihrer Selbstgerechtigkeit und Rückwärtsgewandtheit aber blieben die Akteure, anders als sie und ihre Gegner glaubten, der kulturellen Grundströmung innig verbunden.

Für das Selbstbewusstsein beider deutscher Staaten war die Abgrenzung gegen den anderen Teil des Landes ebenso wichtig gewesen wie die gegen das Dritte Reich. Beides konnte so als das ganz Andere betrachtet werden, der eigenen Gesellschaft fern und fremd. Für den Osten lag die faschistische Gefahr vor der Gründung der DDR und jenseits der Mauer. Der Westen konnte glauben, die totalitäre Versuchung sei ausgesperrt, sich daher in Sicherheit wiegen und Miesmachern ein entschlossenes «Geh doch nach drüben!» entgegenschmettern. Unter veränderten Vorzeichen ist dieses Ausschlussverfahren bis heute prominent. Da erscheint dann die Staatsgläubigkeit als ostdeutscher, durch die besondere Sozialisation erklärbarer Irrweg. Egoistische Kälte, mit der mancher junge Ostdeutsche sich wappnet, kann ihm dennoch als rein westliche Verhaltensweise gelten. Im Bild des anderen dominieren jene Züge, die man als die eigenen nicht akzeptieren möchte.

Bestätigt und erweitert wird diese Ausschlussmentalität durch die Verklärung der jüngsten Vergangenheit. Ostdeutsche vergessen dann den Despotismus der fürsorglichen Diktatur, Westdeutsche die prekären Voraussetzungen und Gefährdungen ihrer glücklichen Nachkriegsgeschichte. Die moralisch fragwürdige Integration der NS-Eliten, die ideologische Hysterie des «roten Jahrzehnts», das Parteienklüngelwesen werden wohl zugestanden, aber in nostalgischer Dialektik zu Voraussetzungen des Gelingens stilisiert.

Der Osten kann auch mit freundlicher Miene aus der gemeinsamen Geschichte ausgeschlossen werden. Dies geschieht, wenn mit herablassendem Wohlwollen die Eigenart ostdeutscher Lebensläufe verteidigt wird. Da treffen sich dann nostalgische Ideologen und westliche Ossi-Versteher. Über die DDR-Resteverwertung in den Ostalgie-Shows schrieb die Ost-West-Wochenzeitung «Freitag» im August 2003, dass im fröhlichen Schunkeln zu Pionierlied und Amiga-Schlager die «Debatte zur historischen Legitimität der DDR» neu aufgelegt werde; es sei «schwer vermittelbar, warum die ostdeutschen Erinnerungen an Momente glücklicher Identifikation, an persönliche Erfolge, an intensive Gefühle und prägende Augenblicke weniger legitim und authentisch sein sollten als die der Westdeutschen»[6]. Abgesehen davon, dass nichts an der Ostalgie authentisch war, ging es in den geschichtspolitischen Debatten über den deutschen Sozialismus gerade nicht darum, ob einer in der DDR glücklich verliebt oder beruflich erfolgreich war. Im Zentrum standen die Fragen nach den Mechanismen einer durchherrschten Gesellschaft, nach dem Wechselspiel von Anpassung und Widerstand, nach Illusionen, Selbsttäuschungen und Lebenslügen.

Der trotzigen Behauptung, dass über die DDR nur der vernünftig reden könne, der in ihr gelebt habe, stimmten Westdeutsche gern zu. «Das fällt vielleicht, wenn man überhaupt generalisieren will, am meisten auf am Ost-Menschen, zehn Jahre danach», schrieb Herbert Riehl-Heyse im Oktober 2000 in der «Süddeutschen Zeitung», «dass er sich von den Westlern immer weniger erklären lassen mag, wie er gelebt hat und wie er hätte leben sollen, damit es ein richtiges Leben war.»[7] Das ist so richtig wie menschenfreundlich und geht doch am Kern des Problems vorbei. Nach dieser Devise mag man sich als Tourist in fremden Ländern verhalten, im eigenen braucht es Streit über die verschiedenen Lebensläufe. Anderenfalls teilt man das Land in kulturelle Zonen und befördert deren Abschließung gegeneinander. So wichtig gemeinsames Erzählen und die Tugend des aufmerksamen Zuhörens sein mögen, so wenig sinnvoll ist doch ein Gespräch ohne gemeinsamen Horizont, ohne universelle Maßstäbe. Gerade das freundliche Gewährenlassen kann von Ignoranz und Desinteresse begleitet sein. Man wehrt die Herausforderung durch andere Erfahrungen ab, indem man sich Nachfrage und Urteil erspart. Dann kann man in den inneren Orient des Landes allerlei unerfüllte Sehnsüchte projizieren, die Kleine-Leute-Gesellschaft des Ostens zur Heimstatt edler Wilder verklären, die das böse Geld noch nicht hat verderben können. Wenn Scholz & Friends sich die Grundsätze der Dresdner Hausfrau auf ihre Fahnen schreiben, dann mit dem Gestus des Herren, der aller kulturellen Überfeinerung müde geworden ist und nun die Reize der Einfachheit genießen will.

An ihrem Ende war die alte Bundesrepublik stolz darauf, eine «ironische Nation» zu sein, eine – wie der Soziologe Heinz Bude es sah – «Gesellschaft ohne Sinn und ohne Ernstfall», in der die «Unfähigkeit zu resignieren» offenbar «zum seelischen Urgrund» des Landes geworden war.[8] Für den Antifaschismus des Ostens dagegen und die kommunistische Heilsgeschichte, den Weg aus finsterer Vergangenheit durch das tägliche Armageddon in eine strahlende Zukunft, waren Kampf und Streit entscheidend. Noch die Gegner des Systems waren darin gefangen. Die wirkliche Befreiung vom Sozialismus gelang erst, wenn der Kampf aufhörte, wenn der Einzelne sich dem offiziellen Zwang zur Politik entzog. Der Dichter Uwe Kolbe hat diesen Moment als «Renegatentermin» beschrieben, als Augenblick, in dem die Schönheit einer Landschaft und die Gelassenheit der Seele wichtiger wurden als der Kleinkrieg mit den Funktionären. Die Zehntausende, die 1989 den Arbeiter- und Bauernstaat verließen, folgten diesem Muster. Die Kämpfe und Konflikte in der DDR gingen sie nichts mehr an, es galt allein der eigene Glücksanspruch.

Diese politisch folgenreiche Entpolitisierung ergriff später auch jene, die mit der trotzigen Losung «Wir bleiben hier» auf die Straße gegangen waren. Das Wühlen an den Grabbeltischen der West-Kaufhäuser, das Schlangestehen vor Sex-Shops, Zonen-Gabis und Zonen-Gerts naive Lust am Wählen im Überangebot mochte die höheren Stände des Westens irritieren und wirkte in der Tat verstörend vulgär. Konsum jedoch war in den Wendemonaten von der Aura der Freiheit umgeben, schien ein nachholender Akt, endlich errungene Teilhabe am lange Vorenthaltenen.

In mancher Hinsicht verhielten sich die neuen Bundesbürger bald schon wie die alten, aber sie bewahrten einen großen Teil ihres Weltbilds und ihrer Deutungsgewohnheiten. Ihre Eingemeindung in die ironische Nation missglückte. Es gelang den Beigetretenen, ihr eigenes Geschick auf neue Weise als tragische, jedenfalls traurige Geschichte zu erzählen, als Geschichte der unerfüllten Sehnsucht nach Erlösung durch gleiche Lebensverhältnisse und «innere Einheit». Dass diese Geschichte im Westen Gehör, Anerkennung und Anwälte fand, hat die alte Republik grundlegend verwandelt. Dem Osten bescherte sie ein Drohmittel: Wenn er nicht glücklich würde, würde er gefährlich werden. So konnte sich in den neuen Ländern trotz der rasanten Umbrüche, trotz Freiheitsgewinn und Wohlstandsexplosion, trotz Revolution und Zusammenbruch der Wirtschaft eine Überlebensgemeinschaft herausbilden, die das Beharren zelebriert, stärker aus der Erinnerung als von Zukunftshoffnungen lebt und den erfahrenen Brüchen eine Kultur der Kontinuität entgegenstellt. Die Vereinigung wird dadurch ebenso belastet wie durch die Schwäche des verarbeitenden Gewerbes, auch wenn dieser in wirtschaftsseliger Zeit mehr Aufmerksamkeit geschenkt wird.

Nun, da das komfortable Elend des Ostens dauerhaft geworden ist, scheint den Ostdeutschen ein kultureller Sieg in den Schoß zu fallen, mit dem sie selbst am wenigsten gerechnet haben dürften. Nach den Turbulenzen und Verheißungen der neunziger Jahre ist ein vertrauter Zustand wieder hergestellt. Neben den offiziellen Werten und Anforderungen, gegen das Selbstbild der Bundesrepublik behauptet sich eine informelle, gleichwohl verbindende und verbindliche Ordnung. Wie in den vierzig unwiederbringlich verlorenen Jahren der DDR dominiert in den neuen Bundesländern die Kultur der kleinen Leute. Damals regelte sie den Umgang mit Mauer, Mangel und Kontrolle, heute das Verhalten gegenüber Arbeitslosigkeit, Abwanderung und Gewalt. Die Skepsis, die zuvor Agitation und Propaganda galt, richtet sich jetzt gegen die Geständnismaschinerie, die seit 1990 bemüht ist, das Befinden der Ostdeutschen zu erkunden, zu erklären und zu bessern. Und obwohl nahezu jeder Ostdeutsche zur Auskunft gedrängt wurde, hält sich hartnäckig die Fiktion, der Osten besäße keine Stimme im lauten Durcheinander der westdeutschen Öffentlichkeit.

Die Kleine-Leute-Gesellschaft scheint theorie- und deutungsresistent. Sie ist eine stille Gesellschaft, die sich vor Erkanntwerden schützt, indem sie bereitwillig sagt, was man von ihr zu hören erwartet. Wer mit scharfen Thesen auf diese Festung losging, ihr die Kinderkrippen, die Jugendweihe oder das Ignorieren rechter Schlägerbanden vorrechnete, wurde in der Vergangenheit zuverlässig zurückgeschlagen. Die wichtigste Verteidigungsstrategie der altertümlich wirkenden und nach den teuren Restaurierungen in neuem Glanze erstrahlenden Zitadelle ist ihre Offenheit. Alle, die sich umsehen wollten, wurden hineingelassen, durften Gemächer, Kammern und Keller besichtigen, man sprach mit dem Gast. Sobald er jedoch zu erklären begann, wie die Menschen in der Zitadelle leben, was sich darin ändern müsse, schüttelten diese den Kopf. «So ist es nicht, das stimmt keinesfalls.»

Die Seelenlage der Ostdeutschen ist so regelmäßig wie ausführlich erkundet worden. Gesucht hat man nach Abweichungen von westlichen Meinungen und Werten. Dass es solche gab und gibt, sollte wohl selbstverständlich sein. Nur Barbaren dürften sich der Illusion hingeben, dass vierzig Jahre Diktatur, die Revolutionszeit und die Vereinigungskrise keine Spuren hinterlassen haben könnten.

73 Prozent der Neubundesbürger haben im Jahr 2003 bekannt, dass sie sich Ostdeutschland stark oder ziemlich stark verbunden fühlen.[9] Es fragt sich allerdings, was sie darunter verstehen? Zur Auswahl standen außerdem die Gemeinde oder Stadt, das Bundesland, die Bundesrepublik oder Europa, mithin geographische und politische Einheiten. Zu erwarten wäre, dass die Zuneigung zur Heimatregion am größten ist und dass sie allmählich abnimmt, je entfernter, je abstrakter eine Gestalt des Gemeinwesens wirkt. In der Tat ist auch in den fünf neuen Ländern die Bindung an die nähere Heimat und das Bundesland relativ stark, mit Europa dagegen identifizieren sich lediglich 22 Prozent. Dazwischen aber hat sich als unangefochtene Nummer eins «Ostdeutschland» geschoben, die Verbundenheit mit

der Bundesrepublik leidet an Schwindsucht. Von 65 Prozent im Jahr 1992 ist sie auf 38 Prozent gefallen.[10]

Die Frage, welche Besonderheit des neuen Ostens die Emotionen der Befragten derart auf sich zieht, ob es die sozialistische Vergangenheit, die Transfergesellschaft oder die gemeinsam erlebte Wendezeit ist, führt am Problem vorbei. 11 Prozent wollen «am liebsten die DDR wiederhaben», 20 Prozent fühlen sich «bereits als richtiger Bundesbürger». Die seit Jahren konstante Mehrheit versteht sich nach wie vor als ostdeutsch, sie lebt in einem Zwischenreich. 65 Prozent sagen: «Ich möchte weder die DDR wiederhaben noch fühle ich mich in der BRD schon richtig wohl.» Die vorgegebene Formulierung mit der schwammigen Floskel vom «schon richtig wohl fühlen» taugt wenig. Hier lenken die Frager die Antwort. Besser wäre, den Satz vorzulegen: «Ich möchte die DDR nicht zurückhaben, aber dennoch in einer anderen Gesellschaft als der bundesrepublikanischen leben.» Die Zustimmung wäre vermutlich geringer. Immerhin bewerten 36 Prozent die Einheit als Gewinn, 30 Prozent als Verlust und für ebenso viele halten Gewinne und Verluste sich die Waage.[11]

Eines geben die Daten deutlich zu erkennen: Die Verbundenheit mit Ostdeutschland beruht auf einer klaren Abgrenzung gegenüber dem Westen. Bedenkt man die hohe Zahl derer, die sich als «Bürger zweiter Klasse» empfinden – eine Formel, die den Bürgerstatus an Wohlstand und Position misst –, wird offenbar, welcher Mechanismus dem zugrunde liegt. Vorwurfsvoll verharrt man auf unteren Rängen.

Dass die ostdeutsche Identität eine «Abgrenzungsidentität» sei, ist oft bestritten worden. Sie sei vielmehr, erklärt Gunnar Winkler, der seit 1989 alljährlich Daten zur sozialen Lage in Ostdeutschland publiziert, «begründet in dem Gemeinsamen des sich Unterscheidenden von den alten Bundesländern»[12]. So kann man es ausdrücken und hat doch lediglich die Abgrenzung verschleiert. In allen gewundenen oder klaren Deutungen lebt das neue «Wir-Gefühl» Ost vom Vergleich mit dem Westen. Wir und nicht sie, sie und nicht wir. Die Struktur der Gesellschaft wird regionalisiert. Der Osten ist unten, der Westen oben.

Dazu passt es, dass 56 Prozent der Ostdeutschen sich der Unter- und Arbeiterschicht zuordnen.[13] Im Westen glauben 56 Prozent von sich, zur Mittelschicht zu gehören. Seit der Auflösung der guten alten Klassengesellschaft und der klaren Front zwischen Bourgeoisie und Proletariat, seit dem Aufkommen der neuen Angestelltenkultur und dem Anstieg von Wohlstand und sozialer Mobilität neigen Bürger der westlichen Welt dazu, sich in der Mitte zu positionieren, wobei sie ihre Stellung gar nicht selten über- oder unterschätzen. Mit der Industrie ging im Osten die Arbeiterschaft verloren, der Konsumstil folgt westlichen Mustern, die Mehrheit der Ostdeutschen hat Auf- oder Abstieg, nicht selten beides, hinter sich, und dennoch behauptet sich zäh das Selbstbild der alten «arbeiterlichen Gesellschaft», wie Wolfgang Engler in seinem Buch «Die Ostdeutschen» das Sozialgebilde DDR treffend genannt hat.

«Gehe nie zu deinem Fürst, wenn du nicht gerufen wirst» – der Vers war in der DDR eine handlungsleitende Maxime, bezeichnete den Überlebenskonsens in der sozialistischen Gesellschaft. Es galt, sich nicht zu sehr zu engagieren oder zu exponieren. Damit, dass Eigenverantwortung oder Initiative gefehlt hätten, wie pseudoliberal besorgte Kommentatoren oft meinen, hat das zunächst wenig zu tun. Diese Tugenden entwickelten sich prächtig im Privaten, in der Schattenwirtschaft und in den Tauschzirkeln. Wesentlich war Zurückhaltung in der Öffentlichkeit, die Sicherung eines privaten Raums gegenüber den Anforderungen der sozialistischen Gesellschaft. Die einflussreichen Positionen im System, die Stellen in der Nomenklatura oder im Parteikader, galten nicht als attraktiv. Je länger die DDR bestand, desto verpönter war es, Funktionärsposten anzustreben. Lieber sicher und bescheiden als karriereorientiert. Etwas von dieser Vorsichtsmentalität ist nach der Vereinigung wiedererstanden.

Der Leipziger Soziologe Peter Förster führt seit 1987 eine demoskopische Langzeitstudie durch. Er befragte damals Schüler des Geburtsjahrgangs 1972/73 und hat sie bis heute regelmäßig interviewt. Hielten es 1992 noch 32 Prozent von ihnen für wichtig, «in die oberen Schichten der Gesellschaft aufzusteigen», waren es im Jahr 2000 nur 15 Prozent. Nicht einmal die Hälfte derer, die das acht Jahre zuvor wünschten, wollte nun zur Elite der Gesellschaft gehören.[14] Deutlicher kann man sich kaum distanzieren.

Dieser Verzicht, die Selbstbescheidung, geht paradoxerweise einher mit hohem Leistungswillen im Beruf. 1987 war er 98 Prozent der Befragten wichtig, dreizehn Jahre später immerhin noch 86 Prozent.[15] Der Rückgang lässt sich wohl mit der unvermeidlichen Ernüchterung beim Eintritt ins Berufsleben erklären. Rivalität und Ellbogenmentalität werden, wenn auch mit Bedauern und dem allgemeinen Bekenntnis zu Hilfsbereitschaft, akzeptiert. «Ich bin rücksichtsloser, härter geworden», sagt eine junge Frau. Ein junger Mann erklärt im gleichen Ton: «Ich habe inzwischen gelernt, dass man sich in dieser Gesellschaft durchsetzen muss, ohne Rücksicht auf andere.» Das Statement einer weiteren Befragten verrät ebenfalls verbissene Kampfentschlossenheit: «Ich glaube, ich bin sehr egoistisch geworden. Früher dachte man mehr auch an andere. Aber um mein Ziel zu erreichen, einmal besser zu leben, darf und will ich keine Rücksicht nehmen. Wir leben nun einmal in der Marktwirtschaft und in einer Ellbogengesellschaft. Der Härteste überlebt, und ich will und werde überleben.»[16] Das sind keine Äußerungen von Straßenkindern, sondern Kommentare junger Ostdeutscher, die ein tragisches Bild der Marktwirtschaft verinnerlicht haben. Sie scheint ihnen nicht die Bühne ihres Lebens, sondern ein Naturereignis, dem sie ausgeliefert sind wie einer Flut.

Insgesamt 15 Prozent der Ostdeutschen glauben, seit der Vereinigung sozial aufgestiegen zu sein, 39 Prozent sehen in ihrer Biographie ein Beispiel sozialen Abstiegs, 46 Prozent behielten ihre Position.[17] Die Deklassierung hat am stärksten jene betroffen, die 1990 zwischen 32 und 46 Jahren alt waren. Jeder Zweite von ihnen sah sich 2003 im Niedergang begriffen, nur neun Prozent auf dem Weg nach oben.[18] Diese Altersgruppe prägte in den neunziger Jahren die soziale Stimmung im Osten. Wenn die Jungen vom Überleben sprechen, meinen sie vermutlich diesen Abstiegskampf. Mit Arbeitslosigkeit, der zentralen Deklassierungserfahrung, hat nahezu jede ostdeutsche Familie Bekanntschaft gemacht.

In der Duldungsstarre – Die ostdeutsche Verweigerung

Vom Sieg im Kalten Krieg überrascht, ist der alte Westen 1990 eitel geworden und hat vergessen, welch große Rolle das soziale Auf und Ab in seiner Geschichte gespielt hat. Er war überzeugt davon, eine weithin «nivellierte Mittelstandsgesellschaft» (Helmut Schelsky) zu sein, ignorierte aber, dass diese nicht allein durch Wirtschaftswachstum, sondern durch massenhaften Abstieg entstanden war. Helmut Schelsky, der mit jenem Begriff das Charakteristische an der jungen Republik der fünfziger Jahre auf den Punkt brachte, verstand darunter keineswegs die Käfer-Idylle, die heute gern damit assoziiert wird. Klassenspannungen und soziale Hierarchien gingen für ihn durch die beispiellose soziale Mobilität in den Nachkriegsjahren und die Sozialisierung des Mangels verloren. «Es gibt», schrieb Schelsky 1955, «fast keine Bevölkerungsgruppe, fast keine Familie mehr, deren Schicksal nicht in einem sozialen Aufstiegs- oder Abstiegsvorgang bestände.»[19] Bombenkrieg, Besitzverlust, Vertreibung und Währungsreform hatten dazu beigetragen. Aber «nivellierte Mittelstandsgesellschaft» hieß nicht in erster Linie gleiche Güterverteilung, sondern allgegenwärtige Bewegung, ständiges Auf und Ab. Die einst oberen Schichten waren gezwungen zu arbeiten, die ehemals unteren partizipierten am neuen Wohlstand, was erst durch industrielle Massenproduktion möglich geworden war. In der Mitte der Mittelstandsgesellschaft kreuzten sich die Wege der Auf- und Absteiger, verliefen Dramen des Gewinnens und Verlierens. Bestimmend für die soziale Atmosphäre wurde das mittelständische Selbstbewusstsein. Dazu gehörte der Glaube, am materiellen wie geistigen Komfort der Zivilisation teilhaben zu können. Dazu gehörte auch, dass jeder sich sozial mobil, auf dem Weg nach oben oder unten fühlte.

Die Unsicherheit des Status quo ist das Lebensgesetz der nivellierten Mittelstandsgesellschaft. Grundsätzlich ist jede Position gefährdet. Daraus folgen ein letztlich unerfüllbares Sicherheitsbedürfnis und eine habituell gewordene Sucht nach Anerkennung. Der Mittelstandsgesellschaft fehlt es an Halt, an dem Gerüst sozialer Hierarchie, Ungewissheit scheint in ihr allgemein geworden, die soziale Struktur verflüssigt. In den fünfziger Jahren begann der Sozialstaat für Sicherheit zu sorgen, überlebte Ideologien aus der Klassengesellschaft stifteten Orientierung. Nicht die eigene Position in der Gegenwart, sondern die frühere prägte Selbstbild und Ziele.

Die ostdeutsche Situation ähnelt Schelskys großem Szenario in wesentlichen Punkten und unterscheidet sich dennoch in dreifacher Hinsicht von ihm. Auf- und Abstiegsprozesse waren in den neunziger Jahren massenhafte Erfahrung, der Status unsicher oder wenigstens zeitweise bedroht. Aber die Ostdeutschen kamen erstens nicht aus einer hierarchisch geordneten Klassengesellschaft, sondern aus einer homogenisierten «arbeiterlichen Gesellschaft». Sie waren zweitens folgsame Kinder der Gleichheitsideologie. Und drittens griff der Westen immer wieder stabilisierend ein. Während die Deutschen nach 1945 das Schwinden sozialer Hierarchie, das Ende der Klassengesellschaft erlebten, sahen Ostdeutsche Hierarchie und Unterschiede wiederkehren.

Viele Daten und Phänomene sprechen dafür, dass sich auch in Ostdeutschland eine Art Mittelstandsgesellschaft herausbildet. Die starke Bevorzugung von Familie und Arbeit hat Sozialwissenschaftler schon mehrfach an den Westen der fünfziger Jahre erinnert. Sicherheitsbedürfnis und sozialer Neid sind im Osten so ausgeprägt wie überall, wo ein neuer Mittelstand den Ton angibt, soziale Verwundbarkeit zur Regel wurde.

Will man etwas über eine Gesellschaft erfahren, ist die Beobachtung von Prozessen wichtiger als die von Momentaufnahmen. Und wenn man die Entwicklungslinien näher betrachtet, die sich kreuzen, überlagern, in ihren Wirkungen verstärken oder abschwächen, verliert die Gesellschaft Ost ihren manchmal rätselhaft anmutenden Charakter. Die ostdeutsche Identität scheint dann nicht länger eine Ansammlung von Paradoxien. Wäre sie allein durch Erfahrungen begründet, müsste der Nachwende-Wohlstand eine größere Rolle spielen, müssten neue soziale Unterschiede im Osten stärker zu Buche schlagen, wäre die Revolution von 1989 nicht zum bloßen Intermezzo degradiert worden.

Die Nachkriegsdeutschen im Westen rannten dem unerreichbaren Ziel hinterher, ihren verlorenen sozialen Status wiederzuerlangen, sie klammerten sich dabei an überlebte Ideologien und kämpften an «Vergangenheitsfronten», wie Helmut Schelsky sie nannte. Ganz ähnlich hingen Ostdeutsche in den neunziger Jahren an Gleichheit und Gerechtigkeit und aktivierten die Abgrenzung Ost-West, die mit der von ihnen geforderten Vereinigung doch überholt schien.

Schelsky sprach von der «geistigen Irrealität der sozialen Leitbilder und Ideologien»[20]. Irreal wirkt auch vieles am Sonderbewusstsein Ost. Mitte der neunziger Jahre wurde den Bürgern in ehemals sozialistischen Ländern die Frage vorgelegt, wie mit hohen Einkommen zu verfahren sei. Sollten sie unangetastet bleiben, auch wenn das zu krassen Unterschieden zwischen Arm und Reich führen würde? Oder solle der Staat eingreifen und nach Gleichheitsprinzipien umverteilen? 86 Prozent der Ostdeutschen meinten, beides solle gelten.[21] Das war der höchste Wert, nur 34 Prozent der Bulgaren wählten die in sich widersprüchliche Antwort. In ihr treffen die neue, gewollte Realität und das alte, erwünschte Ideal aufeinander. Aber der Konflikt wird nicht ausgetragen, sondern stillgestellt, und sei es auf Kosten der Logik.

So wie die Adenauer-Zeit als dumpf und miefig galt, obwohl sich in diesen Jahren die Sozialstruktur dramatisch verändert hat, so trägt die ostdeutsche Identität vielfach bornierte Züge, scheint in ihrer doppelten Abgrenzung, nach oben und gen Westen, zu den tatsächlichen Entwicklungen in den neuen Ländern, zu Mobilisierung und Öffnung der Gesellschaft, quer zu stehen. Und wie in den fünfziger Jahren der Bundesrepublik sind auch im Osten der neunziger Jahre der Rückzug ins Private und eine damit einhergehende Schwäche der Öffentlichkeit zu beobachten. Nach dem wilden Jahr der Anarchie am Feierabend, nach den Erfahrungen von Revolution und Selbstermächtigung kehrte im Osten eine auffällige Ruhe ein. Schon den Mitarbeitern der Treuhandanstalt fiel auf, dass sie nur selten «in arbeitskampfähnliche Auseinandersetzungen gezwungen» wurden, selbst wenn Betriebe abgewickelt und stillgelegt werden mussten. Im Abschlussbericht der Bundesanstalt für vereinigungsbedingte Sonderaufgaben wird den Westdeutschen empfohlen, vom einsichtsvollen Untertanengeist zu lernen: «Dieses disziplinierte Verhalten der betroffenen Mitarbeiter hat die Tätigkeit der Treuhandanstalt sehr erleichtert; das ist umso bemerkenswerter, wenn man dies Verhalten mit dem Wehgeschrei der Westberliner bei der sehr moderaten Schließung des Schillertheaters Mitte der neunziger Jahre vergleicht.»[22] Die pädagogische Nutzanwendung kann man getrost überlesen, wichtig ist der Unterschied zwischen einer konflikterprobten und einer harmoniesüchtigen Öffentlichkeit.

Die Analogien zwischen den fünfziger Jahren West und den neunziger Jahren Ost sollten nicht zu der Annahme verleiten, dass in den neuen Bundesländern westdeutsche Geschichte nachgespielt werde. Die Reaktionen auf den Triumph sozialer Mobilität und das Allgemeinwerden von Unsicherheit ähneln einander. In den Details wie im Ergebnis überwiegen allerdings die Unterschiede. Das kann gar nicht anders sein, da die «Vergangenheitsfront» nicht durch die ostdeutsche Gesellschaft verläuft. Der Hang zum Einigeln wird dadurch verstärkt, erscheint der Westen doch als Gebender und Entziehender, als Kontrahent und Schiedsrichter zugleich.

Diese Rolle hatte lange Zeit der sozialistische Staat inne, dessen Zugriff sich die «arbeiterliche Gesellschaft» allmählich entwand, indem sie seine Forderungen umdeutete, ignorierte oder wörtlich nahm und gegen ihn kehrte. Wolfgang Engler hat den Vorgang in seinem Buch über «Die Ostdeutschen» detailliert beschrieben. Während «die da oben» regierten, bestimmten «die da unten» Werte und soziale Temperatur. Eine ähnliche Zweiteilung in offizielle und gesellschaftlich gültige Werte wurde im Osten wieder hergestellt, nachdem sie 1989/90 zusammengebrochen war. Neben und gegen die Kultur der Bundesrepublik behauptet die neue «Kleine-Leute-Gesellschaft» ihre Besonderheiten.

«Das Bild, das die Ostdeutschen von den Ostdeutschen zeichnen, wirkt ungeheuer brav und bieder»[23], resümierte das Allensbacher Institut für Demoskopie 1996. Sie glaubten von sich, fleißig, bescheiden, freundlich und ehrlich zu sein – Tugenden guter Nachbarn und Arbeitnehmer. Es fällt auf, dass erst auf Platz neun der Liste eine Eigenschaft erscheint, die negativ beurteilt werden kann: 50 Prozent der Ostdeutschen hielten die Ostdeutschen für unzufrieden. Die Westdeutschen hingegen monierten schon auf Platz vier, dass Westdeutsche auf Geld aus seien. Nur zu neun Prozent bezeichneten sie sich als bescheiden, Ostdeutsche nahmen das zu 65 Prozent für sich in Anspruch. Selbstbewusstsein ist im Westen mit 57 Prozent eine wichtige Eigenschaft, die Ostdeutschen hielten sich lediglich zu 31 Prozent für selbstbewusst.

Seit 1994 sind Ostdeutschen die immer gleichen Werte sehr wichtig: Arbeit, soziale Sicherheit, soziale Gerechtigkeit, persönliche Sicherheit und Familie.[24] Andere haben zwischen 1990 und 2003 in so krassem Ausmaß an Bedeutung verloren, dass man von einem Verfall dieser Werte sprechen kann: eine saubere und intakte Umwelt, die Demokratie, das leistungsgerechte Einkommen und die Freizeit.

Misstrauen ist gegenüber solchen Angaben berechtigt. Ein zweites Tschernobyl, eine Frage nach leistungsabhängigen Managergehältern oder der Verlängerung von Arbeitszeiten würde vermutlich rasch zu anderen Ergebnissen führen. Das stark gewachsene Ansehen von «Bildung und Wissen» darf man wohl auf die Rechnung des PISA-Schocks schreiben. Was heißt es, wenn eine Gesellschaft mit so niedrigen Geburtenraten wie die ostdeutsche Kindern einen hohen

Wert beimisst? Was jemand meint, der «soziale Gerechtigkeit» wünscht, bleibt weitgehend der Wendigkeit der Interpreten überlassen. Dennoch geben die Listen der Werte die Ängste und die Verunsicherung zu erkennen, die den Osten seit 1990 nicht verlassen haben. Alles in allem mögen diese Werte manchem bieder und etwas provinziell erscheinen. Aber es ist keiner dabei, der nicht auch im Westen wichtig wäre oder doch sein könnte. Dem Weltbild Ost haftet zunächst nichts Pathologisches an. Die Frage bleibt, wie Ostdeutsche auf eine Verletzung wichtiger Werte reagieren, wie sie im Konfliktfall entscheiden. Was geschieht, wenn die Realität konstant den Wünschen der Bürger widerspricht? Die wichtigen ostdeutschen Werte scheinen schließlich geradezu als Gegenbegriffe zur Vereinigungswirklichkeit zu fungieren: Arbeit, Sicherheit, Gerechtigkeit.

Als 1995 53 Prozent der Ostdeutschen die Bundesrepublik für ungerecht hielten, dachten sie da an die Ordnung im Ganzen oder an ihre Position in ihr, beurteilten sie die Regeln oder die Ergebnisse? Wenn Klinikärzte in Ost-Berlin für gleiche Arbeit weniger Gehalt beziehen als Ärzte im Westteil der Stadt, wird die Regel der Leistungsgerechtigkeit verletzt. Sie war den Ostdeutschen 1990 nicht zuletzt deshalb so wichtig, weil sie das Gefühl hatten, in der DDR um die Früchte ihrer Arbeit betrogen worden zu sein. In den Berliner Wahlkämpfen der neunziger Jahre wurde über die unterschiedliche Bezahlung in Ost und West mehrfach gestritten, Versprechen gab es und Forderungen. Die Gleichheit der Löhne und Gehälter ist bis heute nicht erreicht, politisch wäre sie schwer durchzusetzen, ökonomisch widersinnig. Aus Enttäuschung darüber haben die Ostdeutschen überraschenderweise ihre Einstellung geändert. War Leistungsgerechtigkeit mit 81 Prozent 1990 noch der zweitwichtigste Wert, sank sie bis 2003 mit 60 Prozent auf Platz fünf. Je ungerechter

Ostdeutsche sich entlohnt fühlen, desto mehr neigen sie zur Wahlenthaltung. Wie schon während der Abwicklung von Treuhandbetrieben zu beobachten war, wird die Situation hingenommen. Die Bereitschaft zu protestieren ist gering. Man zieht sich zurück und resigniert. Die Verweigerung gegenüber der ungerechten Welt da draußen bleibt stumm.

Der Politikwissenschaftler Alexander Thumfart hat dieses Verhalten «Duldungsstarre» genannt.[25] Schweinezüchter bezeichnen damit den Zustand, in den Eberduft die Sau vor der Begattung versetzt. Sie lässt gewähren, wirkt unbeteiligt. Das resignative Verhalten aktualisiert ein Muster aus DDR-Tagen. In der offiziellen Welt nahm man die Beschlüsse der Führung hin und schwieg, so weit es ging. Daheim, unter Freunden und Kollegen wurde gemeckert und geschimpft. Da es im SED-Staat Öffentlichkeit für Kritik, Protest und Diskussion nicht gab, bot diese Rückzugsstrategie eine Möglichkeit, sich den Zumutungen des Systems zu entziehen, innere Freiheit zu bewahren. Heute existiert der öffentliche Raum, doch er wird nur selten betreten. Die Freiheit ist weiterhin ins Private gebannt, als gäbe es keine Alternative.

Auf den Montagsdemonstrationen des Jahres 2004, während der Proteste gegen Hartz IV, war ein überschießender Hass, eine Hysterie, eine aggressive Emotionalität zu spüren, wie sie typisch sind, wenn sich lange aufgestauter Zorn entlädt. Es war ein Sommer der Grimmigkeit. Am 23. August 2004 stellte die Künstlerin Christine Kunkler in Leipzig zwei Leinwände auf und ermunterte die Demonstranten, ihre Motive und Forderungen festzuhalten. Da stand dann: «Was berührt diejenigen noch, die in diesem Land durch Subvention und Unterstützung jeglicher Art groß geworden sind???? Die Großverdiener wie Unternehmer wie Siemens etc. u. Künstler wie Sportler – Boris Becker etc. gehen ins Ausland um Steuern zu sparen!!!!! Diese unmoralischen Wixer!!!» – «Die Abgeordneten bedienen sich unserer Steuergelder. Weg mit ihnen!!!» – «Abschaffung von Beamtentum und Privilegien» – «Bevor nicht die ersten Politiker die Schnauze voll bekommen, ändert sich gar nichts!» – «Solange, bis aus dem ‹Ruck durch Deutschland› ein Rechtsruck wird.» – «Wir stehen vor dem III. Weltkrieg.»[26] Das Bedürfnis, sich auszudrücken, so die Künstlerin, sei tief und groß gewesen. Gewiss, auf jeder Demo gibt es reichlich dumme Sprüche. Ein Muster allerdings kehrte während der Hartz-IV-Proteste immer wieder. Der Staat ist nach wie vor Appellationsinstanz, aber er wird verachtet. Es geht darum, «denen» einmal die Wahrheit zu sagen. Das ist die Grundstruktur des Ressentiments. Und weil es so vorherrschend war, fehlten der stille Ernst wie die überbordende Heiterkeit der Demonstrationen des Jahres 1989.

Obwohl die Zusammenlegung von Arbeitslosen- und Sozialhilfe den Osten in besonderem Maß betrifft, obwohl das Gesetz inzwischen alltägliche Folgen hat, sind die Proteste rasch verebbt. Sie waren ein Strohfeuer, bis im öffentlichen Raum des Ostens wieder die Leere einkehrte, die dort seit Jahren herrscht. Das Unbehagen ist wieder Privatsache, das Missvergnügen eingekapselt.

Eruptionen wie die Hartz-Proteste erregen viel Aufmerksamkeit, die politische Kultur der neuen Länder gefährden sie weit weniger als der Rückzug in die Stille. Keine extremistische Partei vermag die jungen demokratischen Institutionen im Osten so zu schwächen wie die Duldungsstarre. Wer öffentlich protestiert, wählt, kandidiert, bestätigt die Spielregeln der Demokratie. Die schlichte Weigerung, mitzuspielen, fördert hingegen Erosionsprozesse. Der Raum zwischen Staat und Familie war in der DDR zum Anhängsel des Staates verkommen, ideologisch besetzt, politisch instrumentalisiert, überwacht und zersetzt. Seine Rekonstruktion nach der Wende ist nur halb gelungen.

Es wäre unbefriedigend, Ostdeutschland an einer idealen Demokratie zu messen und dann seine Unvollkommenheiten festzustellen. Ressentimentmilieus, resignative Reaktionen und Rückzugskulturen sind auch im Westen leicht auszumachen. Seit es eine bürgerliche Öffentlichkeit gibt, wird über deren Verfall geklagt. Beängstigend allerdings wirkt das Kollektive an der Duldungsstarre. Ob unter Frauen, Männern, Jungen, Alten, Ungelernten, Gebildeten, Wohlhabenden oder Sozialhilfeempfängern – die Bereitschaft zu konventionellem oder unkonventionellem Protest ist gering.[27] Gerade Gruppen, die ihrer Natur nach besonders aktiv sein müssten, neigen im Osten zu Wahlenthaltung und Rückzug. Es sind die Jungen und die gut ausgebildeten, gut versorgten Angehörigen der ostdeutschen Funktionselite.

Die Vorstellungen von Gerechtigkeit, an denen die Wirklichkeit gemessen und nach denen sie verworfen wird, herrschen allgemein. Von der persönlichen und materiellen Situation, von Einkommen und Bildungsgrad werden sie kaum beeinflusst. Pointiert: Der ostdeutsche Arzt teilt die Werte des ostdeutschen Kraftfahrers oder Gelegenheitsarbeiters. Sein Weltbild hat fünfzehn Jahre nach der Vereinigung weniger mit dem Weltbild eines westdeutschen Arztes als mit dem eines Landsmanns gemein. Das gilt, obwohl die soziale Lage des Arztes sich von der des Kraftfahrers inzwischen auch im Osten deutlich unterscheidet, die Gleichheitsideologie – anders als in der DDR – nicht mehr lebensweltlich verankert ist. Man wohnt nicht mehr nebeneinander, der Arzt verdient wesentlich besser und genießt ein höheres soziales Prestige. Die «ostdeutsche Identität», jenes irreale, auf Abgrenzung gegen den Westen beruhende Selbstverständnis, verkleistert die tatsächlichen Differenzen. Sie bannt die aktivierenden, Unterschiede erzeugenden Kräfte zugunsten der Gruppenzugehörigkeit.

Elitenaustausch

Stille und Kollektivismus haben eine lange Vorgeschichte. 56 Jahre existierte im Osten keine Öffentlichkeit jenseits der staatlich kontrollierten, gab es keine zensurunabhängige Presse. Mit der antifaschistischen Umgestaltung in den ersten Nachkriegsjahren und dem 1952 beschlossenen Aufbau der Grundlagen des Sozialismus wurden Groß- und Bildungsbürgertum systematisch die Existenzbasis entzogen, der Mittelstand reglementiert und benachteiligt. Unternehmer, Ärzte, Bauern verließen massenhaft die Republik.

Noch in den siebziger Jahren gewannen ideologische Überzeugungen die Oberhand über wirtschaftliche Argumente und Erwägungen. Im Frühjahr 1972 wurden 11400 kleine und mittlere Betriebe verstaatlicht. Sogar unter Beteiligten galt die von Honecker persönlich initiierte Kampagne damals als Akt der Selbstzerstörung. Sie warnten, dass die DDR sich um unersetzliche Stimuli wie Privatinitiative bringe. Aber Privateigentum an Produktionsmitteln galt nach der reinen Lehre des wissenschaftlichen Sozialismus nun einmal als Form der Vergangenheit. Durch die Enteignungen kam es zu ständig wiederkehrenden Lieferschwierigkeiten und Engpässen in der Konsumgüterversorgung. Die Entdifferenzierung der Gesellschaft machte Fortschritte.

Parallel zur staatlich betriebenen Enteignung, Diskriminierung – Kinder aus bildungsbürgerlichen Familien hatten geringe Chancen auf einen Studienplatz – und Vertreibung begann man, neue Eliten zu schaffen, eine Schicht aus Funktionären und sozialistischer Intelligenz, die sich in Karrierewegen, Werten und Lebensformen deutlich von den alten Eliten abheben sollten. Volksbildung, Hochschulzugang und Abschlüsse wurden sozialistisch umgestaltet, die ideologische Schulung verbindlich. Das Ziel dieser Entbürgerlichungspolitik war eine Gemeinschaft der Werktätigen, eine weitgehend homogene Bevölkerung mit stark angeglichenen Lebensverhältnissen und, so der Wunsch, gemeinsamen politischen Überzeugungen.

Eine solche Politik bot nicht nur Kindern aus Arbeiter- und Bauernfamilien neue Aufstiegsmöglichkeiten, sie führte auch zu einer Vereinheitlichung der Lebenswelten. Zwar ließ sich diese nie vollkommen durchsetzen, konterkarierte das Pfründe- und Privilegiensystem früh schon die Gleichheitsideologie, doch was Gehälter und Konsumgewohnheiten betraf, waren die Unterschiede zwischen den einzelnen Bürgern seit Ende der sechziger Jahre viel geringer als im Westen. Die durch das Wohnungsbauprogramm überall entstehenden Neubauviertel verliehen der gewünschten Homogenität architektonisch Ausdruck.

Aber ebenso wenig, wie es der SED gelang, ihre Ideologie in alle DDR-Hirne zu pflanzen, gelang die Austreibung des Bürgerlichen. Es erlebte, begrenzt und ohne ökonomische Basis, eine Renaissance, wurde bewahrt, weitergegeben oder neu erfunden. Bildung und Fleiß und besondere Begabungen genossen hohes Ansehen, weil die Funktionäre als ungebildet, talentlos und faul galten. Je mehr einer konnte und wusste, desto unabhängiger war er gegenüber den Zumutungen der DDR, den Anforderungen an Folgsamkeit und Mitmachen. Spezielle Kenntnisse und Fähigkeiten gewährten eine gewisse Unabhängigkeit. Wer also auf Karriere nicht ganz verzichten wollte, nahm seine Ausbildung über die Maßen ernst – versprach sie doch ein Stück Freiheit.

Die bürgerlichen Werte konnten sich allein im Privaten, in der Familie entfalten. Erst die Revolution des Jahres 1989/90 eroberte den von Staat und Partei besetzten Raum zurück. Es gehört zu den ungelösten Rätseln der jüngsten ostdeutschen Geschichte, warum diese Erfahrung so rasch vergessen werden konnte. Die Vereinigungspolitik und der Crash der ersten Jahre haben auch hier viele Folgen des Sozialismus verstärkt. So wurde, wie bereits geschildert, das Entstehen einer ostdeutschen Unternehmerschicht nicht nur kaum gefördert, sondern sogar behindert. Die protzige Behauptung, man müsse bloß den Westen nachbauen, dann werde alles gut, trug zur Entwicklung von Eigeninitiative wenig bei.

Verwaltungsangestellte, die nach 1990 aus dem Westen als Aufbauhelfer in den Osten kamen, haben sich manchmal für das arrogante Auftreten ihrer Kollegen geschämt. Einer von ihnen erinnerte sich später: «Ich habe Leute aus dem Westen erlebt, die sich so aufgeführt haben, als würden man hier den Osten, sage ich jetzt mal, kolonialisieren wollen, die sind aber dann, was auch zu erwarten war, Gott sei Dank kläglich gescheitert.»[28] Hinterlassen haben sie vielfach den Eindruck, Ostdeutsche seien beim Aufbau Ost nicht gefragt und hätten sich nun den neuen Chefs zu unterwerfen, woraufhin viele im Osten sich der alten Umgangsformen mit Mächtigen erinnerten und sich zurückzogen. Die Überforderung durch den Umbruch tat ein Übriges.

Die Abkapselung Ostdeutschlands vom allgemeinen Gespräch hat einen weiteren Grund im Elitenaustausch, der Anfang der neunziger Jahre ungeheuer rasch vollzogen wurde und die heftigsten deutsch-deutschen Auseinandersetzungen provozierte. Die Kränkungen und Demütigungen aus dieser Zeit sind nicht verwunden. Die aus ihnen erwachsene Wut, das Gefühl, ungerecht behandelt worden zu sein, kann jederzeit ausbrechen. Während die Öffentlichkeit über Christa Wolf und Heiner Müller, über Staatskunst, Inoffizielle Mitarbeiter und Ost-Professoren stritt, wurden die sozialistischen Funktionseliten in den Verwaltungen und Hochschulen ausgewechselt. Heute sind Führungspositionen im gesamten Land überwiegend westdeutsch besetzt. Ostdeutschen begegnet man auf

Spitzenposten, auch in den neuen Ländern und in Ost-Berlin, nur selten. Nach Recherchen des MDR-Magazins «Umschau» gibt es unter drei Intendanten des öffentlich-rechtlichen Rundfunks keinen Ostdeutschen, unter drei Fernseh- und drei Hörfunkdirektoren jeweils einen, unter drei Chefredakteuren keinen. Von 24 Chefredakteuren regionaler Tageszeitungen kommen neun aus dem Osten, von 24 Verlagsleitern und Geschäftsführern sechs. Vier von 21 Universitätsrektoren stammen aus den neuen Ländern, von 21 Kanzlern sieben. Einen ostdeutschen General oder Oberst gab es im Jahr 2004 in der gesamten Bundeswehr nicht. Von neun Bundesvorsitzenden der Gewerkschaften ist einer Ostdeutscher, unter deren Stellvertretern fand sich keiner. Fünf von 165 Vorsitzenden Richtern in den neuen Ländern stammen aus dem Osten, von 274 Richtern 29. In der Bundesregierung sieht es nicht viel besser aus: Unter 13 Ministern ein einziger ostdeutscher, unter 24 parlamentarischen Staatssekretären vier, unter 23 Staatssekretären und vier Staatsministern jeweils einer. Lediglich in den neuen Ländern sind die Ministerpräsidenten und Minister mehrheitlich Ostdeutsche, doch auch hier kommen von 51 Staatssekretären 39 aus dem Westen.[29]

Die Zahlen, mit denen einstige DDR-Funktionsträger auf ihr Los aufmerksam machen, klingen dramatisch. Von 2172 Mitarbeitern des diplomatischen Dienstes der DDR wurden vier übernommen. Etwa fünftausend Professoren schieden nach der Wende aus. Mitte 1999 dienten in der Bundeswehr noch 4200 ehemalige Berufssoldaten und Soldaten auf Zeit aus der NVA.[30] Kritiker des Vorgehens sprechen von «intellektueller Enthauptung», seine Verteidiger berufen sich darauf, dass eben diese Leute den Osten kaputt gewirtschaftet hätten, dass sie moralisch diskreditiert und fachlich ungeeignet seien. Eine Studie Arno Hechts über das Schicksal der «Wissenschaftselite Ostdeutschlands» nach 1990 bietet fast alle gängigen Schlagworte: «Entlassungsorgie», «pauschale Verurteilung», «Verwestlichung statt Durchmischung», «Arbeitslosigkeit und Rentenstrafrecht», «Ausgrenzung vom wissenschaftlichen Leben und Abwicklung der Publikationsorgane».[31]

Das Nach-Wende-Geschick der Ost-Wissenschaftler hat noch 2004 für einen politischen Skandal in Berlin gesorgt. Der Kultur- und Wissenschaftssenator Thomas Flierl von der PDS wollte in einer Feierstunde die Anfang der neunziger Jahre entlassenen Wissenschaftler würdig verabschieden. Innerhalb weniger Semester hatten etwa von der Humboldt-Universität 90 Prozent des wissenschaftlichen Mittelbaus und 80 Prozent der Hochschullehrer gehen müssen. Flierl konnte sich auf prominente Zeugen berufen. Der Konstanzer Philosoph Jürgen Mittelstraß, der Anfang der neunziger Jahre immerhin die Strukturkommission zur Neuordnung der Berliner Wissenschaftslandschaft geleitet hatte, bedauerte zehn Jahre danach den Abwicklungsfuror. Im Februar 2002 erklärte er auf einer Tagung in Berlin: «Wenn ich einen Wunsch frei haben sollte, dann den, dass wir gut zu machen versuchen, was damals an persönlichem Unrecht geschah … Hier ist in zu vielen Fällen nicht nur fahrlässig mit der Ressource Geist umgegangen worden, sondern auch Würde und Leben einzelner Wissenschaftler verletzt worden.»[32] Der damalige Wissenschaftssenator Manfred Erhardt, für Entlassungen und Neuberufungen verantwortlich, sprach von «persönlicher Tragik».

Dennoch attackierte der Regierende Bürgermeister Senator Flierl hart und wollte sein Rathaus für die Veranstaltung nicht zur Verfügung stellen. Der geplante Empfang sei ein «Schlag ins Gesicht der SED-Opfer»[33]. Monika Grütters von der CDU warnte vor Klientelpolitik und Ost-Revanche. Sie beschwor die Gefahr, dass SED-Parteiwissenschaftler und Stasi-Mitarbeiter rehabilitiert werden könnten.

Vieles in der Debatte erinnerte auf gespenstische Weise an die scharfmacherischen Töne aus den frühen Neunzigern, als der Historiker Michael Wolffsohn forderte, alle, die in der DDR an «politischen Hebeln» gesessen hatten, müssten aus Gründen der Hygiene zurücktreten. Der Historiker Arnulf Baring hatte geurteilt: «Ob sich heute einer dort Jurist nennt oder Ökonom, Pädagoge, Psychologe, Soziologe, selbst Arzt oder Ingenieur, das ist völlig egal. Sein Wissen ist auf weite Strecken völlig unbrauchbar.» Die Bürgerrechtlerin Vera Lengsfeld formulierte Volkszorn: «Die DDR-Eliten waren eine Negativauslese. Sie haben einen Staat ruiniert und kaputt-administriert. Welchen Grund gibt es, sie wieder pauschal für einen demokratischen Staat als Diener zu gewinnen?»[34]

Die PDS verdankt ihre Erfolge wesentlich solchen Sätzen und dem Gefühl der ostdeutschen Intelligenz, ungerechtfertigt abgeurteilt worden zu sein. Dabei ahnen die Kontrahenten nicht, wie ähnlich sie argumentieren. Ob verteidigend oder anklagend, sie folgen dem faden Hang zu Kollektivismus und Pauschalurteil, ordnen den Stasi-Oberst und den Charité-Arzt, den Goethe-Philologen und den Dozenten für wissenschaftlichen Kommunismus einer Gruppe zu, als wäre Honeckers Traum von einer einsinnigen Funktionärsschicht in Erfüllung gegangen.

Dabei kann man mindestens drei Positionen unterscheiden. Es gab die Funktionärselite, eine kritische, aber systemloyale Gegenelite und – in der DDR schwächer als in anderen sozialistischen Ländern – eine systemkritische Gegenelite. Dass einer seine Karriere als überzeugter Kommunist begann und sich allmählich zum Dissidenten entwickelte, war durchaus möglich, und selbst loyale Funktionäre konnten in Schwierigkeiten geraten. Nachdem die SED-Führung sich gegen Gorbatschow, gegen Glasnost und Perestroika gestellt hatte, verlor sie nahezu vollständig die Unterstützung der sozialistischen

Intelligenz, wie die Funktionseliten in der DDR genannt wurden. Im Sommer und Herbst 1989 unternahmen sogar die systemtragenden Schichten kaum etwas zur Rettung des Regimes. Daher blieben während der Demonstrationen gegen Honecker und später an den Runden Tischen die Auseinandersetzungen moderat, für eine Revolution seltsam gebremst. Umso schärfer wurden sie dann Anfang der neunziger Jahre geführt. Die Intelligenzler aus dem Osten, ob sie nun Trichinen gezählt oder den Sieg des Sozialismus verkündet hatten, standen vor der einen Herausforderung, die alle Ostdeutschen bewältigen mussten. Ihre Fähigkeiten und Kenntnisse, ihr kulturelles Kapital, waren stark entwertet. Sie hatten die falschen Fremdsprachen gelernt, die falschen Bücher gelesen und kannten die falschen Leute. Dennoch mussten sie im neuen Land ihren Platz finden. Dass Richter und Generäle aus dem Osten nicht weiterbeschäftigt wurden, ist ebenso wenig zu bedauern wie die Tatsache, dass es keine Stellen für Lehrer des Marxismus/Leninismus mehr gab. Aber gilt das auch für alle anderen Wissenschaftler?

Erschwert wurde die Integration der alten Eliten dadurch, dass die DDR alles neu erfunden, Schulen und Hochschulen sozialistisch umgestaltet hatte. Um das bürgerliche Bildungsmonopol zu brechen, waren andere Abschlüsse, andere Karrierewege eingeführt und durchgesetzt worden. Der kommunistische Ehrgeiz, durch *social engineering* neue Schichten hervorzubringen, wurde diesen nun zum Verhängnis. In den Augen ihrer Landsleute und erst recht des Westens waren sie moralisch diskreditiert. Es hätte außerordentlicher Anstrengungen bedurft, sie zu integrieren. Dazu allerdings bestand keine Notwendigkeit. Gerade die Wissenschaftler wurden nicht gebraucht. In den alten Ländern standen ausreichend qualifizierte Mitarbeiter bereit. Viele von ihnen waren in prekären Arbeitsverhältnissen geparkt und bekamen jetzt eine Chance.

Weil man sie nicht benötigte, wurde die massenhafte Entlassung von DDR-Funktionären, Angestellten und Wissenschaftlern in Kauf genommen. Das sollte man nicht verbrämen. Den NS-Eliten war ein anderes Schicksal beschieden. Bereits in seiner Regierungserklärung vom 20. September 1949 hatte Konrad Adenauer deren Integration zum Staatsziel erhoben und gefordert, die «wirklich Schuldigen» streng zu bestrafen, aber im Übrigen dürfe man, wie er sagte, nicht mehr «zwei Klassen von Menschen in Deutschland unterscheiden: die politisch Einwandfreien und die Nichteinwandfreien. Diese Unterscheidung muss baldigst verschwinden.» In den fünfziger Jahren traten der Münchner Weihbischof Johann Neuhäusler, der Stuttgarter Landesbischof Theophil Wurm, Marion Gräfin Dönhoff und Herbert Wehner für «die Verurteilten in Händen fremder Mächte» ein, darunter Kriegsverbrecher.[35]

Der jeweils andere politische Umgang mit der Vergangenheit hat seinen Grund im unterschiedlichen Verhältnis von politischer Elite und beherrschtem Volk. Die Beteiligung am Nationalsozialismus war Sache des ganzen Volkes gewesen, die Schuld individuell zurechenbar, aber weit verbreitet. Häufig kamen die Täter aus der bürgerlichen Gesellschaft, entsprachen deren Wertvorstellungen. So beeindruckte Otto Ohlendorf, der sich immerhin zur Liquidation von 95 000 Menschen hinter der Front im Osten bekannt hatte, durch sein «ins Auge stechendes Format»[36], wie die «Frankfurter Allgemeine Zeitung» 1951 schrieb. Die Opfer waren Fremde oder Minderheiten im eigenen Volk. Der Sozialismus dagegen kam aus Moskau, ohne sowjetische Armee wäre er wohl zu keinem Zeitpunkt zu halten gewesen. Seine Funktionäre und Staatsdiener waren vielfach aus den Unterschichten rekrutiert worden, ausgebildet für Institutionen, die sich deutlich von denen der bürgerlichen Gesellschaft unterscheiden sollten. Die revolutionäre Umgestaltung richtete sich gegen die eigene Gesellschaft. Als diese sich erhob, war großzügige Vergebung gegenüber Mitarbeitern des Staatsapparates ausgeschlossen. Aber die vielen unter ihnen, die nicht mit dem MfS paktiert hatten, die nicht mehr Loyalitätsbeweise als 90 Prozent aller DDR-Bürger erbracht hatten, kann man nicht mit dem Hinweis auf MfS und SED stigmatisieren. Ihre persönliche Tragik muss eingestanden, ihre Geschichte geschrieben werden.

Die Wunschvorstellung eines sanften Eliteaustauschs nach einer Revolution scheint einigermaßen wirklichkeitsfremd. Das Verfahren folgte den Regeln des Rechtsstaats, die Lebensleistungen der Einzelnen konnte es nicht angemessen berücksichtigen. Das hat für ungeheure, bis heute fortwirkende Verbitterung gesorgt. Der brillante Arzt, der vor kurzem noch auf West-Kongresse eingeladen worden war, sah sich plötzlich mit Inoffiziellen Mitarbeitern oder Einpeitschern auf eine Stufe gestellt und als Person verurteilt. Eine allgemeine Feierstunde wird ihm ebenso wenig gerecht wie pauschale Verurteilung.

Eine Historikerin, die den Umbau des Wissenschaftssystems am eigenen Leib erlebt hat und zu den wenigen gehört, die eine neue Stelle fanden, schrieb 2003: «Es gab nun mal einen Elitentausch. Revolutionen nehmen wenig Rücksicht auf individuelle Gerechtigkeit. Ostdeutsche Akademiker gibt es eigentlich gehäuft nur im mittleren Management. Wenn Ostdeutsche im höheren Management tätig sind, können sie zwar in Ostdeutschland geboren sein, müssen aber in Tübingen, Heidelberg und Oxford studiert haben, um überhaupt eine Chance zu bekommen. Ich habe an zahllosen Berufungskommissionen teilgenommen, habe die Unterlagen gesehen – die westdeutsche Elite hat ihre eigenen Maßstäbe.»[37] Daraus folgt, dass es eine eigene ostdeutsche Elite nicht mehr geben kann. In den kommenden Jahren werden gewiss mehr Ostdeutsche in Führungspositionen gelangen, aber nach westlichen Spielregeln, als Individuen und nicht als Gruppenangehörige. Ostdeutsche, die auf ihrer Sonderidentität beharren, dürften sie kaum als die ihren akzeptieren.

Wo auf Evaluierung und Neuordnung verzichtet wurde, sind die Ergebnisse verheerend. Die Stiftung Weimarer Klassik etwa leidet immer noch daran und muss nun nachholen, was damals versäumt wurde. Der Wissenschaftsrat hat ihr 2004 in einem ausführlichen Gutachten Überalterung, Ineffizienz und wissenschaftliche Sterilität bescheinigt. Ein anderes Beispiel sind die Schulen: Von 179000 Lehrerinnen und Lehrern haben bis 1992 etwa 8000 ihre Arbeit aus politischen Gründen verloren.[38] Das sind, bedenkt man die autoritäre, straff politisierte Struktur des Volksbildungswesens, nicht sehr viele. Heute sagen Bildungspolitiker, dass sie manche Lehrerkollegien in den neuen Ländern nicht mehr erreichen, dass hier Ostalgie und antiwestliche Ressentiments gepflegt werden. Zugleich sind West-Eltern, deren Kinder Schulen im Osten besuchen, schockiert über die dort herrschende Kultur der Disziplin, während Ost-Eltern die neue Pädagogik mit altem Personal zu lasch und liberal erscheint.

Auseinandersetzungen darüber verlaufen regelmäßig im Sande, bestätigen wenig mehr als die Blockkonfrontation Ost – West, und das, obwohl keiner der Konflikte ein reiner Ost-West-Streit ist. Die Sortierung nach Himmelsrichtung und Herkommen dient dazu, dem nötigen Streit auszuweichen, indem an Gruppenloyalität appelliert wird, wo doch allein sachliche Argumente weiterführen könnten. Dass es so gekommen ist, liegt nicht allein an ostdeutscher Wagenburgmentalität. Die westliche Selbstgerechtigkeit, mit der Anfang der neunziger Jahre agiert wurde, die ebenso uninformierten wie unfreien Pauschalurteile fordern bis heute ihren Preis. Der Westen hat nach dem Untergang des Sozialismus vielfach seine eigenen Tugenden vergessen, sich in Siegerposen gefallen, die nichts bewirkt haben als falsche Solidarisierungen im Osten. Ostdeutsche wurden nicht als Individuen, sondern als Kollektiv beurteilt.

Das begann mit dem Generalangriff auf Christa Wolf, nachdem deren schwache Erzählung «Was bleibt?» erschienen war. Öffentlichkeit lebt von Polemik und literarische Kritik vom Kampf. Beschämend blieb jedoch die triumphierende Geste, die besserwisserische Lust an der Vernichtung. Ein Kalter-Kriegs-Ton kehrte ein, als sei die Blockkonfrontation trotz Mauerfall plötzlich wiedergekehrt mit aller Härte, die sie in den fünfziger Jahren besessen hatte. Da tobte sich eine bolschewistisch anmutende Lust aus, sich auf der richtigen Seite zu wissen, den Unterlegenen zu treten. Es schien, als seien Hermann Kant, Harry Thürk und Christa Wolf gleichermaßen zu verdammen. Der Verlust an Differenzierungswillen, die Weigerung, Unterschiede wahrzunehmen, beherrschte erst recht den giftigsten deutsch-deutschen Kulturkrieg, den Streit um die DDR-Maler, deren Werke als Ausgeburt einer falschen Kunstdoktrin geschmäht oder als Alternative zum selbstgenügsamen Kunstbetrieb West in Stellung gebracht wurden. Beides führte in die Irre, und es hat lange gedauert, bis die Lage sich entspannte.

Die kollektive Abgrenzungsidentität, das Reaktionsmuster Duldungsstarre und das gnadenlose Sicherheitsbedürfnis bilden zusammen eine Wagenburgmentalität Ost. Sie wird von dem Gefühl, Opfer und ohnmächtig zu sein, begleitet. Ostdeutsche Klagen über die ungewohnte Kälte der Marktwirtschaft sind längst Legende geworden. Es fehle an Mitmenschlichkeit, wird da lamentiert, die einst engen Nachbarschaftsbeziehungen seien gleichgültigem Nebeneinanderherleben gewichen, der vom System verlangte Egoismus hätte die Freundeskreise zersetzt. Die Litanei spiegelt durchaus reale Erfahrungen. Im Umbruch waren familiäre und freundschaftliche Beziehungen großen Belastungen ausgesetzt. Die alten Routinen konnten nicht beibehalten werden, die Mittelpunkte der DDR-Mitmenschlichkeit, Betrieb und Tauschwirtschaft, verschwanden. Erzählt wird davon wie von einer unvorhersehbaren Katastrophe, die hilflose Einzelne ereilte wie ein Tsunami. Die nahe liegende Frage, was Freundschaften taugen, die in Krisen so rasch zerfallen, wird nur selten gestellt. Die Akteure, Freunde, Familienmitglieder, scheinen auf diese Weise seltsam unbeteiligt und der Verantwortung für das Geschehen ledig, die eigene Rolle gerät nicht in den Blick. Sozialismus, Deindustrialisierung, Marktwirtschaft werden als von außen verhängtes Geschick wahrgenommen, dem die Ostdeutschen ohnmächtig ausgeliefert waren. Ihre aktive Beteiligung, als Bürger der DDR, als Revolutionäre und Wähler, als täglich Handelnde wird geleugnet. Betrogen, enteignet, deklassiert, entwertet – das sind die Vokabeln, mit denen Ostdeutsche gern ihren Anteil an der Entwicklung beschreiben. In der Rolle des Opfers hat man sich, so scheint es, eingerichtet.

Das Gefühl der Ohnmacht, des Ausgeliefertseins, kennzeichnet generell die Existenz in der modernen Welt. Die Möglichkeiten des Einzelnen, den Gang des Ganzen zu beeinflussen, sind gering, seine Abhängigkeit von Apparaten, Institutionen, Kartellen und Konstellationen gewaltig. Wer behauptet, seines Glückes Schmied zu sein, tut dies gegen alle Erfahrung und gegen den Augenschein. Nun ist es allerdings mit allem so, was Menschen wichtig sein mag. Abhängig, ungleich, verletzlich und ungebildet geboren, streben sie nach Freiheit, Gleichheit, Sicherheit und Wissen. Die Akzeptanz der Opferrolle geht mit dem Verzicht auf Veränderung einher. Diese wird abstrakt gefordert, aber von anderen, von einer Wendung des Schicksals erwartet. Reale Freiheitsgewinne werden in Verluste umgedeutet.

Wolfgang Engler hat aufgelistet, was außer Arbeitsplätzen in den volkseigenen Großbetrieben, im Herzen der «arbeiterlichen Gesellschaft», noch zur Verfügung gestellt wurde. In der Wolfener Filmfabrik etwa: «Betriebskinderkrippen und -kindergärten, Ferienheime, vier Ambulatorien, eine Physiotherapie, eine Sauna, eine Apotheke, eine Bibliothek, eine Buchhandlung, ein Werkstheater, ein Filmstudio, ein Fotozirkel, ein Malzirkel, ein Chor, ein Kinder- und Jugendballett, Sportvereine, eine Sparkasse, eine Werkstischlerei, eine Werksgärtnerei, eine Sattlerei, eine Schneiderei.»[39] Weil dies eine Welt im Kleinen war, gegen jede ökonomische Vernunft, sei die Schließung der Betriebe im Osten mit einem «sozialen und kulturellen Aderlaß»[40] einhergegangen.

Nach diesem Muster kann man auch eine Gutswirtschaft mit Leibeigenen verklären, denen gütige Herrschaft alles zugestand, solange sie sich nicht ihrem Einfluss entzogen. Gab es ein Leben jenseits des Betriebes? Von der Kinderaufzucht bis zum Theaterbesuch, vom Urlaub bis zum Buchkauf war in dieser kleinen Welt alles in den Händen des Arbeitgebers, letztlich der Entscheidungsgewalt des Direktors und des Parteisekretärs anheim gestellt, das soziale Leben ein Anhängsel des Produktionsprozesses und dessen Notwendigkeiten untergeordnet. Obwohl es den Ostdeutschen gelang, sozialen Austausch im Betrieb und seinen Fürsorge- wie Versorgungseinrichtungen zu organisieren, sich der Kontrolle teilweise zu entziehen, Möglichkeiten zu nutzen, ohne sich vollständig zu unterwerfen, wollten sie dieses Leben abschütteln. Die innerliche Emanzipation des Sozialen vom Sozialismus ging der politischen Befreiung voraus. Diese besteht eben nicht nur in der Garantie bürgerlicher Rechte, sondern in der Teilung von Gewalten und der Ausdifferenzierung von Zuständigkeiten. Je mehr Instanzen und Anbieter zur Organisation des Alltags genutzt werden können und müssen, desto größer die Freiheit, das eigene Leben als eigenes zu gestalten.

Da das soziale Leben der DDR so tief in die Produktions- und Herrschaftsstrukturen des Sozialismus eingelassen war, zerfiel es mit dessen Ende. Stabil blieben die familiären Bindungen, der Schutzraum, ohne den es nicht geht. Neu waren die Institutionen des Politischen, der Verwaltung und Kultur. Das soziale Leben jedoch wirkt immer noch schwach, gleichsam entkernt. Auf diese Schwäche reagiert die Sonderidentität Ost. Sie bietet den Halt eines imaginären Kollektivs. Im täglichen Leben agieren Ostdeutsche weit weniger resignativ und borniert, als es die idealtypische Beschreibung vermuten lässt, so wie sich eben einst nicht alle Proletarier strikt nach den Regeln ihrer Klassenidentität verhielten. Die Bandbreite zwischen der völligen Verinnerlichung der Wagenburgmentalität und einem nur fallweisen Gebrauch davon ist groß. Aber das ostdeutsche Gruppengefühl ist nach wie vor die stärkste soziale Tatsache in den neuen Ländern. Selbst wer sich ihm verweigert, muss sich zu ihm verhalten. Man kann es hätscheln, verteufeln oder verwünschen. Immerhin hat es den sozialen Frieden im Osten gesichert, die prekäre Gesellschaft ruhig gestellt. Was an seine Stelle treten könnte, ist nicht ausgemacht. Werden sich die Ressentiments verstärken? Oder weicht die Abschottung zynischem Desinteresse, begleitet von Verwahrlosung?

Unsere Kinder – Die Kluft zwischen den Generationen

So wie die Zahl der Ostdeutschen wächst, die weder Schurke noch besserer Mensch, weder Jammervirtuose noch grimmiger Bürgerrechtler, weder dauerhafter Verlierer noch Sieger irgendwann, sondern jetzt und hier gleichberechtigter Bürger sein wollen, mehren sich die Anzeichen dafür, dass die stille Überlebensgemeinschaft des

Ostens ihrer Auflösung entgegengeht. Um die Jahrtausendwende hat sich erstmals in den neuen Ländern eine Kluft zwischen den Generationen aufgetan.

Es zeichnete die proletarisierte Kleinbürgergesellschaft in der DDR aus, dass es zu einem Wertewandel, wie ihn die Bundesrepublik Ende der sechziger, Anfang der siebziger Jahre erlebt hatte, nicht gekommen war. Als die Demoskopen aus Allensbach im Frühjahr 1990 erste Umfragen in der DDR organisierten, stellten sie überrascht fest, dass die Haltung der ostdeutschen Bevölkerung zu Familie, Arbeit und Kindererziehung auffallend den Antworten der Westdeutschen aus den fünfziger Jahren glich.[41] Eine selbstbewusste Ost-Frau, Brigitte, 53 Jahre alt und Arbeitnehmervertreterin bei der Deutschen Bahn, bestätigte das gegenüber der Journalistin Martina Rellin: «Manchmal kommt mir der Osten da sogar bürgerlicher und verkrusteter vor als die alte BRD. Da gab es ja die 68er, da hat sich bei vielen wirklich was verändert, während bei uns alte bürgerliche Verhaltensweisen weitergegeben wurden.»[42]

Zwischen 1967 und 1972 hatten Werte der bürgerlichen Lebensführung im Westen schockartig an Ansehen und Verbindlichkeit verloren. Glaubten 1967 noch 81 Prozent, dass Kinder Höflichkeit und gutes Benehmen lernen sollten, so waren es 1972 nur mehr 50 Prozent.[43] Gefragt, ob sie die Einstellungen ihrer Eltern zu Religion, Politik, Moral, Sexualität und zu anderen Menschen teilen, sagten 1981 23 Prozent der Unter-30-Jährigen, sie würden in keinem dieser Bereiche mit ihren Eltern übereinstimmen.[44] Die Kluft wurde in den darauf folgenden Jahren breiter, bis sie sich innerhalb eines Jahres überraschend zu schließen schien: Der Anteil derer, die die Welt der Eltern ablehnten, fiel von 31 Prozent im Jahr 1997 auf 18 Prozent im Jahr 1998.

Im Osten war eine solche Kluft zunächst kaum festzustellen. Erst um die Mitte der neunziger Jahre holten die Ostdeutschen den Wertewandel nach. Am raschesten entdeckten sie die Freuden des Hedonismus. Wichtig sei es, das Leben zu genießen, meinten 1990 nur 21 Prozent im Osten, sechs Jahre später sah das beinahe jeder zweite in den neuen Ländern so (48 Prozent).[46] Von einem Generationenkonflikt aber war man noch weit entfernt.

1990, in Revolutionszeiten, gaben nur zehn Prozent der Ostdeutschen an, sie hätten mit ihren Eltern nichts gemein, 1995 waren es 15 Prozent.[46] Nun, da sich die Kluft im Westen schließt, reißt sie im Osten auf – allerdings weniger, was die Einstellung zu Erziehung und Sexualmoral betrifft, sondern am deutlichsten dann, wenn es um die höchsten Werte geht. Junge Ostdeutsche setzen im Gegensatz zu ihren Eltern auf Entscheidungsfreiheit und Eigenverantwortung, und das in stärkerem Maße als ihre wohlstandsverwöhnten Altersgenossen im Westen.

Was soll, wollten die Meinungsforscher wissen, ein Bürokaufmann tun, der seine Arbeit verliert? 45 Prozent im Westen und 46 Prozent im Osten empfahlen ihm, Arbeitslosengeld zu beantragen, nur 26 Prozent im Westen und 25 Prozent im Osten rieten zur Selbständigkeit. Das Bild trauter deutscher Einigkeit bekommt Risse, sobald man die Antworten der Unter-30-Jährigen vergleicht. Für Arbeitslosengeld votierten im Westen 51, im Osten lediglich 27 Prozent, Selbständigkeit bevorzugten dagegen 37 Prozent der jungen Ossis, aber nur 22 Prozent der gleichaltrigen Westdeutschen.[47]

Freiheit heißt für die Mehrzahl der Ostdeutschen frei sein von sozialer Not, Armut, Obdachlosigkeit und Arbeitslosigkeit. Das meinen 53 Prozent der über 60-Jährigen, und unter den 45- bis 59-Jährigen hat diese Definition eine relative Mehrheit. Sie folgen wohl einer Prägung aus DDR-Tagen. Aber nur 30 Prozent der Unter-30-Jährigen im Osten stimmen ihnen zu. 52 Prozent von ihnen begreifen Freiheit vor allem als Handlungs- und Entscheidungsfreiheit.[48] Die ebenso vulgäre wie aktivierende Devise: «Jeder ist seines Glückes Schmied. Wer sich heute wirklich anstrengt, der kann es auch zu etwas bringen», hielt jeder zweite Ossi unter dreißig für richtig. Unter allen Ostdeutschen sind es lediglich 34 Prozent.[49]

Zonen-Gabi und Zonen-Gert schälen mittlerweile also keine Gurken mehr, sie entfernen sich aus der Kleinen-Leute-Welt ihrer Eltern und scheinen dabei risikofreudiger und individualistischer als ihre West-Bekannten, die noch den Golf waschen oder über Schokoriegel nachdenken. Wer wissen will, wie sie aussehen, muss nach Dresden-Neustadt oder Leipzig-Connewitz gehen, muss eine jener mehr oder weniger alternativ anmutenden Bars besuchen, die es in nahezu jeder ostdeutschen Kleinstadt gibt und in denen eine so unideologische wie sanfte Lebensfreude herrscht. Die ostdeutsche Zigarettenmarke «Club» wirbt mit dem Porträt eines jungen Mannes – «Hortkind» – und einer jungen Frau – «Rotkäppchen». Beide folgen einem eigentümlichen Stil der Selbstdarstellung, zeigen mit Piercings, auffälliger Frisur, Bart, Tattoos, Lederarmband, Ring, schwarz lackierten Fingernägeln viel zu viele Zeichen ihrer Besonderheit. Eines oder zwei hätten es auch getan. In ihrer Fülle demonstrieren sie hauptsächlich den Wunsch, ein Ich zu sein.

Frohe Botschaften zu verkünden ist nicht die Aufgabe von Soziologen, aber ein Blick in die jüngsten Erhebungen stimmt doch optimistisch. Ostdeutsche Jugendliche ziehen aus dem Gehäuse der stillen Gesellschaft aus. 53 Prozent von ihnen rechnen sich der Mittelschicht zu,[50] 43 Prozent der Unter-25-Jährigen fühlen sich als Bundesbürger.[51] Dass sich 19 Prozent die DDR zurückwünschen, kann den Gesamteindruck nicht trüben. Hier entstehen Gegensätze und Konflikte – ein Zustand, der allemal Besseres verheißt als das stille Einverstandensein in der Überlebensgemeinschaft.

Im Jahr 2003 haben Julia Schoch, Jahrgang 1974, und Peter Ulrich Weiß, Jahrgang 1970, der ostdeutschen Kleinbürgerlichkeit den Prozess gemacht. Sie kritisierten die Mischung «aus Anpassung, Unterordnung und Angst» zu DDR-Zeiten ebenso wie das Ausbleiben von Massenprotesten «gegen die wachsenden Nachteile des Globalkapitalismus», die stille Ein- und Anpassung nach 1990.[52] Der Medizinstudent Tobias Nolte, 1978 in Sangerhausen geboren, woher auch Kai Niemann stammt, kündigte im September 2004 den faulen Generationenfrieden so bestimmt wie zartfühlend auf. Unter dem Titel «Der Osten, eine Krabbelbox» verkündete er im «Freitag» seine Hoffnung auf Veränderung: «Können sich die Jüngeren zumindest gegen dauerhaftes Jammern abgrenzen oder werden sie es übernehmen? In kaum einer Gesellschaft werden Kollektiverlebnisse – wie eben auch das Scheitern – so beharrlich ausgetauscht wie in der Ex-DDR, selbst von denen, die heute recht jung sind und den Blick köhlerhaft in die Zukunft richten könnten … Vor gar nicht allzu langer Zeit habe ich in einem persönlicheren Kontext noch schwarzmalend und pauschal den Zeigefinger gen Westen erhoben: Aufgepasst, dass durch die manchmal ignorante Arroganz gegenüber dem Osten kein kollektiver Komplex gezüchtet wird, der dann als *self-fulfilling prophecy* quasi genetisch wird und zu jedem Ostneugeborenen dazugehört wie der Urschrei nach Spreewaldgurken. Eine Korrektur, liebe alternde Ostgeneration, sei erlaubt: Gesteht euren Nachkommen zu, dass es besser kommen kann!»[53]

Die Anzeichen für eine neue, starke und bewusste Kluft zwischen den Generationen reichen allerdings nicht aus, um einen Generationenkonflikt nach dem Muster des Jahres 1968 heraufzubeschwören. In ihrem Bestseller «Zonenkinder» hat Jana Hensel das klassische Modell des Umgangs mit den antiquierten Eltern beschrieben. Diese scheinen peinlich, aber aufgrund ihrer Schwäche, aufgrund der Tatsache, dass sie verloren haben, attackiert man sie nicht. Für Gespräche zu Hause gebe es, schreibt Hensel, «wichtige Regeln»: «Man quatschte bei den Monologen der Eltern nicht dazwischen, meldete keine Zweifel an und stellte keine rhetorischen Fragen.»[54] Das Schweigen signalisiert keineswegs Zustimmung, eher Unbehagen und peinigende Vertrautheit mit den nie sich ändernden Überzeugungen der Eltern: «Ohne Unterbrechung würden sie uns über Arbeitslosigkeit, soziale Kälte, Korruptheit im Bundestag, die ostdeutsche Misere und den Bundesdeutschen, den sie Bundi nannten, in seiner natürlichen Umgebung aufklären müssen. Wir konnten es nicht mehr hören.»[55] Aber so wie die ostdeutsche Gesellschaft im Ganzen sich wegduckte, ließen auch die genervten Kinder, die längst andere Erfahrungen gemacht und neue Freunde gefunden hatten, den Eltern ihre Welt, wichen ihnen aus und fanden ihre eigene. Zwischen Nestflüchtern und den «Sitzenbleibern einer anderen Epoche»[56] kam es nicht zum Streit. Selbst dann nicht, wenn es bedrohlich wurde.

Die Psychotherapeutin Annette Simon hat im August 2000 das Stillhalteabkommen der anderen Seite beschrieben, die feige Duldung rechter Schlägerbanden durch Eltern und Autoritäten konstatiert: «Mir kann niemand erzählen, dass es in einem Ort wie Mahlow bei Berlin (es könnte auch Ahrenshoop oder Magdeburg sein) nicht möglich wäre, die versammelten Jugendlichen am Bahnhof, die Nazilieder grölen, Reisende anpöbeln und bei jedem Menschen mit anderer Hautfarbe ausrasten, binnen kurzem zu zivilisiertem Verhalten zu bringen, wenn die Väter und Großväter des Ortes, die Mütter und die Lehrerinnen, der Taxifahrer und die Verkäuferin ihnen eindeutig vermitteln würden, dass sie dieses Verhalten nicht dulden, dass sie es gemeinsam ächten und dass sie die Polizei rufen, wenn es denn nötig ist. Inmitten gut funktionierender Familien und Gemeinden wachsen nicht plötzlich jugendliche Monster heran. Sie sind ‹unsere Kinder›, wie der noch zu DDR-Zeiten entstandene Film von Roland Steiner über rechte Jugendliche in der DDR hieß.»[57]

Themen und Anlass zum Streit gibt es genug im Osten: die DDR-Vergangenheit, Wende und Vereinigungsschock, autoritäre Erziehungsziele und Anpassungsmechanismen. Aber selbst jetzt, wo der Graben zwischen den Generationen nicht mehr zu übersehen ist, bleibt ein innerostdeutscher Konflikt, der Stimmung und Atmosphäre im Land verändern würde, unwahrscheinlich. Die gewohnte Teilung der Welt in Ost und West entlastet, leitet Spannungen ab. Den Eltern erscheinen die Zonenkinder als Überläufer, die Zonenkinder fühlen sich beim Besuch zu Hause ans Altersheim erinnert. So wird sich die stille Gesellschaft allmählich weiter auflösen, weil die Jungen ihr entwachsen. Es besteht die Gefahr, dass sie sich ganz vom Osten abwenden, in Szenemilieus von Dresden, Leipzig, Berlin abtauchen oder in die alten Länder ziehen. Mit ihnen würden jene Kräfte verschwinden, auf die der Aufbau Ost setzen könnte.

Auf eine gleichsam natürliche Lösung ist nicht zu hoffen. Im Augenblick scheint beides möglich: eine erfrischende Krise, eine Überwindung der Duldungsstarre oder deren Restauration nach einer weiteren Abwanderungswelle. Die Werte, die im Osten am höchsten geschätzt werden, entsprechen immer weniger der Lebenswirklichkeit in den neuen Ländern. Der so wichtige Familienzusammenhalt etwa wird durch Geburtenrückgang, Abwanderung, den Trend zum Single-Dasein geschwächt. Auf derartige Verschiebungen, die dem Wert die Grundlage entziehen, kann man mit verbiestertem Festhalten oder mit Wertewandel reagieren.

Finden die hochgradig individualistischen Jungen aus dem Osten Verbündete im Westen? Wer sich von der ostdeutschen Wagenburgmentalität verabschiedet hat, fühlt sich deshalb noch nicht zu der nostalgischen Provinzialität der alten Bundesländer hingezogen, in denen zurzeit jene Überzeugungen und Werte an Zustimmung gewinnen, vor denen er geflohen ist. Die neuen Jungen aus dem Osten suchen nicht die Sicherheiten des Westens und sind der innerdeutschen Streitereien überdrüssig. Der Aufbruchsgeist kann wieder verschwinden, Resignation auch die Jungen ergreifen, wenn sie weiterhin erfahren müssen, dass die deutsche Öffentlichkeit lieber Konflikte der Vergangenheit nachspielt, als die neuen ins Auge zu fassen.

Die unveränderte Vereinigungspolitik mit ihrer Konzentration auf Gleichheit, Konsum und Ruhe stärkt die beharrenden Kräfte im Osten wie im Westen. Ohne kulturellen und politischen Neuanfang werden die geringen Möglichkeiten zur Besserung verschenkt. West und Ost würden dann ihre Jugend verlieren, selbstverständlich auf sehr unterschiedliche Weise.

4. Deutschland im Abstiegskampf?
Politik im Zeichen des Weniger

Aus dem Schattenreich der Mittelstreckenraketen und Geheimdienstfehden in eine Welt neuer Möglichkeiten entlassen, inmitten eines historisch einzigartigen Wohlstands, in einer Welt ohne Grenzkontrollen und ideologische Glaubenskriege, pflegen die Deutschen eine seltsam unernste Endzeitstimmung. Es geht nicht gut, und doch auch nicht so schlecht, dass man sich zu energischem Handeln veranlasst sähe. Zwar hat das Gefühl, dass etwas gründlich schief läuft, dass nichts mehr recht glücken will, in den vergangenen Jahren unaufhaltsam zugenommen, aber jeder Schritt aus der Misere scheint die Stimmung noch zu verschlechtern. Die Republik wirkt, als führe sie einen aussichtslosen Kampf, und sie wirkt sehr erschöpft dabei. Wer Unternehmern, Arbeitern, Aktionären, Managern, Politikern und Bürgern aufmerksam zuhört, gewinnt rasch den Eindruck, Deutschland sei ein Land der Verlierer, eines, in dem auf unerklärliche Weise alle zu Opfern geworden sind.

Gewiss, da ist viel Schummelei dabei. Solange der Opferstatus in der Öffentlichkeit mit Aufmerksamkeit und Zuwendung prämiert wird, muss jeder, der etwas erreichen will, sich anstrengen, als Getriebener und Unterlegener zu erscheinen, auch wenn es bloß um Eigeninteressen geht. Dennoch hat das Lähmungsgefühl mehr als zufällige Gründe. Tatsächliche Entwicklungen, allgemeine Erwartungen und politische Versprechen passen nicht zueinander. Das war 1990 nicht anders. Wer es sehen wollte, konnte wissen, dass die sozialistische Staatswirtschaft mit Einführung der D-Mark und Öffnung der Grenzen kollabieren würde und dass es für Investoren so gut wie keine Wettbewerbsvorteile gab, die zum Engagement im Osten reizen konnten. Helmut Kohl versprach das Gegenteil. Die Mehrheit der Deutschen hoffte, die unerwartete Lage ohne Krisen und Experimente meistern zu können, den Gewinn an Freiheit nicht mit einem Verlust an Sicherheit erkaufen zu müssen. Fünfzehn Jahre danach deuten alle Daten, vor allem die demographische Entwicklung, darauf hin, dass wir in Zeiten anhaltender Schrumpfung leben. Schröder, Merkel und Westerwelle versprechen Wachstum. Die Mehrheit der Deutschen ist allzu bereit, Zumutungen auf sich zu nehmen, wenn nur wieder Sicherheit einkehrt. In dem Dreieck aus realer Schrumpfung, verheißenem Wachstum und erwünschter Sicherheit werden die Energien gebannt und die Kräfte verschlissen, die es für einen Aufbruch bräuchte.

In den Jahren der Teilung konnten die Wohlstands- und Sicherheitserwartungen der Deutschen befriedigt werden. Dass dies mit einer perversen Ordnung einherging, wird allgemein zugegeben, auch wenn man meist glaubt, dass bloß die DDR-Bürger darunter zu leiden hatten. Der Kalte Krieg war für Bundesdeutsche ebenfalls pervers, die nicht frei in den Osten reisen konnten, ihre Landsleute in einer Diktatur leben sahen, horrend viel für Rüstung, Abwehr und Propaganda zahlten. Viele im Westen, die den Herbst 1989 begrüßten, trauern heute der alten Bundesrepublik hinterher, manche halten die ermüdenden Reformdebatten für einen Rückschritt, organisiert von finsteren, «neoliberalen» Kreisen. Die Tradition der Kalten-Kriegs-Idyllen «lastet wie ein Alp auf dem Gehirne der Lebenden» (Karl Marx).

Die Auseinandersetzung zwischen Freiheit, Gleichheit und Sicherheit, die 1990 aufgeschoben wurde, ist nicht erledigt. Angesichts der Krise im Osten, die rasches Handeln erfordert, ist sie aktuell, und im Westen steht sie ebenso dringend an. Rhetorisch gewinnt die Freiheit regelmäßig, seit sie, nicht zu ihrem Vorteil, zur «Eigenverantwortung» verkleinert wurde, zum Star der Sonntagsreden und Härteappelle avancierte. Im politischen wie im bürgerlichen Alltag muss sie stets Wachstum, Sicherheit und Sachzwängen den Vortritt lassen.

In einem Cartoon für den «Stern» warf Till Mette im Mai 2005 einen liebevollen Blick auf die jüngste Vergangenheit: Ein Paar besucht eine Galerie und bleibt vor einem großen Bild mit aufwendig gestaltetem Rahmen stehen. Darin ist ein Diagramm mit schöner Zickzacklinie zu sehen. Zwar weist sie hier und da mal abwärts, über den gesamten Zeitraum aber zeigt die Kurve steil nach oben. Das sehen die beiden, und entzückt sagt er zu ihr: «Wunderbar! Eine Originalgraphik aus den neunziger Jahren des zwanzigsten Jahrhunderts.»[1]

Die Botschaft, dass die fetten Jahre hinter uns liegen, wird noch immer mit einer Mischung aus Schauer und Unglauben verkündet und vernommen. Sie klingt gruselig. Das kann auch kaum anders sein. Schließlich trifft das Ende des Wachstums die Deutschen ins Mark. Hans Magnus Enzensberger hat dies vor längerer Zeit schon registriert. Ihm schien im Rückblick auf die neunziger Jahre gerade der «Ökonomismus», der als «Pseudoreligion» Westdeutschlands für einen gewissen Halt gesorgt hatte, erledigt. «Jedes Jahr konnte man sich darauf verlassen, dass die Wachstumskurve im kommenden Jahr wieder nach oben verlaufen würde. Diese Sicherheit ist weggefallen …»[2]

Politik und Öffentlichkeit in Deutschland haben die Unzuverlässigkeit des Wachstums wohl bemerkt, tun aber mit ungeheurem Kraftaufwand so, als gehe es lediglich darum, einen vorübergehenden Ausnahmezustand zu überwinden, als müsse man nur entschlossen handeln, und eine neue Phase dauerhaften Aufschwungs werde beginnen. Die Kirchen des Ökonomismus sind überfüllt, in ihnen wird marktradikal oder keynesianisch gepredigt. Bannflüche sind rasch ausgesprochen. Oskar Lafontaine verteufelt eine Clique von Wohlhabenden, die dem Volk auf der Nase herumtanze, und ruft zur Rückkehr auf den altbundesrepublikanischen Pfad einer «Politik für alle» auf, andere wie Gabor Steingart fordern eine «zweite Staatsgründung».[3] Ob Sachverständigenräte, Wirtschaftsinstitute, Opposition oder Regierung: Mit mehr oder weniger Verve versprechen sie, dass «mutige Reformen» sich auszahlen werden. Die Graphik aus den neunziger Jahren soll auch die des 21. Jahrhunderts sein.

Der Glaube an die allein selig machende Wirkung des Wachstums verdammt allerdings zur Ohnmacht. Kurz vor Ostern 2005 forderte der Bundeskanzler die Wirtschaft auf, sie möge nach den vielen schmerzlichen Vorleistungen seitens der Bundesregierung endlich, bitte schön, in Deutschland investieren. Der Appell an Moral und Patriotismus des notorisch vaterlandslosen Kapitals offenbarte vor allem eins – Hilflosigkeit.

Rot-Grün hat in gewisser Weise vollendet, was unter Kohl begann: die Unterordnung staatlichen Handelns unter die Zwänge der Wirtschaftspolitik. Das heißt nicht unter die Notwendigkeiten der Ökonomie, sondern unter das Staatsziel Wachstum. Ein Staat jedoch, der «Vorfahrt für Arbeit» auf seine Fahnen schreibt, der alle anderen Ziele dem einen – der Schaffung von Arbeitsplätzen durch Wirtschaftswachstum – unterordnet, kann im günstigsten Fall mäßigen Erfolg haben. Und er wird einen hohen Preis dafür zahlen müssen: die Auszehrung des Politischen. Unter Ökonomen, Historikern und Soziologen gilt das Ziel der Vollbeschäftigung schon seit dreißig Jahren für obsolet. Sie war nur in einem historisch kurzen Augenblick möglich. Dennoch werden in der Fixierung auf die Trugbilder von Wachstum und Vollbeschäftigung andere Felder staatlichen Handelns vernachlässigt oder betriebswirtschaftlicher Logik unterworfen. Das hat abenteuerliche Folgen. Allen Beschwörungen zum Trotz verarmen und verkommen die Bildungsanstalten des Landes weiter, dabei wäre hier mit klaren Programmen, mit dem Mut, Prioritäten zu setzen, rasch etwas zu ändern. Aber der wachstumsfixierte Staat wirft sich mit ungeheurer Energie auf jenes Gebiet, auf dem Erfolge in hohem Maße ungewiss sind, und wurstelt dort, wo seine eigentlichen Aufgaben liegen, ohne Ideen weiter. Schulen kann er bauen, Lehrer einstellen, deren Ausbildung bessern und kontrollieren – Investitionen jedoch lassen sich nicht herbeizwingen.

Anfang der neunziger Jahre haben viele keinen Groschen mehr auf den Staat geben wollen. Er wurde ohne Träne verabschiedet. Mit der europäischen Einigung büße er seine Souveränität ein, hieß es, und im Inneren hemme er lediglich die Individuen. Er lasse ihnen zu wenig Freiräume. Das Beste, was der Staat tun könne, sei es, sich zurückzuziehen.

Eine gegenteilige Entwicklung haben wir erlebt. Nach den Terroranschlägen trumpft der Staat als Sicherheitsagent auf. Aus keinem Gebiet hat er sich bislang zurückgezogen. Zu beobachten war vielmehr, dass immer neue Forderungen an ihn herangetragen wurden. Auch von Seiten der Wirtschaft, die kaum eine größere Investition ohne staatliche Hilfe tätigt. Das Gerede von «Weniger Staat!» ist allerdings nicht folgenlos geblieben. Es hat zu einer Entleerung der politischen Programmatik geführt, in der alles um die eine Frage kreist, wie mehr Wachstum erzielt werden könne. Was immer das Leben in der alten Bundesrepublik angenehm gemacht hat, verdankte sich wesentlich staatlicher Intervention: dem Ausbau des Sozialstaats, dem Funktionieren des öffentlichen Dienstes als Aufstiegsagentur, der geschützten Tarifautonomie.

Diese Modelle sind überholt, da sie von ewigem Wachstum ausgingen, aber die Probleme, auf die sie antworteten, bestehen in veränderter Form fort. Wie reagiert ein Staat vernünftig, der mit der dauerhaften Unbeständigkeit der Wirtschaft rechnet, der sich darauf einstellt, dass auf Boomjahre Krisenzeiten folgen? Die Gleichsetzung von Gemeinwohl und Wachstum, eine Formel des 20. Jahrhunderts, hilft nicht weiter. Die Aufgabe der Stunde klingt widersprüchlich. Der Staat muss sich aus der Wirtschaftspolitik zurückziehen, weil er sich sonst ruiniert, er muss die Vielzahl der normierenden Eingriffe reduzieren, weil sie die wirtschaftliche und soziale Entwicklung hemmen. Er kann seine Bürger aber nur dann in die Freiheit entlassen, wenn er seine Kernaufgaben wieder erfüllt. Gegenwärtig mischt er sich ein, wo er nichts zu suchen hat, und vernachlässigt die Gebiete, die ohne konsequentes staatliches Handeln verkommen.

Im Mai 2005, nach den Attacken Franz Münteferings auf heuschreckengleiche Investoren, sagte der Kanzler überraschenderweise, man müsse fragen, ob eine Gesellschaft gewünscht werde, die allein nach den Gesetzen der Wirtschaft funktioniere, oder ob «Gesellschaft nicht etwas mehr ist»[4]. Müsse sie nicht, erklärte Schröder das «etwas mehr», den Menschen auch Sicherheit und Perspektiven bieten? Das «und» freilich bezeichnet das Problem. Sichern kann man den Status quo, zur Zukunft jedoch gehört ein Moment von Unsicherheit, Ungewissheit, die Möglichkeit des Unerwarteten, ja, des ganz Anderen. Dass Zukunft wenig mehr sei als die Verlängerung der Gegenwart ins Unendliche, haben die Deutschen viel zu lange geglaubt, für die Sicherung des Bestehenden mehr unternommen als für die Erprobung von Neuem.

Mit seiner in sich paradoxen Forderung nach Sicherheit und Perspektiven hat Gerhard Schröder wahrscheinlich der Mehrheit der Deutschen aus dem Herzen gesprochen. Wenn man sie fragt, wie sie gern leben möchten, antworten sie seit Jahren mit der Floskel «wie gewohnt». Dabei gibt es überraschenderweise nur geringe Unterschiede zwischen Ost und West.

Freiheit ohne Risiko

In jeder europäischen Mittelstandsgesellschaft konkurrieren drei gleich berechtigte und gleich ursprüngliche Ansprüche: Freiheit, Sicherheit und Gleichheit. In einem idealen Gemeinwesen würde keiner der drei auf Kosten eines anderen bevorzugt, ließe sich Freiheit verwirklichen, ohne dass Ungleichheiten in Kauf genommen werden müssten, würde die Gleichheit der Bewohner nicht die Freiheit des Einzelnen einschränken, ebenso wenig wie dessen Taten die Sicherheit seiner Mitbürger gefährden dürften. Das mag man wünschen. Seit der Französischen Revolution aber ist der Konflikt zwischen diesen höchsten Werten, vor allem zwischen Freiheit und Gleichheit, an der Tagesordnung.

Im November und Dezember 2001 hat das Allensbacher Institut für Demoskopie Deutsche in Ost und West nach ihren Prioritäten gefragt. Was wäre wichtiger, wenn man sich zwischen Freiheit und Sicherheit entscheiden müsste? 61 Prozent der Ostdeutschen gaben der Sicherheit den Vorzug und nur 24 Prozent der Freiheit. Als alle drei Werte zur Auswahl gestellt wurden, erhielt nicht die Gleichheit den Zuschlag, sondern wiederum die Sicherheit: Für sie sprachen sich 33 Prozent aus, für Gleichheit 31 Prozent und für Freiheit 24 Prozent.[5] Das bestätigt die Diagnose einer grundsätzlichen, mittelstandsgesellschaftstypischen Verunsicherung im Osten und legt die Vermutung nahe, dass auch die Zustimmung zur Gleichheit von Sicherheitserwägungen geleitet ist. Gleichheit wird als Garant von Sicherheit verstanden, Sicherheit als Folge von Gleichheit. Die Angst vor dem Verlust des Arbeitsplatzes und die Angst, Opfer eines Verbrechens zu werden, steigern einander zu einem Grundgefühl der Bedrohung, gegen das beide Werte aufgeboten werden.

Die sozialistische Gleichheitsideologie hat ebenfalls stark auf Sicherheit gesetzt. Dass alle Arbeit hatten, die Arbeitsplätze sicher waren, gehörte zu den Standardfloskeln der Propaganda. In Berichten über Westdeutschland spielten Vermögensunterschiede weniger eine Rolle als die dort herrschende Arbeitslosigkeit. Die drei Hauptwünsche der Ostdeutschen lauteten 2001: «Dass man keine Angst vor sozialer Not haben muss» – 70 Prozent. «Dass man garantiert einen Arbeitsplatz bekommt» – 54 Prozent. «Dass man keine Furcht vor Verbrechen haben muss» – 45 Prozent.[6] Aussagen, die darauf hinausliefen, den Einzelnen vor dem Zugriff des Staates oder der Allgemeinheit zu schützen, erhielten deutlich weniger Zustimmung.

Auch im Westen wird der Sicherheit Vorrang vor der Freiheit eingeräumt, und zwar im klaren Verhältnis 52:34. Erst wenn diese Alternative um die Option der Gleichheit erweitert wird, entscheiden sich Westdeutsche anders als Ostdeutsche und wählen zu 36 Prozent die Freiheit, zu 31 Prozent die Sicherheit, zu 22 Prozent die Gleichheit.[7] Man darf vermuten, dass dafür der antitotalitäre Konsens der bundesrepublikanischen Gesellschaft verantwortlich ist. Wenn nur Freiheit und Sicherheit gegeneinander antreten, unterliegt die Freiheit, erst das vergiftete, nach Ostblock und Sozialismus klingende Wort «Gleichheit» verhilft ihr zum Sieg.

Was im Osten die Arbeit, ist im Westen das Eigentum. Während beide Teilgesellschaften gern in einem Land leben möchten, in dem man keine Angst vor sozialer Not und Verbrechen haben muss, wünschen Ostdeutsche zu 54 Prozent eine Arbeitsplatzgarantie, Westdeutsche zu 49 Prozent freie Verfügung über ihr Eigentum.[8] Da die Arbeitslosigkeit im Osten doppelt so hoch ist, aber weniger Eigentum und Vermögen zur Verfügung stehen als im Westen, kann die Differenz kaum überraschen.

Geradezu gleichsinnig erwarten die Deutschen in Ost und West ihr Heil von einem starken, handlungsfähigen und handelnden Staat.

Auch wenn sie sich grundsätzlich zur Freiheit bekennen und glauben, dass ein Staat, der sich nicht in die Wirtschaft einmischt, freier sei, halten sie einen solchen, nur notwendigste Absicherungen garantierenden Staat für weniger gerecht, weniger menschlich und weniger wohlhabend.[9]

Gewaltig unterscheiden sich Ost und West auf den ersten Blick in ihrer Bewertung der sozialen Marktwirtschaft: Dass ohne sie ein starker Sozialstaat unmöglich sei, glauben im Westen 55 Prozent, im Osten 28. Dass die Marktwirtschaft zwangsläufig zu sozialer Ungerechtigkeit führe, meinen 50 Prozent im Osten und 28 Prozent im Westen.[10] Dennoch müssen Ost und West deshalb nicht gegensätzlichen Werten folgen. Westdeutsche verbinden mit dem Wort «Marktwirtschaft» die Erinnerung an Jahrzehnte ungebrochenen Wirtschafts- und Wohlstandswachstums, Ostdeutsche die an die Unsicherheiten der neunziger Jahre. Diese haben auch im Westen den Ruf der sozialen Marktwirtschaft angekratzt. So absonderlich muss also das ostdeutsche Dreieck aus Arbeit, Sicherheit und Gerechtigkeit nicht erscheinen. Es ist keineswegs allein durch sozialistische Deformationen bedingt. In wesentlichen Werten und Zielen gibt es zwischen Deutschen in Ost und West, wenn man ihre verschiedenen Erfahrungen berücksichtigt, große Übereinstimmungen. Sie wünschen Sicherheit. Im Allgemeinen, so das Fazit der Demoskopen, bekennen sich die Deutschen zur Freiheit, in konkreten Konfliktfällen überwiegen Ängste, die Furcht vor Risiken und der Wunsch nach einem Sicherheit garantierenden Staat.

Gewiss haben die Befragten auch an den Schutz vor Zugriffen und Gewalt gedacht, als sie der Sicherheit die Krone gaben. Deren Aufstieg zum obersten Wert aber ist wohl nur zu verstehen, wenn man sie umfassender begreift. Dann beinhaltet sie die Bewahrung des Status quo, die Garantie, dass morgen gilt, was gestern gegolten hat. Zwar ist die Bereitschaft zu Reformen allgemein gestiegen, doch werden sie als schmerzhafte Einschnitte bestenfalls akzeptiert und als Verlust empfunden. Die Politik verknüpft Reformen mit dem trügerischen Versprechen des Wachstums, als sei eine Rückkehr zum «Wohlstand für alle» möglich. So nährt sie die Freiheitsfurcht.

Nach einer Beratung beim Generalsekretär der SED wurde 1988 festgestellt: «Unsere Leute wollen die soziale Sicherheit, Geborgenheit, sichere Arbeitsplätze und Ausbildung von uns und die Kaufhäuser aus der BRD.»[11] Ein Leben wie in der prosperierenden Bonner Republik, dem angenehm mittelmäßigen Wohlstandsgebilde, wollten die DDR-Bürger 1990. Sehnsucht nach Freiheit, die in einer Beratung mit Honecker selbstverständlich nicht zur Sprache kam, spielte anfangs eine große Rolle. Aber nachdem diese einmal erreicht war, überwogen wieder die Wünsche nach Menschlichkeit, Gerechtigkeit, Wärme, Geborgenheit.

Das Reaktionsmuster gleicht dem westdeutschen, und ebendeshalb mussten sich Ost und West in den neunziger Jahren stärker entzweien, als selbst skeptische Beobachter erwartet hatten. Ihre Nähe machte sie zu Fremden. Wenn eine Mehrheit in Ost wie West auf Sicherheit setzt, dann heißt das, auf die Interessen, Regeln und Gewohnheiten ihres Teils. Dass 24 Prozent aller Westdeutschen und zwölf Prozent der Ostdeutschen die Mauer zurückhaben wollen, ist in erster Linie Ausdruck des allgegenwärtigen Schutzbedürfnisses. Die gewohnten Sicherheiten des Westens wurden durch die Vereinigung in Frage gestellt. Der Westen konnte zwar Wohlstand und Demokratie in den Osten exportieren, aber keine Geborgenheit. Wenn Ost und West nun im jeweils anderen einen Störfaktor erblicken, einen, dessen Auftreten den Status quo, alltägliche Routinen, gewohnte Behaglichkeit gefährdet, so irren sie sich nicht. Sie haben halb Recht damit. Und da in den kommenden Jahren mit bestenfalls bescheidenem Wirtschaftswachstum zu rechnen ist, sind Ost und West einander nicht nur Störfaktoren, Eindringlinge in eine geordnete Welt, sondern auch Kontrahenten im Kampf um knappe Güter.

Die Fixierung auf Sicherheit und Wachstum hat gute historische Gründe. Nach den zwei verlorenen Kriegen wünschten die Deutschen überwiegend Urlaub von der Geschichte und von Erlösungsversprechen, waren aber noch stark von Ideologien wie Marxismus oder Liberalismus geprägt, die auf Fortschritt setzten. Die Bundesrepublik von Adenauer bis Kohl verband, was sich lange Zeit ausgeschlossen hatte: die Abwesenheit dramatischer Veränderungen und eine stete Steigerung des Lebensstandards, in den Worten Schröders: Sicherheit und Perspektiven. Der Wunsch, in einer beides vereinenden Gesellschaft zu leben, hat sich gehalten, auch wenn die meisten mittlerweile zugestehen, dass viele Voraussetzungen der bundesrepublikanischen Erfolgsgeschichte inzwischen verschwunden sind.

Mit dem Fall der Mauer begann eine neue Phase der Internationalisierung von Märkten. Damit wurden Erwerbs- und Existenzbedingungen vieler grundsätzlich gefährdet. Der Sozialstaat befand sich seit Mitte der siebziger Jahre bereits in der Krise, wurde durch die Aufgaben der Vereinigung zusätzlich belastet und wirkt heute selbst wie ein Pflegefall. Die herkömmlichen Instrumente des gesellschaftlichen Ausgleichs – Tarifpartnerschaft, Parteien, Interessenverbände – scheinen von Jahr zu Jahr weniger in der Lage, die Probleme zu lösen. Neue Konflikte und Gegensätze sind politisch kaum repräsentiert. Dazu gehören die Folgen der demographischen Entwicklung, an denen das ganze Land leidet, ohne dass Lösungen in Sicht wären.

Hinzu kommt eine kulturelle Schwäche. Im Vergleich mit den Despotien des Ostblocks besaß gerade die mittelmäßige, von keinem Erlösungsfuror beherrschte, den Extremen gegenüber misstrauische

Mehrheitskultur der Bonner Republik eine besondere Qualität, den Charakter einer ebenso lebens- wie wünschenswerten Alternative. Nun, da der alte Gegner fortgefallen ist, sind auch die utopischen Energien, die mit dem Leben in Freiheit und Demokratie verbunden werden konnten, gewichen. Francis Fukuyamas Formel vom «Ende der Geschichte» drückte dies aus. Sie ist vielfach belächelt worden, trifft aber immer noch eine Grundströmung des Zeitgeistes. Es fehlt ein libertärer Zukunftsentwurf. Er müsste mehr enthalten als die schlichte Parole, dass Gutverdienende und «die Wirtschaft» entlastet werden sollten. Er müsste gegen das Modell des «rheinischen Kapitalismus» mit seinen normierenden, Bewegung hemmenden Zügen eine Kultur der Freiheitsgewinne, des Ermöglichens, der Experimente setzen.

Da ein solcher Entwurf fehlt – liberale Konzepte in Deutschland setzen überwiegend auf einen Staat, der zur Freiheit zwingt –, versuchen die Parteien weiterhin, Loyalität durch Klientelpolitik zu erzeugen. Und da die Volksparteien verschiedene Milieus und Interessengruppen bedienen müssen, erscheinen sie ohne übergreifende Idee des Gemeinwohls bewegungsunfähig, im Widerstreit der Kräfte und Gruppenegoismen gefangen. Wenn sie von Gemeinwohl sprechen, rufen sie die Vorstellung eines nostalgischen, zukunftsvergessenen Konservatismus auf. Daher verkümmern Einbildungs- und Entschlusskraft. Das deutsche Gefühl, dass nichts mehr recht gelinge, hat hier seine Ursache. Der Tenor der Reformdiskussionen lässt sich so zusammenfassen: Was wir hatten, war herrlich, jetzt verlieren wir es, damit müssen wir uns arrangieren, das wird hart, ist aber unvermeidlich. Ein positives Zukunftsbild, ein Versprechen, ist bisher mit den geforderten Reformen nicht verbunden. Sie wirken wie Vorkehrungen der Katastrophenabwehr. Daher gleicht ihr Sex-Appeal in etwa dem von Brandschutzmaßnahmen.

Wo Reformer wie deren Kritiker sich auf ein gemeinsames Traumbild der jüngsten Vergangenheit berufen – die gute alte Bundesrepublik –, droht Ermüdung in der Politik. Der Streit erschöpft sich dann meist in der Diskussion um Durchführungsbestimmungen und die Frage, an welchen Knöpfen man drehen, an welchen Hebeln man ziehen müsse, um die Gesellschaftsmaschine wieder zum Laufen zu bringen. Gesellschaft ist aber keine Maschine. Die Möglichkeiten, ihre Entwicklung zu steuern, sind – auch das dürften fünfzehn Jahre Vereinigung lehren – begrenzt. Dass die Debatten immer erregter geführt werden, die Aufregungen größer sind und rascher aufeinander folgen, spricht nicht gegen die Diagnose einer gewissen Müdigkeit. Es bestätigt sie vielmehr. Übernächtigte neigen zu Überreaktionen.

Wenn viele glauben, das Beste hinter sich zu haben, in der Abendstunde zu leben, droht gesellschaftlich Erstarrung. Wenn man nur verlieren kann, ist es bloß vernünftig, jeden Besitzstand verbissen zu verteidigen, den Abschied so lange wie möglich hinauszuzögern. Zudem wächst die Neigung, sich einzumauern. Im Osten war oft zu hören, dass ohne Arbeit die Freiheit nichts wert sei, dass Arbeitslosigkeit die Demokratie desavouiere. Auch im Westen wird inzwischen geraunt, dass Demokratie nur mit Wachstum funktionieren könne. Daran ist jedenfalls so viel richtig, dass die neuen Konflikte die vorhandenen Institutionen und Problemlösungsroutinen zu überfordern scheinen. Gesellschaft ist in der Tat «etwas mehr», als sich mit der Logik des Marktes verstehen lässt. Das «etwas mehr» liegt allerdings nicht in der guten alten Einheit von Sicherheit und Perspektiven, nicht in der tradierten Politik des Ausgleichs. Es geht um die Rückgewinnung von Freiheit, um das, was in der Sprache des Politikmanagements «Gestaltungsmöglichkeiten» heißt.

Aber gibt es nicht längst ausreichend Politiker und viel zu viele

Experten, die ununterbrochen «neue Grausamkeiten» ankündigen, aus Ehrlichkeit so wenig wie möglich versprechen wollen? Eben das ist ein Teil des Problems. Reformen, Einschnitte, Kürzungen werden nicht nur inkonsequent und chaotisch vollzogen, sondern mit einem starken Hang zum Masochismus angekündigt, als wäre der Erfolg schon garantiert, wenn man sich den Sachzwängen beugt und sich dabei ordentlich kasteit. Bei denen, deren Alltag heute schon von Abstieg geprägt ist, verstärkt der Kult der Härte und Leidensfähigkeit lediglich den Eindruck der Ausweglosigkeit.

Abschied von leeren Landschaften

Zu den eindrucksvollsten Bildern des neuen Ostens zählt eine Aufnahme Nikolaus Brades, eine Landschaftsfotografie im klassischen Stil. Durch eine Öffnung, in der sich einst ein Fenster mit Hartplasterahmen befunden haben mag, schweift das Auge in trostlose Ferne: über die Kleingartensiedlung und den gut gefüllten Parkplatz hinweg, vorbei an der Ansammlung von Einfamilienhäusern mit roten Dächern, hin zu einigen Plattenbaublöcken. Man könnte die Landschaft mit ihrem sanften Linienspiel idyllisch nennen, wenn zur Idylle nicht eine Vorstellung von Glück gehörte. Kein Hügel lockt am Horizont, keine Wolkenformation bannt den Betrachter. Die Landschaft eröffnet keinen Trostraum der Imagination, sie zeigt Szenen vollendeter Tristesse. Alles ist offen, sauber, frei, und doch gibt es kein Entrinnen. So kehrt der Blick des Betrachters zurück zum Fenster des leer stehenden Wohnhochhauses in Halle-Silberhöhe. Vor kurzem noch, das beweist der Schmuckstreifen an der Wand, müssen Leute mit Liebe zum Heim hier gewohnt haben. Sie sind nicht in Panik geflohen. Der Heizkörper wurde sorgsam abmontiert, das Fenster sauber herausgenommen.

Nikolaus Brade, 1974 in Halle geboren, hat in einer Reihe von Fotografien das Schrumpfen seiner Heimatstadt dokumentiert, die seit 1989 rund 70 000 Bürger verlor. Wer die Aufnahmen lang genug betrachtet, wird von einem Fluchtreflex erfasst und weiß doch, dass er nicht davonkommt. Mag der Aufbau Ost sich auf Wachstumskerne konzentrieren, die Wirklichkeit im Osten wird stärker durch Abwanderung, Alterung und Bevölkerungsverluste geprägt sein. Nichts ist für Wachstums- und Sicherheitsfixierte kränkender. Demographische Entwicklungen, Alterung und Migration, sorgen für dauernde Verunsicherung und nehmen weiten Regionen jede Aussicht auf die Schönwetterzeiten des Aufstiegs.

Mehr als 2,4 Millionen Menschen sind von 1991 bis 2003 aus den neuen Bundesländern und Berlin-Ost in die alten Bundesländer übersiedelt.[12] Zugezogen sind etwa 1,6 Millionen. Bezieht man die Abwanderungswelle der Revolutionsjahre mit ein, erscheinen die Verluste noch höher. Zwischen 1989 und 1998 haben per Saldo etwa 1,2 Millionen Einwohner den Osten verlassen.[13] Im Jahr 2001 wanderten 0,7 Prozent der ostdeutschen Bevölkerung in den Westen.[14] Dauert diese Entwicklung an, werden 2050 halb so viele Menschen in den neuen Ländern leben wie heute.

Die Kinderzahl pro Frau beträgt derzeit im Osten 1,21. Im Westen liegt der Wert bei 1,40. Ohnehin gibt es immer weniger junge Frauen im Osten. In den ländlichen Gebieten kommen auf 100 junge Männer durchschnittlich nur 80 gleichaltrige Frauen. Mecklenburg-Vorpommern hat ein Fünftel seiner Frauen zwischen 18 und 35 verloren.[15] Daher ist mit einer Entspannung oder gar Erholung, einer Rückkehr zur «natürlichen» Bevölkerungsentwicklung, kaum zu rechnen, obwohl die Wanderungsverluste leicht gesunken sind: von

83 000 Personen im Jahr 2001 auf 58 000 im Jahr 2003.[16] Einigen Regionen wie Ostthüringen oder Südwestsachsen droht eine rasche Alterung. 2020 werden hier ein Drittel der Einwohner älter als 60 Jahre sein. Das ist im Saarland nicht anders; mit niedrigen Geburtenraten, gestiegener Lebenserwartung und einer veränderten Altersstruktur müssen die meisten europäischen Gesellschaften leben lernen. Allerdings unterscheidet sich die Entwicklung in den neuen Ländern deutlich vom gemeineuropäischen Krisenszenario. Wahrscheinlich ist selbst das Wort «Schrumpfung» nicht recht geeignet, sie zu beschreiben. Es hat den angenehmen Beiklang eines natürlichen Vorgangs. Auch eine Orange, die gepflückt und dann liegen gelassen wurde, schrumpft, doch sie wird alt und unansehnlich.

In den neuen Ländern vollzieht sich Schrumpfung vielfach als Zusammenbruch des Sozialen. Auf der Suche nach Ausbildungs- und Arbeitsplätzen verlassen vor allem Jüngere ihre Heimat. Wenn sie in den alten Ländern keine Arbeit finden, ziehen sie weiter in die Schweiz oder nach Österreich, besonders Qualifizierte oder Risikofreudige gehen nach Frankreich, Großbritannien oder in die USA. Zurück bleibt nicht eine glücklich alternde Gemeinschaft der *Golden Girls*, oder, wie man im ostdeutschen Fall wohl eher sagen müsste, der *Golden Boys*, sondern ein desillusioniertes Häufchen, das sein Zusammenleben neu ordnen muss. Die Floskel «verarmt, vergreist, verblödet» mag zynisch klingen, dennoch trifft sie die Probleme schrumpfender Städte und Regionen in den neuen Ländern präzise. Es fehlt an den nötigen materiellen Ressourcen, an Entwicklungsmöglichkeiten und Elan. Obwohl die Dagebliebenen – «**D**er **D**oofe **R**est», sagte man in der DDR – über kleinere Vermögen verfügen und geringere Einkommen beziehen, stehen sie vor größeren Aufgaben. Gerade das Weniger-Werden kostet zunächst, kurzfristige Erfolge sind nicht zu erwarten, und wenn etwas gelingt, dann ist das Ergebnis nicht glänzend genug, um in einer nach wie vor wachstumsfixierten Umwelt Anerkennung zu erlangen.

Am dramatischsten sieht es in Sachsen-Anhalt aus, vor der Wende eine Art Ruhrgebiet der DDR, Zentrum der chemischen Industrie, des Berg- und Maschinenbaus. Die Zahl der Beschäftigten ging hier zwischen 1990 und 2000 um 46 Prozent zurück, das Land hat zehn Prozent seiner Einwohner verloren. In 21 von 24 Kreisen leben deutlich weniger Menschen als vor der Wende. Aus den Städten zog man ins Umland, auf die grüne Wiese, wovon wenige Landkreise profitieren. Die Zahl der Erwerbsfähigen wird in Sachsen-Anhalt bis zum Jahr 2020 um weitere 23 Prozent sinken.

Thüringen kann auf das Erfolgsmodell Jena verweisen. Das Bruttoinlandsprodukt der Stadt stieg zwischen 1994 und 2000 um 40 Prozent. In ganz Deutschland konnte lediglich Wolfsburg ähnliche Zuwachsraten verzeichnen. Jenoptik und die Universität prägen das Klima. Aber nur einige Autominuten entfernt befindet man sich mitten im Greisenland der Zukunft. Die Arbeitslosigkeit ist geringer als in Sachsen-Anhalt, was weniger eigener Wirtschaftskraft als der günstigen Lage an der Grenze zu Bayern und Hessen zu verdanken ist. Tausende pendeln täglich in den Westen. Weit über 160000 sind zwischen 1989 und 2002 ganz fortgezogen. Nach den Prognosen des Berliner Instituts für Bevölkerung und Entwicklung wird Thüringen im Jahr 2020 demographisch gesehen das älteste Bundesland sein.

In Mecklenburg-Vorpommern war der Altersdurchschnitt 1990 besonders niedrig, und es ist, aufgrund seiner ländlichen Prägung, noch heute das jüngste unter den neuen Bundesländern. Da aber auch hier die Frauen wegziehen, steht das Land, sobald die geburtenstarken Jahrgänge in Rente gehen, vor einem Alterungsschock. In dreizehn Jahren hat Mecklenburg-Vorpommern mehr Menschen verloren, als in der Großstadt Rostock leben. Das größte Problem dürfte die anhaltende Landflucht sein. Immer mehr Dörfer lösen sich als soziale Gebilde einfach auf. Dafür boomt der Tourismus an der Küste.

Sachsen hat mit Dresden und Leipzig zwei Wachstumskerne vorzuweisen, in denen die Zufriedenheit unter den Bewohnern deutlich höher ist als im ostdeutschen Durchschnitt. Dem stehen Regionen wie die Oberlausitz oder das Erzgebirge gegenüber, die einen Exodus erleben und stark altern. Trotz der oft gepriesenen wirtschaftlichen Entwicklung ist die Zahl der Einwohner in dem Bundesland seit der Wende um 562 000 gesunken. 60 Prozent des Rückgangs sind mit der niedrigen Geburtenrate zu erklären.[17]

Schärfer als in den alten Ländern werden in den neuen künftig unsichtbare Grenzen die Landschaft durchziehen und belebte Gegenden von verlassenen, aufgegebenen scheiden. Am Beispiel der sächsischen Industriestadt Weißwasser haben Sigrun Kabisch, Matthias Bernt und Andreas Peter vom Umweltforschungszentrum Leipzig-Halle erstmals Fülle und Zusammenhang der Schwierigkeiten dargestellt, die eine solche Entwicklung mit sich bringt.[18] Weißwasser war ein Dorf inmitten der Muskauer Heide, aus dem durch zwei Industrialisierungswellen, eine um 1900 und eine zu DDR-Zeiten, eine Industriestadt wurde. In der Glaserzeugung, im Braunkohleabbau und im nahe gelegenen Kraftwerk Boxberg fanden die Einwohner – 1987 waren es 37 400 – Arbeit. 67 Prozent von ihnen lebten im Stadtteil Weißwasser-Süd, in Wohnvierteln, die ausschließlich in Plattenbauweise errichtet worden waren. Heute gehört Weißwasser zu den zehn am stärksten vom Bevölkerungsrückgang betroffenen Städten Ostdeutschlands. Ein Drittel der Weißwasseraner ist schon fort. Jedes Jahr suchen vier Prozent der Bewohner das Weite und ihr Heil woanders. Die Geburtenrate bleibt niedriger als durchschnittlich in Sachsen. Die Arbeitslosenquote lag zur Jahrtausendwende bei rund 22 Prozent.

In Weißwasser kann man den Teufelskreis studieren, in den viele Gemeinden Ostdeutschlands geraten sind: Je weniger Einwohner, desto weniger Gewerbe, je weniger Gewerbe und Einwohner, desto geringer Einnahmen und Fördermittel, desto geringer die Möglichkeiten, gegen Rückgang und Abstieg etwas zu unternehmen. Das hat Folgen für die lokale Wirtschaft, für Immobilienmarkt und Hypotheken, für den Kommunalhaushalt und das Lebensgefühl. Alle Akteure scheinen tendenziell überfordert. Im Jahr 2000 begann man mit dem Abriss. Es ging nicht anders. Leerstand verursacht Kosten für die Infrastruktur, ohne dass Einnahmen erzielt werden. Versorgungssysteme in schrumpfenden Städten sind teuer und stehen regelmäßig vor dem Kollaps. Verringert sich etwa der Trinkwasserdurchfluss, bleibt Wasser längere Zeit im Netz, leidet die Wasserqualität, und Wiederverkeimung droht. Geringere Abflussgeschwindigkeiten führen zu Ablagerungen und Verstopfungen in der Kanalisation. Sinkende Schülerzahlen zwingen zu Schulschließungen. Die leer stehenden Gebäude verschandeln die Stadt. Die Wohnungswirtschaft wird in der Leerstandsfalle handlungsunfähig.

In den Plattenbausiedlungen wohnten ungefähr gleichaltrige Arbeiter und Angestellte. Die belebende Vielfalt, ein klassisches Merkmal von Städten, fehlte, dafür gab es ein gut funktionierendes System kultureller Versorgung. Das ist nun weitgehend verschwunden. Die soziale Homogenität scheint geblieben, aufgelockert allein von Aussiedlern aus Russland, die nach Weißwasser verwiesen worden sind. Es gibt nur wenige junge Familien. Jene, die heute in Rente sind, verfügen über ein vergleichsweise gutes Einkommen. Aber ihnen werden demnächst Kohorten ärmerer Rentner folgen: Wer nach 1989 seine Arbeit verlor und von ABM zu ABM geschleppt wurde, muss mit geringem Alterseinkommen rechnen. Die Bewohner empfinden das Schicksal ihrer Stadt als Katastrophe und reagieren darauf mit kognitiver Einigelung. Apathie und Trostlosigkeit dominieren. Schließlich hat sich auch der Charakter der Viertel gewandelt: Die Plattenbausiedlungen, die ursprünglich nichts als eine Schlafstadt für vollzeitbeschäftigte Männer und Frauen waren, werden nun von der Mehrheit der Bewohner ganztägig genutzt. Sie sind Lebensmittelpunkt. Man wird in Viertel investieren müssen, die bald verlassen sein werden. Die Investitionen werden sich nicht rentieren, aber die Verpflichtung, für erträgliche Lebensverhältnisse zu sorgen, bleibt. Sogar die «Absiedlung» von Gemeinden wird plötzlich zu einer realistischen Perspektive.

Wanderungen und Schrumpfungsprozesse gehören zur historischen Normalität. Weltweit sind davon derzeit etwa 400 Städte mit mehr als 100 000 Einwohnern betroffen. Nirgends jedoch hat sich der Abstieg so rasch vollzogen wie im Osten Deutschlands. Und nirgends sonst ist er so ruhig verlaufen. Besuchern aus Detroit oder Manchester, die seit Jahrzehnten Erfahrungen mit Geistervierteln und verlassenen Gebieten machen konnten, fällt als Erstes auf, dass der Vandalismus, der überall auf der Welt das Erscheinungsbild schrumpfender Städte prägt, im Osten fehlt. Dafür herrscht hier ein klares Gefühl der eigenen Randständigkeit.

Strategien, wie mit schrumpfenden Städten und Regionen umzugehen sei, existieren nicht. Zu lange war das Thema tabu. Zwar ist es inzwischen geradezu modisch geworden – es gibt Kongresse, Wettbewerbe und Ausstellungen –, der Ratlosigkeit allerdings konnte noch nicht abgeholfen werden.

Drei Reaktionsmuster lassen sich grob unterscheiden: ein sarkastisches, ein pragmatisches und ein avantgardistisches. Der Sarkast weist, nicht ganz zu Unrecht, darauf hin, dass die am stärksten schrumpfenden Städte Ostdeutschlands zuvor durch Industrialisierungskampagnen künstlich aufgebläht worden sind. Das trifft auf Weißwasser, Eisenhüttenstadt oder Hoyerswerda zu. Diesen Städten fehle es an Tradition, sie verwandelten sich gegenwärtig lediglich wieder in die Dörfer, die sie einst waren. Damit ist das Problem in einen größeren Zusammenhang eingeordnet, aber nicht gelöst.

Pragmatiker empfehlen die Konzentration auf die wenigen Zentren des Wachstums. In der Priegnitz etwa, einem brandenburgischen Landkreis, auf halber Strecke zwischen Berlin und Hamburg gelegen, leben heute wieder so viele Einwohner wie im Jahr 1870: etwa 90 000. Als Ministerpräsident Matthias Platzeck nach der knapp gewonnenen Wahl des Jahres 2004 sein neues Förderkonzept vorstellte, das sich vernünftigerweise auf Schwerpunkte im Berliner Umland konzentrierte und 23 Wachstumskerne aufzählt, von denen keiner in der Priegnitz liegt, tauchten in der verlassenen Gegend, etwa in Pritzwalk, Schilder auf: «Die Priegnitz lässt sich nicht wegsparen, Herr Platzeck». Oder, mit deutlicher Anspielung auf die bevorzugte Versorgung der Hauptstadt unter Honecker: «Schluss mit der Gießkannenverteilung von Südfrüchten! Alle Vitamine in die Metropole!»[19]

Der Staat ist nicht in der Lage, der Priegnitz oder anderen Regionen plötzlichen Aufschwung zu bescheren. Das wäre nur durch unsinnige und unbezahlbare Dauersubventionen möglich. Die sämtlich misslungenen Großprojekte des Landes Brandenburg – Lausitz-Ring, Chip-Fabrik, Cargo-Lifter – sprechen gegen unüberlegt großzügige Fördermittelverteilung. Aber 90 000 Menschen kann man nicht einfach ihrem Schicksal überlassen. Zum Tag der Arbeit 2005 erklärte die brandenburgische Staatskanzlei: «Das vordringliche Ziel der Landesregierung besteht in der Schaffung guter Rahmenbedingungen für die Unternehmen, um zukunftsfähige Arbeitsplätze schaffen zu können. Unser in Angriff genommenes neues Förderkonzept dient einzig diesem Zweck.»[20] Wenn er sich in der Priegnitz offenkundig nicht erreichen lässt, sind deren Bewohner dann für den Staat, zu dem sie doch auch gehören, nichts als Almosenempfänger? Darf das höchste Ziel des Regierungshandelns so formuliert werden, dass es die Lebenswirklichkeit von Zehntausenden kaum berührt, nur indirekt mit ihr zu tun hat?

Es ist durchaus vorstellbar, dass sich ein paar Avantgardisten in der Priegnitz versuchen. In schrumpfenden Städten sind sie mit Ausstellungen, Konzerten, Projekten in leer stehenden Gebäuden vielfach aktiv. Sie nutzen die Freiräume, die hier größer sind als in teuren Wachstumszentren mit ihrer Kultur der Konkurrenz. Gerade unter den Verlierern verteidigen sie humanen Eigensinn gegen Spekulation, Schließung, kalkulierte Vernachlässigung. Aber auch sie vermögen bestenfalls an Gesellschaft zu erinnern, für Augenblicke darauf hinzuweisen, dass da doch «etwas mehr» (Gerhard Schröder) war. Wo Läden, Schulen und Postämter schließen, der Nahverkehr Ortschaften meidet, Alte und Kleinkinder das Straßenbild prägen, mögen Künstler für etwas Frohsinn und bengalische Beleuchtung sorgen. Oft projizieren sie nur ihre romantische Sehnsucht nach dem ganz Anderen in fremdes Elend. Und selbst wenn sie diese Falle umgehen, wenn es ihnen gelingt, die Apathie zu vertreiben, können sie das Gerüst des Sozialen, das in schrumpfenden Regionen zu zerbrechen droht, weder reparieren noch ersetzen. Marktplätze und Dorfanger, Fabriken und Schulen bieten heute viel Raum für individuelle Inszenierungen. An den tradierten Orten des Gemeinwohls nistet und feiert sich der Eigensinn.

Der arme Wohlfahrtsstaat

Das Gerüst des Sozialen, die Institutionen des Staates und der bürgerlichen Gesellschaft, scheint freilich insgesamt labil. Innere Krisen und äußere Zwänge haben es gründlich geschwächt. Diese Behauptung widerspricht dem ersten Eindruck. Die Demokratie und ihre Institutionen wirken in Deutschland erstaunlich gefestigt. Wird nicht öfter und mit mehr Berechtigung über «verkrustete Strukturen» geklagt als über deren Schwäche? Der Soziologe Heinz Bude hat in diesem Zusammenhang von «Mikroturbulenzen» bei gleichzeitiger Stabilität auf der «Makroebene» gesprochen.[21] Während im Alltag, in Firmen, Schulen und Familien, drastische Veränderungen vor sich gehen, scheinen die Großstrukturen der Republik nicht zu erschüttern. Wie 1949 entscheiden wir heute, ob der neue Kanzler aus der CDU oder der SPD kommt, wir hören von Tarifverhandlungen zwischen Gewerkschaften und Arbeitgebern, nehmen die neuesten Arbeitslosenzahlen zur Kenntnis, leisten Beiträge zur Kranken- und Rentenversicherung und können – außer in der NPD – nur schwer politische Kräfte ausmachen, die eine radikale Umwälzung der Verhältnisse wünschen und planen. Alles geht seinen Gang.

Ebendieser Gegensatz zwischen Stabilität und Turbulenzen dürfte inzwischen ein Hauptmoment der deutschen Krise sein. Die politischen Zäsuren des 20. Jahrhunderts haben uns daran gewöhnt, auf scharfe Einschnitte, Brüche, Umstürze und Katastrophen zu achten. Nimmt man aber die Irritationen und Aufregungen der Gegenwart ernst, dann deutet vieles auf eine allmähliche Aushöhlung der Institutionen und der sie tragenden Überzeugungen hin. In dem Augenblick, in dem sie neuen Herausforderungen begegnen müssten, sind sie überwiegend gelähmt durch die Verpflichtung, Schulden aus der Vergangenheit zu tilgen, Folgen früheren Tuns zu korrigieren.

Die Tarifpartnerschaft zwischen Gewerkschaften und Arbeitgebern etwa gehörte zu den wichtigsten Momenten des sozialen Ausgleichs und der politischen Konstanz in der Bonner Republik. In den neuen Ländern hat sich längst der Trend zur Verbetrieblichung durchgesetzt. Die Interessenverbände der Arbeiter wie der Unternehmer haben hier nicht nur weniger Mitglieder, auch der Flächentarifvertrag spielt nur in Ausnahmefällen eine Rolle. Gesiegt hat damit, wie Alexander Thumfart feststellt, der «betriebspatriotische Eigennutz zu Lasten anderer Betriebe»[22]. Die Solidarität innerhalb der Branche oder mit Arbeitslosen leidet. Sondervereinbarungen auf Betriebsebene werden inzwischen auch im Westen vielfach geschlossen, dabei meist als notwendig und reformfreudig begrüßt. Wenn sie sich darauf nicht einlassen wollen, müssen die Gewerkschaften mit dem Vorwurf rechnen, den Fortschritt zu blockieren, ökonomisch Unvernünftiges zu verlangen. Der Triumph des Partikularismus fordert jedoch einen hohen Preis. Er schwächt die Position des Einzelnen, während dessen Lage insgesamt unsicherer wird. In dem Augenblick, in dem die Arbeitsverhältnisse prekärer werden, wird der Zusammenhalt zwischen den Arbeitnehmern schwächer. Er muss nun in jeder Situation neu und mit wechselnden Koalitionen organisiert werden.

Dieses paradoxe Muster findet sich auch in anderen Bereichen. Wachsende Verletzlichkeit und Gefährdung der Individuen gehen mit einer Schwächung der Schutzvorrichtungen einher. Nirgendwo lässt sich dies so klar sehen wie am Beispiel des Sozialstaats. Begründet und unterhalten mit dem erklärten Ziel, in Lebenskrisen Sicherheit zu gewähren, ist er inzwischen zu einem Hauptagenten der Verunsicherung geworden. Das hat mehrere Gründe. In der unmittelbaren Nachkriegszeit[23] dienten Sozialleistungen dazu, bittere Not zu lindern, den Millionen zu helfen, die Hab und Gut und Ernährer verloren hatten. Noch unter Adenauer begann mit der Rentenreform des Jahres 1957 der Ausbau des Sozialstaats unter dem Leitbild staatlicher Rundumfürsorge. Dabei berief man sich durchaus auf die Idee der Freiheit, verstand aber darunter eine Sicherung von Entfaltungsmöglichkeiten durch den Staat. Dieser Ausbau wurde aufgrund der Haushaltslage 1975 abgebrochen. Wie krisenanfällig das Gesamtsystem bereits war, blieb der Öffentlichkeit weitgehend verborgen. Doch schon im November 1984 hielt Jürgen Habermas in Spanien einen Vortrag unter dem Titel «Die Krise des Wohlfahrtsstaates und die Erschöpfung utopischer Energien». Er kam darin zu dem Schluss, dass «der entwickelte Kapitalismus ebenso wenig ohne den Sozialstaat leben» könne «wie mit dessen weiterem Ausbau».[24]

In den neunziger Jahren mussten die sozialen Sicherungssysteme der alten Republik die neuen Lasten aus dem Osten schultern. Renten- und Arbeitslosenversicherung nehmen im Westen nach wie vor mehr ein, als sie ausgeben. Im Osten hingegen wuchs das Defizit kontinuierlich von 9,7 Milliarden Euro im Jahr 1991 auf 25,8 Milliarden Euro im Jahr 2003.[25]

Die Politik staatlicher Rundumfürsorge gehört zu den Lieblingsgegnern der Marktradikalen. Sie beraube, so die Standardvorwürfe, die Menschen der Eigeninitiative und prämiere Bequemlichkeit. Doch auch wer diesen Botschaften misstraut, hat gute Gründe, den alten Sozialstaat skeptisch zu betrachten. Zum einen normiert er durch seine Regelungen die Lebensläufe, schränkt mithin Freiräume ein. Seine Norm ist der lebenslang vollzeitbeschäftigte Lohnempfänger. Die Bastelexistenzen des flexiblen Kapitalismus, die sich alle Jahre auf andere Weise durchs Leben schlagen, sind nicht vorgesehen. In der Realität gibt es sie allerdings in wachsender Zahl. Außerdem ist der Staat nicht in der Lage, die zur Norm erhobene Vollbeschäftigung zu garantieren. Aber er schwingt sich zum Überwacher der Biographien und Lebensumstände auf.

Die staatliche Rundumfürsorge ist zum anderen ungerecht und verstärkt vorhandene Ungleichheiten. Um es an einem Extrembeispiel zu verdeutlichen: Ein Professor mit Haus am Ammersee kann von Eigenheimzulage, Pendlerpauschale und Kindergeld profitieren, während eine allein stehende Verkäuferin in München U-Bahn fährt, eine horrende Miete zahlt und mit ihren Steuern dennoch die Vergünstigungen für den besser verdienenden Hochschullehrer sowie das gebührenfreie Studium seiner Kinder mitfinanziert.

Inzwischen sind die sozialen Sicherungssysteme Objekte dauernder Reformen geworden, eines Herumdokterns zur Vermeidung grundsätzlichen Umbaus. Dass die staatliche Altersvorsorge nicht ausreichen werde, ist mit Einführung der Riester-Rente regierungsoffiziell eingestanden worden. 2005 konnte die erste Rentensenkung in der Geschichte der Bundesrepublik in letzter Sekunde vermieden werden. Mit dem Hartz-IV-Gesetz wurde Verunsicherung zum Wirkungsmechanismus des Sicherungssystems erhoben. Ob einer vierzehn Jahre gut verdient oder drei Jahre nichts getan hat, tut bei der Berechnung des Arbeitslosengeldes II nichts zur Sache. Die systematische Beunruhigung durch «Fördern und Fordern» trifft in eine Zeit, in der viele, die sich nach vierzehn und mehr erfolgreichen Arbeitsjahren sicher gewähnt hatten, feststellen müssen, wie gefährdet, verletzlich, von Absturz bedroht ihre Existenz tatsächlich ist. So wurde denn in der Aufregung über die Agenda 2010 viel zu selten über eine vernünftige Armutspolitik, aber umso lautstarker über die Abstiegsängste der Mittelschicht gesprochen.

Der Soziologe Berthold Vogel hat die Situation als «Nachmittag des Wohlfahrtsstaats»[26] beschrieben. Finanziell erschöpft, demographisch gefährdet, ideologisch diskreditiert, habe er sich vom «sorgenden» zum «gewährenden» Staat gewandelt. Einst versprach er, soziale Risiken so gering wie möglich zu halten und soziale Unterschiede durch Statussicherung auszugleichen. Heute versagt er seinen teuren Kindern diese Gewissheit. Er sichert allein eine Grundausstattung.

Verteidiger des Sozialstaats haben sich immer wieder den Unterschichten zugewandt, jenen, die vergleichsweise arm und von der Teilhabe am sozialen, kulturellen und politischen Leben weitgehend ausgeschlossen waren. Mit dem Übergang vom sorgenden zum gewährenden Staat treten auch die Unwägbarkeiten einer durchschnittlichen Mittelschichtenexistenz in grelles Licht. Deren «soziale Verwundbarkeit» (Vogel) wird bewusst, die Gefährdung der erreichten beruflichen Position wie die des bescheidenen Wohlstands, der an regelmäßiges Einkommen gebunden ist. Stets ist mit einem Abstieg zu rechnen. Das dominierende Sicherheitsbedürfnis der Deutschen findet also im Sozialstaat keine Antwort, sondern sieht sich zusätzlich verunsichert, auf die prekäre Lage, der man entkommen wollte, zurückverwiesen.

Vor dem Hintergrund der demographischen Bedrohung und des bloß noch gewährleistenden Sozialstaats entstehen innerhalb der Mittelschicht die neuen Konflikte zwischen Eltern und Kinderlosen, Jung und Alt, Bewohnern reicher und abgehängter Regionen. Im Kampf um die Sicherheit des erreichten Lebensstandards sieht sich jeder in mehrere Koalitionen eingebunden, in ein Netz von Loyalitäten verstrickt. Daher kann keiner dieser Konflikte jene Eindeutigkeit und Schärfe erlangen, die der Klassenkampf zwischen Bourgeoisie und Proletariat einst besaß.

«Alte, gebt den Löffel ab!», forderte der Bundesvorsitzende der «Jungen Liberalen» Jan Dittrich im März 2005. 7,2 Prozent der Kinder unter 18 Jahren müssten von Sozialhilfe leben, aber nur 0,7 Prozent der über 65-Jährigen. «Während es den jungen Menschen immer schlechter geht, ist die Altersarmut fast beseitigt.»[27] Mit Dittrichs

Rücktritt nach den empörten Reaktionen ist das Problem keineswegs verschwunden. Eine Streitschrift wider «Die gierige Generation» der Alten gibt es schon länger. Sie ist nach dem gleichen Muster verfasst wie Felix R. Mindts Pamphlet gegen die «Soli-Abzocke» der Ossis.

Dass man den Kinderlosen und Familienfeinden eines Tages den Prozess machen werde, hat der Journalist Gustav Seibt vorhergesagt. Über die Zukunft in der Altengesellschaft schrieb er im August 2002: «Die Vergangenheit wird nicht vergehen, die Zukunft sich nicht einstellen wollen. Werden kritische Fernsehserien die Geschichte aufarbeiten und die Verbrechen der Selbstverwirklichung ums Jahr 2000 anprangern?»[28]

Die Schwächen einer Gesellschaft, deren Alten es besser geht als den Jungen, von denen wiederum der Wohlstand der Alten langfristig gesehen abhängt, liegen offen zu Tage. Aber wenn davon gesprochen wird, schwingt ein Furor moralischer Verurteilung mit, der als falsches Verhalten Einzelner anprangert, was doch innerhalb des bestehenden Systems nur vernünftig ist. Die Balance zwischen den Erwartungen des Einzelnen an die Solidarität seiner Mitbürger und deren Vertrauen in die Eigenverantwortung der Individuen ist gründlich gestört. Wer das Dauergeheule zum Thema über Wochen verfolgt, kann leicht den Eindruck gewinnen, es gebe nur noch Benachteiligte und Schmarotzer. Staatliche Hilfen haben ihre Selbstverständlichkeit verloren. Aber auch die viel gepriesene Eigenverantwortung, mag sie nun Rußfilter oder Altersvorsorge betreffen, scheint auf Prämien und Zuschüsse angewiesen.

Wo Familie, Stand oder Beruf die Sicherheitsbedürfnisse der Individuen nicht mehr befriedigen können, adressieren diese ihre Forderungen an den fördernden Staat. Der Arbeitslose erwartet Hilfe zum Lebensunterhalt, der Unternehmer Investitionszuschüsse oder Steuervergünstigungen, die Tochter pflegebedürftiger Eltern eine

Übernahme der Heimkosten. Am Nachmittag des Wohlfahrtsstaats, wenn dessen Überforderung nicht länger übersehen werden kann, wächst die Empörung über vermeintlich unberechtigte Ansprüche. Sie artikuliert sich als moralische Verdammung, deren Schärfe mit der Intensität des letztlich unerfüllbaren Wunsches nach umfassender Sicherheit wächst. Der «faule Arbeitslose» oder heuschreckengleiche Investoren werden zu Fällen der Moral, weniger der Politik. Man attackiert die Gier der Alten, nicht die Anfälligkeit des Rentensystems, die Lebensführung der Sozialhilfeempfänger, nicht deren lieblose Verwaltung, die Anspruchshaltung der Ostdeutschen, nicht die Schwäche der Wirtschaft in den neuen Ländern, den Geiz der Verbraucher, nicht die Unfähigkeit der Wirtschaft, ihre Produkte an den Mann zu bringen. Einen Rückzug des Staates hat es nicht gegeben, wohl aber eine umfassende Moralisierung sozialer Beziehungen und politischer Entscheidungen. Moralischer Ingrimm schießt in die Lücken und füllt die Leere, die nach dem Versiegen der utopischen Energien und dem Ende politischen Grundsatzstreits entstanden sind.

In der Tat kann man den Eindruck gewinnen, dass wesentliche Impulse aus dem politischen Raum derzeit nicht zu erwarten sind. Zwar wird so verlässlich wie wahrheitsgemäß von Entscheidungsstunden gesprochen, aber Gegensätze markieren die Parteien vor allem in der Außenpolitik oder im Hinblick auf ihre Vergangenheit, in Erinnerung an die Traditionen und die Milieus, denen sie ihren Aufstieg verdanken. Die Wahrnehmung der Gegenwart als Übergangszeit und die Rezepte, in ihr zu bestehen, unterscheiden sich nicht deutlich genug, als dass sich ein programmatischer Streit um sie lohnen würde. Mit Blick auf die Tradition der Parteien sollte man erwarten, dass die CDU in gut konservativem Sinne für eine Stärkung staatlicher Institutionen, Schulen, Universitäten, Theater, Museen,

Verwaltungen eintritt; dass sich die SPD im Namen sozialer Gerechtigkeit der Verlierer, der Langzeitarbeitslosen, der Bewohner randständiger Landstriche, der Alten und Kranken annimmt; dass die FDP diejenigen vertritt, die ihr Leben, freiwillig oder gezwungen, als Unternehmer in eigener Sache organisieren, von prekärem Beschäftigungsverhältnis zu begrenztem Projekt eilend. Noch erscheinen Arbeitslose wie Unternehmer ohne Kapital, Selbständige ohne Mitgliedschaft in einer Kammer oder Genossenschaft, im politischen Gespräch als Ausnahmen, Anomalien. Die normierende Kraft des alten Sozialstaats wirkt fort.

Zerfall der Mitte

Als Gerhard Schröder im September 1998 die Wahl gewann, gingen Jahre der Stagnation zu Ende, eine Epoche des Zu-viel-Kohl. Der Hauptstadtumzug stand bevor. Mit Gerhard Schröder, Otto Schily und Joschka Fischer kamen Vertreter der Achtundsechziger-Bewegungs-Linken an die Macht. Keine andere Generation war der alten Bundesrepublik so innig verbunden gewesen, hatte sie so leidenschaftlich bekämpft, kritisiert, später einen stillen Frieden mit ihr geschlossen und schließlich sogar eine Liebe zum Provisorium entdeckt. Und keine andere Generation hatte dem Epochenumbruch von 1989 so hilflos und überfordert zugesehen – im ersten gesamtdeutschen Parlament waren die Grünen nicht vertreten.

Seltsamerweise blieben Euphorie und Enthusiasmus in den Monaten nach der Regierungsübernahme verhalten. Zu mehr als ein paar stolzen Gesten, einem teuren Anzug und rotzigen Sprüchen reichte es nicht. Zumindest erfasste statt Schwung bald eine vorsichtige Kohl-Nostalgie das Land. Harald Schmidt sprach später von der Zeit, als wir noch «den richtigen Kanzler» hatten. Auch fragten sich viele, was die Neuen nun anstellen wollten mit der Macht, was sie vorhatten. Es war im Wahlkampf nur schwer zu erkennen gewesen. Ein wenig mehr Frauenförderung, Sonnen- und Windenergie, Homo-Ehe, Gesamtschulen? Kleinere Projekte, wie sie die stadtteilzentrierte, aufs Überschaubare, die enge Nachbarschaft begrenzte Linke jahrzehntelang erprobt hatte, wurden genannt. Eine Idee von Gemeinwohl aber, eine Vorstellung von Gesellschaft konnte mit Rot-Grün nicht verbunden werden. Das war neu. Adenauer hatte seinen Wiederaufbau, Erhard den «Wohlstand für alle», Brandt wollte mehr Demokratie wagen, Kohl erst die «geistig-moralische Wende» und dann die Einheit. Und nun? Die Formel von der «neuen Mitte», auf die Schröder im Wahlkampf gesetzt hatte, beschrieb eher einen Zustand als ein Ziel. Wenn etwas Buchenswertes geschehen würde unter dieser Regierung, dann in der Tat unter ihr, nicht mit ihr oder durch sie.

Vier Jahre später schien das «Modell Rot-Grün» vernutzt. Die Betriebstemperatur der Öffentlichkeit wollte im Wahljahr 2002 niemals so recht steigen. Anzeichen einer Mobilisierung, sei sie sozial oder politisch, ließen sich nirgends erkennen. Nichts erinnerte an ein Scharmützel, aber alles an ein Freundschaftsspiel, in dem beide Mannschaften «Deutschland nach vorn» bringen wollten. Für Schärfe sorgte allein die Chronique scandaleuse der letzten Legislaturperiode. Schneller sind nie in der Geschichte der Bundesrepublik Skandale aufeinander gefolgt als unter Schröder, plötzliche Ereignisse, die dazu zwangen, die Vergangenheit neu zu beleuchten und rasch zu handeln: schwarze Kassen, Steinwürfe in Frankfurt, kranke Tiere.

Nach vorn sollte das Land gebracht werden, grundsätzlich jedoch wurde der Ton nur dann, wenn es um lange Zurückliegendes ging:

die Breschnew-Jahre unter dem alten Kanzler Kohl oder die «vaterlandslosen Gesellen» von 1990. Hinter dem Willen, nach vorn zu kommen, verbarg sich ein vergangenheitssüchtiges Unternehmen: Nostalgie West. Das Beharrungsvermögen der alten Bundesrepublik war nie kleiner als das verschreckter Landsleute im Osten. Das Versprechen lautete: Mit so wenig Veränderung wie nötig so viel von der alten Bundesrepublik wie möglich zu erhalten.

Nach einem lauen Wahlkampf konnten Schröder und Fischer nur knapp gewinnen. In Berlin gab es private Wahlpartys, auf denen Anhänger aller Parteien sich freundschaftlich trafen: Liberale und Konservative, Sozialdemokraten, Anhänger der PDS und Grüne. Keiner, egal welcher politischen Richtung er gerade Erfolg wünschte, war zum Jubeln aufgelegt. Die Reaktionen blieben matt, die Gesichter der meisten zeigten Ratlosigkeit. Seit diesem Tag wirkt die Bundesregierung gehetzt. Sie hat auf alles Mögliche reagiert: auf den Irakkrieg und die PISA-Studie, auf Arbeitslosenzahlen und Haushaltslöcher. Aber es ist ihr trotz vieler Bemühungen nicht gelungen, auch nur für einen Augenblick den Eindruck zu vermitteln, sie habe das Heft in der Hand, sie führe Regie. Was Angela Merkel und ihre Mannen vorhaben, außer Reformen für Wirtschaftswachstum, ist so undeutlich, wie Schröders Ziele es im Jahre 1998 waren. Ein wenig mehr Familie, bürgerliche Werte, Leistungsrhetorik, etwas mehr Mittelstandsfreundlichkeit? Noch mehr als die Sozialdemokraten lebt die Union von der trügerischen Hoffnung auf eine Rückkehr der schöneren Tage von einst. Die Krise hat an Dramatik gewonnen, die Verheißungen und Rezepte unterscheiden sich kaum von denen, die vor vier oder acht Jahren vorgebracht wurden.

Mit Wachstum, das alle herbeiführen wollen, verbindet sich auch heute keine Verheißung. Keine Generation drängt auf Ablösung, die Väter leben sicherer als die Söhne, keine benachteiligte Gruppe tritt zum Sturm auf die Fleischtöpfe an. Viele aber fürchten um das Erreichte, um Besitzstände und den gewohnten Lebensstandard. Diesen zu bewahren wird im Zwei-Fronten-Kampf gegen Erosion von Innen und Konkurrenz von außen nicht gelingen. Dennoch ist es zu einer Debatte über die deutsche Gesellschaft der nächsten Jahrzehnte noch nicht recht gekommen. Jenseits nostalgischer Inszenierungen existieren lediglich demographische Untergangsszenarien und Reformlisten. Belebend können beide ihrer Natur nach nicht wirken.

Die großen gesellschaftspolitischen Debatten der vergangenen fünfzehn Jahre galten im Wesentlichen zeithistorischen Themen. Die Angst vor einer Wiederkehr nationalistischer Bewegungen wurde auf diese Weise gebannt. Zum antitotalitären Konsens der alten Republik gehörte ein habituell gewordenes, sympathisches Misstrauen gegenüber politischen Leidenschaften und Extremen. Der Schrecken der Weimarer Republik, in deren letzten Jahren Straßenkampf, Demagogie und ein unversöhnlicher Ton den politischen Alltag bestimmten, die Abscheu gegenüber der Nazi-Propaganda und Massenaufmärschen im Osten haben diese Abneigung ebenso genährt wie den Erfolg der Demokratie. Da das Land nicht nur die revolutionär politisierten Ostdeutschen integrieren, sondern auch über Kriegsbeteiligung zu entscheiden hatte, schien eine dauernde Tabuisierung politischer Leidenschaft zugunsten von komplexen Prozeduren der Aushandlung, zugunsten von Gelassenheit und Zurückhaltung angebracht. Bewerkstelligt wurde dies durch die Zurückweisung alles Nationalen und eine ungeheure Ausweitung der Erinnerungskultur. Vom Beschluss, das Mahnmal für die ermordeten Juden Europas in der Nähe des neuen Regierungsviertels zu bauen, bis hin zum immer wieder aufflackernden Streit über Leitkultur und Patriotismus wurde der Konsens der alten Republik beschworen.

Das ist ein westdeutsches Selbstgespräch geblieben. Als die rotgrüne Regierung sich zur Beteiligung am Kosovo-Krieg entschloss, geschah dies mit dem Hinweis auf den Holocaust. Dass ein Kampfeinsatz der Bundeswehr einen Bruch mit dem Selbstverständnis und der Geschichte der Bonner Republik bedeutete, verdeckte Joschka Fischer, als er auf dem Parteitag der Grünen am 13. Mai 1999 die Kontinuität seiner biographischen Überzeugungen betonte: «Auschwitz ist unvergleichbar. Aber ich stehe auf zwei Grundsätzen: Nie wieder Krieg, nie wieder Auschwitz; nie wieder Völkermord, nie wieder Faschismus. Beides gehört bei mir zusammen, liebe Freundinnen und Freunde …»

In den neuen Ländern fand er mit dieser in sich widersprüchlichen Argumentation kaum Gehör. Als die Nato mit den Luftangriffen auf Belgrad begann, waren Ost und West weiter auseinander als je zuvor. Schon in den Diskussionen über Patriotismus und die Erinnerung an den Holocaust hatten ostdeutsche Intellektuelle keine Rolle gespielt. Sie hatten sich auch nicht darum bemüht. Zu fremd, zu anders schien die Debatte, verglichen mit dem offiziösen DDR-Antifaschismus wie mit den lokalen Versuchen genauer Erinnerung, die es in den achtziger Jahren im Osten ebenfalls gegeben hatte. Nun, mit Beginn des Krieges im Kosovo, meldete sich die stille Gesellschaft zu Wort. Sie lehnte den Einsatz ab.

Über das Warum ist viel spekuliert worden. Einige glaubten an fortwirkende Solidarität mit dem sozialistischen Brudervolk der Serben. Aber diese Erklärung führte nicht weit. Schließlich hatte sich Jugoslawien früh, bereits 1948, dem sowjetischen Einfluss entzogen. Reisen dorthin blieben einer privilegierten Minderheit der DDR-Bürger vorbehalten. Die offiziell betonte Verbundenheit mit den Völkern der Volksdemokratien hatte zumindest im Fall der Polen und Russen das Weiterleben nationalistischer Klischees nicht verhindert.

Wahrscheinlich mischten sich in der ablehnenden Haltung zum Kosovo-Krieg antiamerikanische Ressentiments und der grundsätzliche Pazifismus der ostdeutschen Gesellschaft. «Frieden» war die Losung der SED-Führung gewesen, Frieden war das erste Wort Gorbatschows, und zu Friedensgebeten hatte sich die Opposition im Arbeiter- und Bauernstaat versammelt, um gegen die Militarisierung des DDR-Alltags zu protestieren. Woran auch immer ein Ostdeutscher sich weltanschaulich orientierte – dass Krieg keine Lösung und in der Gegenwart ausgeschlossen sein müsse, hatte er gelernt.

Drei Jahre später fand Schröders «Nein» zum Irakkrieg im Osten Zustimmung über alle politischen Trennungen hinweg. 24 Prozent der Ostdeutschen glaubten ohnehin, die Amerikaner seien selber schuld, dass sie Opfer der Terroranschläge vom 11. September geworden waren.[29] Dieselben Überzeugungen, die 1999 das Land entzweiten, führten während der Anti-Kriegs-Demonstrationen des Jahres 2003 zu inniger Eintracht. Schließlich glaubten auch 19 Prozent der Westdeutschen an die Schuld der Opfer in den USA.

Die politischen Unterschiede zwischen Ost und West sind auf den ersten Blick weitaus geringer als die ökonomischen und sozialpsychologischen. Das mag unter anderem damit zu erklären sein, dass in den Parteien und Parlamenten die Integration rascher gelang als in vielen anderen Bereichen. Der Durchschnitts-Ostdeutsche nimmt gegenüber dem politischen System der Bundesrepublik eine Beobachterstellung ein. Dass der Wert, in einer Demokratie zu leben, unmittelbar nach dem Ende der Diktatur wichtiger erschien als heute, dass der Bundesregierung weniger Vertrauen entgegengebracht wird, spricht für eine Normalisierung. Am stärksten vertrauen Ostdeutsche der Polizei und Gerichten, also zentralen Institutionen des Rechtsstaats.

Inzwischen haben die Wähler in den neuen Bundesländern ihren unberechenbaren Charakter verloren. Die Parteienpräferenzen sind relativ stabil. 40 Prozent verstehen sich als Anhänger einer Partei, 30 Prozent orientieren sich an mehreren und 30 Prozent hegen für keine Partei besondere Sympathien.[30] Da auch im Westen die klassischen Milieus der Parteien schwinden, nähern sich beide Landesteile in diesem Punkt einander an. Es gehört zur Ironie der Entwicklung, dass in dem Augenblick, in dem Programme für die Wählerbindung wichtiger werden als Milieus und Grundüberzeugungen, programmatische Diskussionen weitgehend fehlen.

Die eine, viel diskutierte Abweichung vom Parteiensystem West, die PDS, erweist sich, wenn man auf andere Transformationsländer blickt, als durchaus normale Anomalie. Schien es in den neunziger Jahren noch so, als könne sie allein in Ostdeutschland auf ein gefestigtes Milieu vertrauen, so ist dieses inzwischen ebenso unzuverlässig und in Auflösung begriffen wie die Industriearbeiterschaft, die traditionell SPD wählte. Seit sie in Berlin und Mecklenburg-Vorpommern mitregiert, hat die PDS den Charakter einer Alternative zum System insgesamt eingebüßt. Im Westen erscheint sie, wie Gregor Gysi sagte, der Mehrheit wie eine «ausländische Partei».

Gefahren für die politische Kultur im Osten lauern weniger im Parteiensystem als vielmehr in der Abkehr von diesem. Der heroische Ruf «Wir sind das Volk!» besitzt, wenn er nicht gegen eine Diktatur erhoben wird, durchaus antidemokratische Züge. Die Tendenz zum Rückzug, ohne die eigenen Interessen zu artikulieren, und zur Vermeidung von Streit belegt ein tief sitzendes Misstrauen gegenüber «politischem Gezänk», das Lebenselixier freier Staaten. Es wird komplettiert durch eine fortwirkende Eingabenmentalität, die von den Verantwortlichen eine rasche, nicht öffentliche Entscheidung des einzelnen Falls erwartet. Wie man am Schimpfen auf «korrupte Politiker», am nie weichenden Argwohn gegenüber Diäten und Abgeordnetenpensionen, am albernen Gerede vom «Fraktionszwang» erkennen kann, haben viele der Haltungen und Meinungen, die man im Osten gern beklagt, eine lange Tradition in der deutschen Mentalitätsgeschichte. Sie sind im Westen genauso virulent und werden auch dort im Krisenfall aktualisiert.

Die nostalgische, von Reformhysterie gepeitschte Gesellschaft West und die verarmende, enttäuschte und rasant vergreisende Gesellschaft Ost stehen für die kommenden zwei Jahrzehnte gemeinsam vor der Aufgabe, in einem Abstiegskampf zu bestehen. Leitbilder und Entwürfe für eine «Gesellschaft des Weniger» (Ulrich Beck) sind bisher nicht in Sicht. Läuft die Entwicklung unverändert weiter wie in den vergangenen zehn Jahren, droht nicht allein eine fortschreitende ökonomische und kulturelle Spaltung des Landes. Zu rechnen wäre dann im Osten wie im Westen mit einem Zerfall der Mitte in Parallelwelten, zwischen denen der Wechsel nahezu unmöglich ist, wenig Kommunikation besteht und die in der Konkurrenz um knappe Ressourcen allein egoistischen Interessen folgen.

Gewiss, die Abkapselung einzelner Gruppen gehört zur Normalität der Moderne. Jugendkulturen, die Schwulenszene, Einwanderergruppen und Reiche haben sich immer nach eigenen Regeln vergesellschaftet, Außenstehenden unverständliche Codes benutzt und besondere Ziele verfolgt. Aber diese Milieus sind durchlässig oder existieren nur eine Zeit lang. Angleichung ist hier kein wünschenswertes Ziel, weder für die einzelnen Gruppen noch für die Gesellschaft, wohl aber liegt die Kultivierung eines gemeinsamen Raums in aller Interesse.

Die liberale Vorstellung vom Zusammenleben fand ihre Form wie ihr Symbol in der europäischen Stadt mit ihren sehr verschiedenartigen Vierteln, die dennoch alle auf ein gemeinsames Zentrum bezogen waren, auf Marktplatz, Kirche, Rathaus und Schule. Die Alternative dazu wäre eine Stadt, in der die Bevölkerung strikt nach Vierteln getrennt lebt, die durch unsichtbare, nichtsdestotrotz unüberwindbare Grenzen voneinander geschieden sind. An die Stelle des politischen Streits und der öffentlichen Diskussion träte in einer solchen Stadt die Kultur des Ressentiments, der dauernden uninformierten Ablehnung all dessen, was als Bedrohung oder Infragestellung des eigenen Weltbilds empfunden wird. Der leer gewordene Markplatz wäre frei für die Inbesitznahme durch Cliquen.

Das Szenario wirkt überzeichnet. Schließlich haben sich demokratische Institutionen als erstaunlich anpassungsfähig erwiesen. Auch scheint das Leben moderner Gesellschaften viel zu komplex, um in einem so schlichten Muster aufzugehen. Aber viele, das ist die Gefahr, werden agieren, als lebten sie in der Stadt der Bornierten. Alexander Thumfart hat das entsprechende Verhalten «*uncivility*» genannt, was sich am besten mit «Grobheit» wiedergeben lässt, und durch eine lange Liste erklärt, was er darunter verstanden wissen will. Grob wären in diesem Sinne «politische Rechthaberei, Borniertheit und Sendungsbewusstsein, Paternalismus, Beratungsresistenz, Unfähigkeit zum Perspektivenwechsel, Überheblichkeit, interessenbasierte Rücksichts- und Respektlosigkeit, politische Herabsetzung, politisch-soziale Verantwortungslosigkeit wie Gleichgültigkeit, Intoleranz, Xenophobie, Nationalismus, Pluralismusaversion, Kooperationsverweigerung und Partizipationsverhinderung»[31]. Das trotzige Beharren auf dem eigenen, unreflektierten Standpunkt mündet in die Abwehr aller Ansprüche von außen.

Beispiele für ein derart grobes Verhalten kennt die Bilanz der vergangenen fünfzehn Jahre viele. Was im Osten die Abgrenzung gegenüber dem Westen, ist im Westen die Neigung, die neuen Länder zu vernachlässigen oder zu ignorieren. Die alltäglichen Siege der *uncivi-*

lity wären nicht so weit verbreitet, wenn die Vereinigung und der Aufbau Ost geglückt wären. Sie wären seltener, wenn offen und ohne rasche Schuldzuweisung an eine Seite über den Stand der Dinge und Auswege diskutiert worden wäre. Viel zu lange wurde darüber vornehm geschwiegen, um die vorhandenen Erfolge nicht klein zu reden, die Aufbauleistungen nicht zu schmälern, niemanden zu kränken. Statt dessen wurden Fronten der Vergangenheit nachgestellt.

Die Probleme sind offenkundig. Wenn die Deutschen weiter auf Wachstum in alter Höhe und Verlässlichkeit hoffen, vergeuden sie Mittel und Zeit. Wenn sie vom Staat erwarten, Arbeitsplätze zu schaffen, verlangen sie Unmögliches. Wenn sie nach dem Motto «Arbeit hat Vorfahrt» verfahren, werden andere Felder staatlichen Handelns veröden. Wenn sie die sozialen Sicherungssysteme weiter an der Norm des lebenslangen Erwerbsarbeiters ausrichten, führen sie deren Bankrott herbei, erhöhen den Druck auf Arbeitslose, nehmen Armut unter den vielen in Kauf, die der Norm nicht entsprechen. Wenn sie nicht beginnen, vernünftiges Schrumpfungsmanagement zu erproben, werden ganze Gegenden verwahrlosen. Wenn sie den Aufbau Ost nicht neu organisieren, werden sie viel Geld sinnlos ausgeben und den Kollaps dennoch nicht verhindern können.

Um einen Neuanfang in Sachen Einheit – und das kann nach Lage der Dinge nur ein gesamtdeutscher Neuanfang sein – kommen die Deutschen nicht herum. Er muss nicht mit einem Glockenschlag eingeläutet, nicht mit Pauken und Trompeten verkündet werden. Er darf nicht radikal sein, auf Revolution und Crash eine dritte «Wende» türmen. Aber er muss sich deutlich unterscheiden vom «Weiter so!». Die Möglichkeit dazu ist gegeben. Wird sie erneut verschenkt, droht ein Zerfall der offenen Gesellschaft. Die Bindungskräfte von Wohlstand und Patriotismus reichen nicht mehr aus. Unter dem Leitbild der Sicherheit erstarrt das Land.

Freiheit statt Wohlstand
Warum wir eine neue Einheit brauchen

Auf dem Berliner Schlossplatz kann man sich ungehemmt dem Gefühl der Leere hingeben. Vor dem Palast der Republik liegt eine Brache, auf der meist Autos parken, ab und an eine kleine Bühne, ein paar Festzelte oder ein Karussell aufgebaut werden. Dann laufen hier auch Leute herum, aber die großen Feste der Stadt werden andernorts gefeiert. Meist pfeift der Wind über die hässliche Ödnis, unwillkürlich beschleunigt der Spaziergänger seine Schritte, um wieder auf urbanes Gelände zu gelangen.

Am besten, man wechselt rasch die Straßenseite und genießt vor der Fassade des Alten Museums den Traum der preußischen Reformzeit, als der bankrotte, von Napoleonischen Truppen besetzte Staat durch Wissenschaft, Kunst und Stärkung des Bürgersinns die Krise meisterte. Noch Anfang der neunziger Jahre war der Lustgarten ein Schauplatz der Demonstrationen. Heute tummeln sich Studenten und Touristen in der wieder hergestellten Parkanlage. Sie können hinüberschauen zum Staatsratsgebäude, in dem Honecker residierte und in dem Gerhard Schröder zu Beginn seiner ersten Amtszeit sein Büro hatte, bis er ins neue Kanzleramt ziehen konnte. Danach nahmen die Berliner den Bau in Besitz, sahen Filme und Ausstellungen, lauschten Vorträgen und Diskussionen. Wo die Macht gesessen hatte, zog der Bürgersinn ein. Aber der rot-rote Senat übergab die Immobilie in bester Lage einem Konsortium der deutschen Wirtschaft, das versprach, hier eine private Universität, die «European School of Management and Technology», einzurichten. «Ein deutsches Harvard» haben die Deutsche Bank, DaimlerChrysler und Thyssen Krupp, also keineswegs Kleingewerbetreibende, versprochen. Lange geschah nichts. Programm, Professoren und Geld fehlten, man fragte nach öffentlichen Zuschüssen. Inzwischen wird das Gebäude, in dem Glasfenster nach Entwürfen von Ulbrichts Lieblingskünstler Walter Womacka den Sieg der Arbeiterbewegung verkünden, für den Studienbetrieb hergerichtet. Es ist still geworden um das vollmundig verkündete Vorhaben.

Wenn im Winter des Jahres 2005 endlich mit dem Abriss des Republikpalastes begonnen wird, kann der Wind ungehindert wehen. Was dann kommt, ist ungewiss. Zwar gibt es einen Beschluss des Bundestages, an dieser Stelle die Schlossfassade wieder zu errichten, auf die alle Gebäude ringsum sich beziehen. Der Neubau in historischen Maßen und historischem Kostüm soll ein Humboldt-Forum beherbergen, Kunst und Wissenschaft dienen. Aber noch fehlen detaillierte Entwürfe, noch weiß keiner genau, ob und wie das neue Schloss bezahlt werden kann.

Über keinen anderen Platz des Landes haben die Deutschen so erbittert gestritten. Sie haben ihn zur symbolischen Mitte ihrer vereinigten Republik erklärt und mit allem Scharfsinn, der ihnen zur Verfügung stand, darüber debattiert, ob Honeckers Palast des Frohsinns für alle Werktätigen abgerissen werden darf und was an seine Stelle treten soll. Merkwürdige Koalitionen haben sich dabei gebildet, westdeutsche Avantgardeliebhaber fanden sich an der Seite nostalgischer DDR-Altkader, so wie stramme Konservative und strenge Revolutionäre Allianzen eingingen. Als der Palast dann von Asbest befreit und ein Schloss noch nicht in Sicht war, nahm die junge Szene der Berliner Mitte das Gebäude in Besitz und zeigte, unter dem Schlagwort «Zwischennutzung», wozu sie imstande ist. Inmitten der Stahlträger erklangen Musik und Geräusche, man konnte Schlauchboot fahren und Theaterinszenierungen besuchen – im Sommer

2004 demonstrierte die Hauptstadt hier noch einmal, was sie am besten kann: Party feiern in den Ruinen des Kalten Krieges.

Aber keinem außer dem Wind ist es bisher gelungen, die symbolische Mitte zu besetzen. Stattdessen erwachten Ängste: vor einer restaurativen Stimmung, vor dem Auslöschen von Geschichte, vor Großmannssucht und Verschwendung, vor Kleingeist und Kompromissen. Ein Gesamtberliner Bürgertum, das die Interessen der Stadt an diesem Ort zur Geltung bringen müsste, hat sich in den Jahren des Streits nicht gemeldet. Zu stark wirkt die Teilung fort. Die Neuberliner Szene wiederum, die mit den alten Frontstadtgeschichten nichts mehr verbindet, lässt keine Absichten für morgen erkennen und beschränkt sich darauf, die Nischen und Brachen in der Stadt zu nutzen. Für sie verwandelte der norwegische Künstler Lars Ramberg die sanierte Ruine in den «Palast des Zweifels». Auf dem Dach des Gebäudes, das dem Abriss geweiht ist, stand wochenlang «Zweifel» in großen Neonbuchstaben. Woran und wozu war nie zu erfahren. So kündete die symbolische Mitte von der habituell gewordenen Skepsis gegenüber allen Verheißungen – und zeigte damit deutlich, wie es um die Berliner Republik steht. Sie beruht auf Ablehnung und einigen Lifestyle-Grundsätzen. Ein Ziel kennt sie nicht, wohl aber Wege, im Bestehenden Freiräume zu finden, unerschlossenes Territorium für Augenblicke zu bespielen.

Dass die Abneigung gegen Pläne und Visionen in Berlin besonders ausgeprägt ist, kann nicht verwundern. Die beiden Hälften der Stadt sind jahrzehntelang hochgerüstet worden, um mehr zu scheinen, als sie waren. Das Schaufenster der Freiheit und die Hauptstadt des ersten Arbeiter- und Bauernstaates auf deutschem Boden sollten nach dem Willen derer, die sie finanzierten, Großartiges versprechen. Es gehört zur Atmosphäre der Stadt, dass sie in beiden Teilen ein ironisches Verhältnis zur offiziellen Großtuerei gepflegt hat, ohne sie jedoch nicht auskommen wollte. In Kreuzberg wie in Prenzlauer Berg gingen die Bürger ihrer Wege, richteten sich ein in einem Leben ohne ökonomische Not und gegen das Selbstbild der Regierenden.

Seit der Nacht des Mauerfalls musste die Stadt als Projektionsfläche für jedermann herhalten. Sie wurde zur «Werkstatt der Einheit», zur «Drehscheibe zwischen Ost und West», zum Energiezentrum einer nach ihr benannten Republik, zur europäischen Metropole ausgerufen, in der bald sechs Millionen Menschen leben würden. So unbescheiden rechnete man Anfang der Neunziger. Alles sollte diese Stadt sein, nur nicht das, was sie war: pleite.

Auch die größten Visionen hinderten keinen Politiker daran, vor allem die bornierten Interessen der eigenen Klientel zu vertreten. Man sprach für Marzahn oder Zehlendorf, und ansonsten war man, was in Ost-Berlin «Weltspitze» hieß. Eberhard Diepgen, der ewige Regierende Bürgermeister, verkörperte das Ineinander von allgemeinster Größe und partikularer Klientel-Politik wie kein Zweiter. Er war der Mann, der die großen Worte im Tonfall der kleinen Leute sprach. Das konnte keiner besser. Dabei hat der von ihm geführte Senat beinahe alle Aufgaben verschlafen, die in den neunziger Jahren auf der Tagesordnung standen: den Abschied von der Subventionsmentalität, die Entwicklung einer eigenständigen Wirtschaftsstruktur, die Vereinigung der Stadt.

Das ging so lange gut, bis die Landesbank nach aberwitzigen, von CDU-Bonzen eingefädelten Geschäften zusammenbrach und einen gewaltigen Schuldenberg hinterließ. In den Wahlen nach dem Ende der lähmenden Großen Koalition schien Berlin geteilt wie eh und je. Im Westen gewann die SPD, im Osten die PDS. Nun regieren sie gemeinsam, haben die nicht mehr aufzuschiebende Sanierung des Haushalts in Angriff genommen und doch nie erkennen lassen, was sie in Berlin beginnen wollen. Lange Zeit schien Gemeinwohl hier eine Wärmehalle, in der alle zusammenrücken und kuscheln können. Die Berliner Parteien haben auch nach dem Wechsel wenig unternommen, diese Vorstellung zu verändern, ein Programm der klirrenden, aber belebenden Kälte aufzulegen. Daher schließen sich die Berliner nun in den Wärmestuben ihrer Kieze zusammen.

Die quecksilbrige Szene, die so viele Journalisten begeistert hat und für den glänzenden Ruf der Stadt als Metropole nächtlichen Amüsements verantwortlich ist, scheut weiterhin den Schritt ins Politische. In dieser Szene, der viel beschworenen Mitte, herrscht ein angenehm urbaner, ironischer Geist. Mit den Klischees von Ost und West wird hier lediglich gespielt. Mehr als die Verlängerung der Nachwendefeiern, der anarchischen Lust des Neuanfangs, ist allerdings nicht zu erwarten. Daher kann jeder, der eigennützige Interessen verfolgt, die Unterschiede zwischen Ost und West mobilisieren. Als im Jahr 2004 ein neuer Intendant für das Deutsche Theater gefunden werden sollte und einige Herren und Damen um den Posten stritten, machte plötzlich die Rede von einem neuen Kulturkampf die Runde. Keiner wusste genau zu sagen, warum der eine Kandidat verderbenbringend ostdeutsch, der andere inakzeptabel westdeutsch sei, aber man tat so, als ginge es um den innerdeutschen Frieden, nicht um ordentliches Theater. Zur Vermeidung sachlichen Streits wurde in den Kostümen des Kalten Krieges das alte Stück noch einmal aufgeführt. Die Lähmung hat inzwischen auch Kultur- und Nachtleben, eigentlich Stärken Berlins, erfasst.

Im Negativen ist Berlin ein Symbol des gesamten Landes geworden: ökonomisch schwach, geistig erschöpft, politisch fade. Zugleich findet man nirgends im Land so ermutigende Signale wie in dieser Stadt, in der Zehntausende längst als Biographie-Unternehmer ihr eigenes Leben gestalten, in der an den Universitäten, in einigen Redaktionen und Stadtvierteln ein Milieu entstanden ist, das mit den Kategorien des Kalten Krieges nicht mehr zu verstehen ist, in dem der westdeutsche Provinzialismus, die Selbstgerechtigkeit des Bonner Provisoriums ebenso verachtet wird wie die ostdeutsche Wagenburgmentalität, in dem die Gegenwart mehr zählt als Ideologien und Ängste.

Mit dem Ende des rot-grünen Projekts bietet sich diesem Milieu eine einmalige Gelegenheit. Schröder und Fischer sind nicht zufällig gescheitert. Die Generation, die dem alten Westen am engsten verbunden war, die all ihre Einsicht und ihr Glück der Bundesrepublik verdankte, hatte noch einmal versucht, nach den bewährten Regeln die Zukunft des Landes zu gestalten. Sie agierte wirr, inkonsequent, ideenlos und ohne Erfolg. Ihre Gegner von CDU und FDP unterschieden sich im Grundsätzlichen kaum. Etwas mehr Schärfe gegen Gewerkschaften und ein wenig mehr Patriotismus können nicht davon ablenken, dass Merkel, Stoiber und Westerwelle so wachstumsfixiert sind wie Müntefering und Schröder. «Sozial ist, was Arbeit schafft» – in diesem Slogan kulminiert die Entleerung des Politischen.

Die Weigerung, Tatsachen zur Kenntnis zu nehmen, verbindet sich mit wachsender Härte gegenüber denen, die sich ins Wunschbild nicht fügen. Selbst wenn es gelänge, zwei Millionen oder mehr der heute Stellungslosen in Lohn und Brot zu bringen, blieben die demographischen Probleme, bliebe die schwierige Lage der «working poor», derer, die trotz Job zu wenig verdienen, um ihren Lebensunterhalt zu sichern, bliebe die Tatsache, dass Flexibilität in unserem Sozialsystem eigentlich nicht vorgesehen ist. Sozial wäre, was die Durchschnittsbürger nicht hemmt und über Gebühr belastet, den Schwachen aber verlässliche Hilfe garantiert.

Die Entscheidung, vor der die Deutschen heute stehen, ist die zwischen Sicherheit und Freiheit. Die Schriftstellerin Juli Zeh, in Bonn geboren und in Leipzig lebend, hat gegen die Routine der Kapitalismusdebatte, gegen das Festhalten am alten Weltbild, neue Fragen gestellt: «Sehnen wir uns nach einer kleinen, sicheren Welt oder arbeiten wir weiter an dem Versuch, die Ränder der Chancengleichheit (und damit des Risikobereichs) möglichst weit auszudehnen – auch über staatliche Grenzen hinaus? Und wären wir bereit, für eines unserer alten oder neuen Ideale in materieller Hinsicht etwas aufzugeben? Wie wollen wir denn nun sein – stark, schön und erfolgreich oder edel, hilfreich und gut?»[1]

Im Augenblick der Wiedervereinigung wurde für Sicherheit und gegen Risiko entschieden. Die Ergebnisse sind zu besichtigen, allen voran die schwache, stille ostdeutsche Gesellschaft am Tropf, dicht gefolgt von der selbstgerechten Gesellschaft West, die sich für ewig und grundsätzlichen Wandel für anormal hält. Die Frage allerdings steht nach wie vor: Wollen wir ängstlich den fetten Jahren hinterhertrauern, die Geborgenheit der kleinen Provinzen in Ost und West genießen, zäh alle erworbenen Ansprüche und Gewohnheitsrechte verteidigen? Oder wollen wir die Freiheit ergreifen, die uns mit dem Ende des Kalten Krieges geschenkt wurde?

Wer sich für Sicherheit entscheidet, nimmt die weitere Erosion des Politischen und des Sozialstaats, der Gesellschaft und der Öffentlichkeit in Kauf. Er beschwört einen langen, verbitterten Abstiegskampf der Mittelschichten herauf und wird den Verlierern nicht das Gefühl der Sicherheit geben können. Im Gegenteil: Deren Chancen auf Aufstieg werden geringer. Allmählich verfestigt sich die soziale Schichtung und gewinnt wieder gleichsam feudale Züge. Die Bildungsanstalten, die mehr als zweihundert Jahre lang Aufstiegsagenturen gewesen sind, erfüllen diese Funktion heute nicht mehr. Sie sorgen dafür, dass die Professorentochter studiert und das Arbeiter- oder Immigrantenkind, an verwahrlosten Hauptschulen untergebracht, kaum gefördert wird.

Auch die Marktwirtschaft verfügt über Gerechtigkeit garantierende Mechanismen. Im Idealfall bringt der Markt ein ständiges Auf und Ab hervor. Wer heute noch mächtig und stark, scheinbar unüberwindlich, kann morgen schon dem rascheren Konkurrenten erlegen sein. Im deutschen Staatskapitalismus dagegen wird, mit den Geldern aller, vielfach dafür gesorgt, dass die Starken ihre Position behalten, auch wenn sie diese aus eigener Kraft nicht mehr behaupten können. Er konserviert mittels Subventionen und einem Steuersystem, das längst Züge einer Erziehungsdiktatur angenommen hat, die Strukturen der alten Bundesrepublik.

Fünfzehn Jahre haben die Deutschen viele Energien vergeudet, um die Sicherheit der Nachkriegsidylle wiederzuerlangen. Der Versuch war aussichtslos, und er ist grausam gründlich gescheitert. Aus dem Geschenk der Einheit wurde wenig gemacht. Auf das Wort «Zukunft» folgt heute nahezu zwanghaft die Rede von «harten Einschnitten» und «schmerzhaften Reformen». Da muss sich keiner wundern, wenn die Angesprochenen das Gesicht verziehen, als ginge es zum Zahnarzt. Versprochen wird Vollbeschäftigung, aber die meisten ahnen, dass es erstens damit nichts wird und dass zweitens ein hoher Preis dafür zu entrichten wäre.

Alles, was Sicherheit bieten soll, ist prekär geworden und wird es noch lange Jahre bleiben. Darauf müssen Politik und Gesellschaft sich einstellen. Das heißt: sparsam wirtschaften, die Kräfte des Einzelnen und bürgerlicher Institutionen stärken, Schwachen und Verlierern verlässlich helfen. Nicht morgens vor dem Spiegel, sondern nur im öffentlichen Raum kann der notwendige Mentalitätswechsel gelingen. Er setzt einen Wechsel der Politik voraus. Wenn alles unsicher wird, reicht es nicht, den Druck auf die Individuen zu erhöhen und auf deren Einsichtsfähigkeit zu vertrauen. Der Staat muss garantieren, dass seine Institutionen ihre Aufgaben erfüllen: dass Kinder in den Schulen ordentlich lesen und schreiben lernen, dass der Sozialstaat gegen Elend schützt, dass Mittel für den Aufbau Ost auch zum Aufbau, nicht zur Ruhigstellung, beitragen.

Die schwache Gesellschaft Ost befindet sich mitten im Stadium der Auflösung. Was sie in der Vergangenheit stabilisierte, wird dazu in Zukunft nicht mehr in der Lage sein. Die Familienstrukturen leiden unter den Folgen der Abwanderung, die Transferzahlungen werden planmäßig weniger. Künftig wird die ostdeutsche Sonderidentität Unterschiede zwischen den Regionen und Generationen nur dann überdecken können, wenn sie sich vollends zum antiwestlichen Ressentiment verhärtet. Die durch keine Mauer mehr verstellte Begegnung mit dem Spiegelbild hat den alten Westen bereits dramatisch verändert. Wird der Teufelskreis Ost nicht bald unterbrochen, entsteht ein Abwärtssog, dem der reformhysterische Westen bisher nichts entgegenzusetzen hat als seine Ängste. Wie die Auseinandersetzung zwischen Sicherheit und Freiheit, zwischen Beharren und Bewegen geführt wird, in Offenheit oder in der Verkrampfung einer Angstgesellschaft, entscheidet sich jetzt.

Die Ergebnisse der Vereinigungspolitik dürfen nicht einfach hingenommen, der bisherige Weg nicht bruchlos fortgesetzt werden. Gegen die wirtschaftliche Schwäche des Ostens, die Wagenburgmentalität und die Verkrampfungen im innerdeutschen Verkehr helfen weder geduldiges Abwarten noch das törichte Hoffen auf einen Aufschwung West, der die neuen Länder irgendwie auch erfassen soll. Es braucht eine neue Einheit, einen Neuanfang beim Aufbau Ost wie gesamtgesellschaftlich. Auf den Wegen, die bisher beschritten worden sind, gelangt man schnurstracks in den Abgrund. Über sichere Rezepte kann keiner verfügen. Nach der ökonomischen, politischen und sozialen Bilanz der vergangenen fünfzehn Jahre aber kann man vier Schwerpunkte vernünftiger Vereinigungspolitik erkennen. Die Aussichten sind nicht eben rosig, es gibt allerdings Möglichkeiten, sie zu verbessern.

Erstens: Hauptsache Bildung

Die vordringlichste Maßnahme wäre es, der Bildung endlich den Stellenwert einzuräumen, der ihr zukommt. Bildungspolitik ist mindestens so wichtig wie Wirtschaftspolitik. Schulen und Universitäten sind für Gegenwart und Zukunft des Landes entscheidender als die Infrastruktur oder die Arbeitsagentur. In Sonntagsreden wird von Wissen und Kreativität viel geschwafelt. Doch daraus folgte bisher wenig.

Im Winter 2003 haben überall in Deutschland Studenten gegen die Kürzungen der Hochschuletats gestreikt, haben Seminare auf Plätzen und Straßenkreuzungen abgehalten. Politiker aller Parteien äußerten Verständnis und Zustimmung, die Öffentlichkeit stand auf Seiten der Streikenden. Ihnen schlug von allen Seiten eine Woge der Sympathie entgegen. Aber das große Einverständnis änderte nichts daran, dass den ohnehin unterfinanzierten Bildungsanstalten weitere Mittel gestrichen wurden. Alle halten Bildung für wichtig, und alle haben sich daran gewöhnt, weniger dafür zu zahlen, als notwendig und vernünftig wäre.

Während im Osten Gewerbegebiete erschlossen und Autobahnen gebaut wurden, hat man die Universitäten nach einer kurzen Aufbauphase geschröpft. In Halle mussten 2001 fünfhundert Stellen abgebaut werden, bis 2006 sind mit dem Land Kürzungen von 12 Prozent vereinbart. Das führt zur Streichung von siebzig Professuren. An der TU Dresden hat man die Investitionsmittel auf dem Stand von 1999 eingefroren. Kaum eine Hochschule ist gerüstet, mehr Studenten besser auszubilden. Sachsen gab 2002 statistisch gesehen 7848 Euro für jeden Studierenden aus, 1995 waren es noch 10 545. Die Situation ist überall ähnlich, obwohl Universitäten junge Menschen anziehen, obwohl Studierte seltener arbeitslos werden als schlecht Ausgebildete, obwohl alle die Bedeutung von Bildung betonen. Akademiker aus den USA, Kanada oder Neuseeland meinen heute schon, dass viele deutsche Universitäten auf «Dritte-Welt-Niveau» herabgespart wurden. In Nordrhein-Westfalen, das ebenfalls einen Strukturwandel der Wirtschaft verarbeiten musste, sind in den sechziger und siebziger Jahren mehrere Universitäten und Gesamthochschulen neu gegründet worden: in Bochum, Essen, Dortmund, Bielefeld. Wo wäre die Region ohne sie?

Wer etwas für den Aufbau Ost tun will, muss die Universitäten in den neuen Ländern ausbauen und für wenigstens ein Jahrzehnt schamlos fördern. Hier kann der Staat leicht Erfolge erzielen, leichter auf jeden Fall als mit Investitionsförderungen. Ein großer Teil der Mittel aus dem Solidarpakt II wäre am besten angelegt, wenn er den Bildungsanstalten zugute käme. In Sachsen, wo 2005 die Schließung und Neuorganisation von mehr als achtzig Schulen verhandelt wurde, gewannen die Ängste der Abstiegsgesellschaft, wurde über Schulen als Standort- und Kostenfaktor gestritten. Dabei wären die sinkenden Schülerzahlen eine Gelegenheit gewesen, die Betreuung zu verbessern, den Anstalten mehr Mittel zur Verfügung zu stellen und mehr Freiheit, vor allem aber jene Verlässlichkeit zu garantieren, ohne die kein Unterricht, kein Seminar glücken kann.

Doch auch in die Bildungspolitik ist mit der Testgläubigkeit, die nach dem PISA-Schock triumphierte, die Angst eingekehrt. An die Stelle einer Idee von Bildung setzt sie das Pauken für Prüfungen, an die Stelle eines Wettbewerbs der verschiedenen Begabungen die Dressur für standardisiertes Abfragen. Der wichtigste bildungspolitische Beitrag des vergangenen Jahrzehnts hatte mit Tests nichts zu tun, dafür mit Bewährung, Kontinuität und Chancen. In dem Dokumentarfilm «Rhythm is it!» wird gezeigt, wie 250 Berliner Kinder und Jugendliche über Wochen lernen, Strawinskys «Le Sacre du Printemps», choreographiert von Royston Maldoom, zu tanzen. Man sieht, wie in die ungelenken Körper Selbstbewusstsein einzieht, wie Trägheit schwindet, frustrierte Gesichter zu leuchten beginnen, die Anstrengung manche begeistert und über sich selbst hinausträgt, und man beginnt zu ahnen, warum Freiheit und Bildung einst als Geschwister galten. Hier konnten Kinder entwickeln, was in ihnen steckt.

Desinteresse und ideologische Borniertheiten haben bisher einen Neuanfang in der Bildungspolitik verhindert und stattdessen Notmaßnahmen und begrenzte Aktionen ins Leben gerufen. Grund- und Hauptschulen scheinen ebenso wenig zu funktionieren wie die Universitäten. In den Schulen vieler Bundesländer herrscht ein Zustand der permanenten Revolution. Eine Reform jagt die nächste, ein Projekt folgt dem anderen. Mal geht es um Computer, mal um Ganztagsschulen. Dabei werden alle überfordert, weil zu viel von ihnen erwartet wird: für die Bekämpfung der Armut, die Gleichstellung der Geschlechter, die Vereinbarkeit von Familie und Beruf, für Innovation und Kreativität zugunsten der Wirtschaft, für Ausländerintegration – für alles Mögliche soll die Bildung herhalten. Dabei kann sie, wenn es gut läuft, nur eines: den Einzelnen mit jenen Fähigkeiten ausstatten, die es ihm erlauben, auf wechselnde Situationen vernünftig zu reagieren und seine Talente zu nutzen.

Zweitens: Transfers und Sozialstaat neu organisieren

Der Solidarpakt II schreibt die Hilfen nach dem bisherigen Modell fest. Er garantiert Verlässlichkeit wie Kontinuität – und damit auch eine Kontinuität der Fehlentwicklungen. Er ist verbunden mit der Hoffnung auf Aufschwung und neue Arbeitsplätze. Aber das Ziel der Wirtschaft besteht nicht darin, Arbeitsplätze zu schaffen, sondern Produkte gewinnbringend zu verkaufen. Dass dabei Arbeitsplätze entstehen, ist ein unbeabsichtigter Nebeneffekt. Auch der Staat hat nicht die Aufgabe, Arbeitsplätze zu schaffen. Damit ist er hoffnungslos überfordert. Bestenfalls kann er dafür sorgen, dass die allgemeinen Bedingungen das Entstehen von Arbeitsplätzen nicht behindern.

Wenn man nicht eine dauerhaft subventionsabhängige Wirtschaftsstruktur erzeugen will, muss der Solidarpakt noch einmal gelöst und überlegt werden, was man erreichen will und kann. Die Privilegierung Ostdeutschlands im Ganzen gegenüber unterentwickelten Regionen im Westen ist nicht mehr gerechtfertigt, wenn man sich vom Ziel der Angleichung verabschiedet. Die strukturschwachen Regionen des Westens werden seit langem durch Steinkohle- und Agrarsubventionen gefördert, sie sind reicher, die Institutionen in ihnen gefestigter. Sinnvoll wäre also, nicht zum Zwecke der Gleichmacherei, aber um eine Abwärtsspirale zu verhindern, Existenzgründer und soziale Institutionen im Osten noch eine Zeit bevorzugt zu fördern. Im Zentrum stehen muss dabei die Frage, wie Mutlosigkeit und Resignation überwunden werden können.

Die Gefahr, Geld sinnlos zu verpulvern, zur Vorteilsmitnahme einzuladen oder Unternehmen zu päppeln, die ohne Hilfe nicht bestehen können, ist jedoch groß. Will man nicht ganz auf Wirtschaftspolitik verzichten, sollten – wie vom Gesprächskreis Ost vorgeschlagen – steuerliche Privilegien für Unternehmen in den neuen Ländern, Zuschüsse für die Ansiedlung von Forschungs- und Entwicklungsabteilungen im Osten und besondere Kreditprogramme erprobt werden. Das setzt freilich eine bessere Kontrolle der Vergabe und der Folgen voraus, will man nicht neue Spekulationsblasen, wie die Förderung der Bau- und Wohnungswirtschaft sie hervorgebracht haben, erzeugen. Um besser kontrollieren zu können, muss die Zahl der Förderprogramme unverzüglich reduziert werden. Es reichen vier oder fünf, um aktivierende Kräfte im Osten für eine begrenzte Zeit zu unterstützen. Je mehr Fördertöpfe es gibt, desto mehr wird ein Typus herangezogen, der sich trickreich im Dschungel der Beihilfen und Zuschüsse bewegt und ohne staatliche Gelder nicht handlungsfähig ist.

Von allen Landesregierungen im Osten ist zu verlangen, dass sie die Mittel aus dem Aufbau Ost zweckentsprechend einsetzen. Andernfalls müssen Sanktionen drohen. Bei der Sanierung der Länderhaushalte wie der Neuordnung der Verwaltungen können sie gut mit den alten Ländern zusammenarbeiten, die vor ähnlichen Aufgaben stehen.

Die entscheidende wirtschafts- und sozialpolitische Herausforderung aber ist eine gesamtdeutsche: der Umbau des Sozialstaats. Dieser kostet zu viel, erschwert daher die Schaffung von Arbeitsplätzen und verunsichert die Beitragszahler. Die demographischen Entwicklungen, steigende Lebenserwartung, Überalterung, geringe Kinderzahl, werden zu weiteren Leistungskürzungen führen. Mit der Riester-Rente, der Praxisgebühr und Hartz IV ist das eingestanden und auch akzeptiert worden. Der Umbau kann allerdings nur gelingen, wenn im Gegenzug für mehr Transparenz und Berechenbarkeit gesorgt wird. Mit dem gleichen Eifer, mit dem die Fallmanager der Arbeitsagentur nach verstecktem Vermögen der Arbeitslosengeldbezieher suchen, nutzen Steuerberater im Auftrag ihrer Mandanten die unübersehbare Zahl der Schlupflöcher und Sonderregelungen. Die Steuergesetzgebung folgt noch immer dem Ziel, die Bürger zu erziehen, indem sie gewünschtes Verhalten prämiert. Das ist mal unsinnig, mal ungerecht, auf jeden Fall aber undurchschaubar.

Der Sozialstaat wird in Zukunft nicht mehr den Lebensstandard sichern, sondern lediglich Elend vermeiden, Lebenskrisen überbrücken helfen. Im Gegenzug muss der verwaltete Bürger Bewegungsfreiheit und Gerechtigkeit erhalten. Eine radikale Vereinfachung des Steuersystems gehört ebenso dazu wie die Heranziehung aller Einkommen zur Finanzierung der Sicherungssysteme.

So wenig wie der Aufbau Ost auf wundersame Weise Wachstum hervorzaubern kann, so wenig kann der notwendige Umbau des Sozialstaats mit Begeisterung derer rechnen, denen Ansprüche und Leistungen entzogen werden. Darauf reagieren jene, die noch etwas zu verlieren haben, die Mittelschichten, denen schlagartig ihre Verletzlichkeit bewusst wird, besonders heftig. Vergessen werden dann jene, die als Langzeitarbeitslose, Immigranten, Kinder der Unterschicht von vornherein ausgeschlossen sind. Sie aber verdienen mehr Aufmerksamkeit als Pendler oder Eigenheimbesitzer. Sie sind dazu verdammt, auf den Verliererbänken zu verharren, während alle auf Wachstum und Vollbeschäftigung warten.

Eine kulturelle und soziale Antwort auf Langzeitarbeitslosigkeit und damit einhergehenden Ausschluss vom gesellschaftlichen Leben haben die Deutschen bisher nicht gefunden – und auch viel zu selten gesucht. An gut gemeinten Appellen, die Freiheitsfurcht zu überwinden, hat es bislang nicht gefehlt. Doch sie verstärken eher die Angst, gegen die sie sich richten. Sie erzeugen das Gefühl, auf sich allein gestellt zu sein.

Drittens: Schrumpfungspolitik

Ebenso wenig sind wir auf Schrumpfungsprozesse vorbereitet, obwohl sie uns in den kommenden dreißig Jahren begleiten werden. Der Abriss von Wohnungen, selbst wenn er mit Verbesserung und Verschönerung einhergeht, reicht als Mittel der Schrumpfungspolitik nicht aus. In einigen Regionen werden Großstadtmüde weiterhin Ferienhäuser erwerben, in einigen mag der Tourismus gedeihen. Andere werden über lange Zeit hinweg weder Wochenendbesucher noch Urlauber empfangen. Hier braucht es klare Entscheidungen und Hilfen. Nur in Ausnahmefällen dürfte es möglich sein, den Bevölkerungsschwund aufzuhalten. Es wird Orte geben, winzige Dörfer vor allem, bei denen man sich für Absiedlung entscheiden wird: Man wird sie aufgeben und den letzten Bewohnern den Fortzug versüßen müssen. Eine Patentlösung für alle schrumpfenden Städte und Regionen gibt es nicht. Zu unterschiedlich sind deren Schicksale.

Gut bekannt sind die Gefahren: Verwahrlosung und Einigelung. Dagegen hilft nur Ehrlichkeit der Landes- und Regionalpolitiker gegenüber den Bewohnern. Oft sehen diese ihre Situation sehr realistisch, doch es überwiegen Gefühle der Ohnmacht und des Verlustes. Es ist nicht immer Zynismus, dann zu sagen, nehmt euer Schicksal in die eigenen Hände oder zieht fort.

Die Neuerfindung des Sozialen nach dem Zusammenbruch ist eine Sache der Bürger, ihrer Vereine und Clubs. Wenn Schulen geschlossen oder Gebäude abgerissen werden, müssen die Betroffenen in die Entscheidungen und den Prozess von Anbeginn einbezogen werden. Aber ohne staatliche Förderprogramme wird sich das gesellschaftliche Leben in Schrumpfstädten und verlassenen ländlichen Regionen nicht erholen können. Es braucht einen Halt, den nur Institutionen oder Projekte geben können. Welche das sein könnten, wie sie konkret aussehen sollten, kann nicht am Schreibtisch festgelegt werden. Das Zusammenwirken von Staat und Gesellschaft wird anders aussehen, weniger starr. Jedes der neuen Länder braucht Beauftragte für schrumpfende Regionen. Deren Probleme müssen ein Thema der Politik werden. Was fehlt, sind Strategien und Beispiele des organisierten Rückzugs. Dabei wird es zu einem scharfen Konkurrenzkampf der unterentwickelten Regionen in Ost und West kommen. Da der Zusammenbruch sich in den neuen Ländern schockartig vollzog, gibt es gute Gründe, diese noch einige Jahre zu bevorzugen. Das Ziel dabei kann lediglich sein, die Krise zu moderieren und den Bürgern Gelegenheit zu geben, die Strukturen für eine dünn besiedelte Region selber zu entwickeln.

In der Konzentration auf Wachstumskerne gerät meist aus dem Blick, dass weite Teile Ostdeutschlands künftig Landschaften sein werden, in denen gewiss allerlei blüht, aber so gut wie keine Menschen wohnen. Eine weitere Abwanderungswelle ist, wenn die Krise der öffentlichen Haushalte sich zuspitzt und die Transferzahlungen sinken, nicht ausgeschlossen. Darauf hysterisch oder empört zu reagieren, wäre wenig sinnvoll. Ein Teil der Transfers muss dazu eingesetzt werden, in den menschenleeren Gegenden eine Struktur des Sozialen zu sichern.

Viertens: Innerdeutsche Gelassenheit

Mit größter Leidenschaft haben die Deutschen ihre Unterschiede besprochen und debattiert, ohne dem Ziel der «inneren Einheit» näher zu kommen. Das ist auch gut so. Nur Diktaturen sind auf Gleichsinnigkeit der Untertanen angewiesen. Worin Ost und West in der Tat voneinander abweichen, lässt sich ohne Rückgriff auf Psychologie und Klischees leicht sagen: Erstens ist der Osten ärmer. Zweitens haben Ost-Frauen sich anders als West-Frauen emanzipiert. Ihnen wurden – wie in Kriegswirtschaften üblich – zu den traditionellen Aufgaben der Hausfrau und Mutter auch noch die der Arbeiterin aufgeladen. So schienen sie allzeit belastbar und obendrein multifunktionsfähig. Die rechtliche Gleichstellung war erreicht, auch wenn Frauen in der DDR ökonomisch und in den Hierarchien vielfach benachteiligt waren. Der Anspruch auf Gleichstellung, ein partnerschaftliches Verhältnis zu Männern und die «höhere Erwerbsneigung» sind geblieben. Kinder frühzeitig in Krippe oder Kindergarten zu geben, ist im Osten selbstverständlich. Bisher sind diese Werte erfolgreich tradiert worden.

Darüber hinaus ist der Osten drittens weitgehend atheistisch. Die religiösen Bindungen sind nicht nur schwächer als in den alten Ländern. Statt der westlichen Indifferenz trifft man häufig eine Abwehr gegenüber den Kirchen. Zeichen dafür, dass sich das ändern könnte, gibt es nicht.

In den Augen vieler Westdeutscher erscheinen Ostdeutsche menschlicher, die gesellschaftliche Atmosphäre «wärmer». Das ist nicht nur Projektion. Darin spiegelt sich auch die Tatsache, dass die meisten Ostdeutschen gut in Familien und Freundeskreise eingebunden sind und dass die soziale Differenzierung geringer ist.

Diese Besonderheiten kennzeichnen die ostdeutsche Gesellschaft, und das wird in den kommenden Jahrzehnten so bleiben. Wahrscheinlich wird es einem Reisenden, der im Jahr 2050 von Hamburg nach Leipzig fährt, ähnlich gehen wie einem, der heute von Boston nach Montgomery / Alabama fliegt: Er betritt eine andere Welt, die dennoch dazugehört. Der Süden der USA erscheint heute dem Besucher aus Deutschland ebenso fremd, wie er Kaliforniern oder Bostonern fremd ist: ländlicher, religiöser, familiärer. Es spricht einiges dafür, dass die kulturellen Unterschiede zwischen Ost- und Westdeutschland ähnlich auffallend und ähnlich lange bewahrt bleiben werden wie die zwischen Nord- und Südstaaten. Die Einheit des Landes kann nur in diesen Differenzen, nicht in deren Überwindung bestehen. Das aber kann nur in einem Klima der Aufrichtigkeit gelingen. Es setzt eine offene Diskussion über Vereinigung und Nachwendezeit voraus, eine Debatte, die über gegenseitige Schuldzuweisungen und die einfache Aufrechnung D-Mark gegen Arbeitsplätze hinausgeht. Die Aufgabe ist, wie so vieles im deutschen Vereinigungsprozess, paradox. Es ist nicht so leicht einzusehen, warum die Probleme einer randständigen Region die zentralen Probleme des gesamten Landes sein sollen. Gelassenheit jedoch ist nur dann erfolgversprechend, wenn sie mit Interesse und Aufmerksamkeit gepaart ist, wenn ostdeutsche Stimmen Beachtung finden, auch dann, wenn sie nicht nach altem Muster dramatisieren. Andernfalls wäre Gelassenheit nur eine weitere Spielart der Ignoranz.

Die Gemeinsamkeiten der Brüder und Schwestern werden oft übersehen. Dazu gehören, außer Sprache, Kultur und Geschichte, die gemeinsamen Erfahrungen der Nachkriegszeit. DDR und BRD waren stets aufeinander bezogen, der innerdeutsche Post- und Reiseverkehr trotz Mauer und Einschränkungen gewaltig. ARD, ZDF, RIAS und Bayerischer Rundfunk gehörten zum Alltag im Arbeiter- und Bauernstaat. Musik und Mode des Westens setzten die Maßstäbe.

Beginn und Ablauf der ostdeutschen Revolution sind überhaupt nur zu begreifen, wenn man diese als gesamtdeutsches Ereignis zwischen Honeckers Besuch in Bonn 1987 und Kohls Wiederwahl im Jahr 1994 versteht. Ohne die Massenflucht in den Westen, ohne Genschers kurze Rede vom Balkon der Prager Botschaft, ohne die Berichterstattung von ARD und ZDF hätte die schwache politische Opposition im Lande kaum die Kraft gefunden, der SED den öffentlichen Raum zu entreißen. Spätestens mit der Nacht des Mauerfalls wurde die ostdeutsche Revolution zur Herausforderung auch der bundesrepublikanischen Innenpolitik.

Die Diskussion über eine neue deutsche Verfassung wurde 1990 abgebrochen. Sie war vielen Ostdeutschen weniger wichtig als die D-Mark, und im Westen war die Bereitschaft, etwas am vortrefflichen Grundgesetz zu ändern, gering. An der Diskussion über den Paragraphen 218 wäre fast der Einigungsvertrag gescheitert. Daher fehlt ein Symbol des gemeinsamen Neubeginns. Das kann heute nicht einfach nachgereicht werden. Zu einem Neubeginn aber gibt es nur eine abscheuliche Alternative: die des Verharrens im Ressentiment. Das würde im Osten die weitere Abschließung gegen den Westen, im Westen Desinteresse am Schicksal der neuen Länder bedeuten. Diese Einheit aus Wagenburgmentalität und Ignoranz wäre gefährlich. Die neue Einheit hat kein Symbol und keinen Starttermin. Dass sie notwendig ist, ergibt sich aus der Lage der Dinge.

Als wollten sie dem Ungeist des Aufbau Ost ein Denkmal errichten, beauftragten die Stadtwerke Potsdam im Herbst 2004 den brasilianischen Architekten Oscar Niemeyer, inmitten der brandenburgischen Landeshauptstadt ein Freizeitbad am Brauhausberg zu errichten. Der Kommunist und Leninpreisträger Niemeyer, der legendäre Baumeister von Brasilia, hat prompt den Entwurf einer vielgestaltigen, kurvenreichen Kuppellandschaft geliefert. Würde der Bau errichtet, besäße auch Potsdam ein Monument des geläuterten Fortschrittsglaubens der fünfziger Jahre, auch wenn es aussehen würde, als sei es vom Himmel gefallen.

Das Projekt gehört zu den großen Ärgernissen. Es bindet Fördergelder in der Landeshauptstadt, deren Bewohner heute schon die größte Kaufkraft aller ostdeutschen Kommunen aufbringen. In der Nachbarschaft Berlins hat sich hier ein wohlhabendes, aus Ost wie West stammendes Bürgertum niedergelassen. Das Land will das Projekt mit der größtmöglichen Summe unterstützen. Ursprünglich wurde mit 31,5 Millionen Euro kalkuliert, davon wären 28 Millionen förderfähig, 80 Prozent will Brandenburg zuschießen. Um das zu tun, müsste der Bau bis Ende 2007 vollendet sein. Daher haben die Stadtwerke auf einen Wettbewerb verzichtet und treiben ohne Rücksicht auf die Öffentlichkeit zur Eile. Man erhofft sich eine neue Touristenattraktion und einige Arbeitsplätze, obwohl auch in Brandenburg die Spaßbäder dicht gedrängt stehen.

Wieder einmal soll das Glück als Komplettpaket eingekauft werden, wieder einmal wird dafür fremdes Geld ausgegeben. Die örtlichen Architekturbüros werden mit ausführenden Tätigkeiten abgespeist. Man will in Potsdam einen Star. So ist geplant, für ein falsches Vorhaben am falschen Ort nach falschem Verfahren Geld auszugeben. Die Bürger, die Stadt und Investoren wären gewiss ebenso in der Lage, ein Bad zu bauen. Wer in zehn Jahren seinen Kindern und Gästen aus aller Herren Länder zeigen will, warum der Aufbau Ost als Supergau endete, der muss nur eine Tour durch die Spaßbäder der neuen Länder anbieten. Das Potsdamer Niemeyer-Bad wäre dann der krönende Abschluss, Sinnbild einer ratlosen Abstiegsgesellschaft ohne Selbstvertrauen, aber mit viel Spaß am Baden. Gegen diese Gegenwartsvergessenheit der Förderpolitik hilft nur ein deutliches «Halt!».

Ost und West stehen vor der gemeinsamen Aufgabe, Abschied von Sicherheit und Wachstum zu nehmen, an die sie beide auf unterschiedliche Weise geglaubt haben und gegenwärtig weiter glauben wollen. Sie müssen nicht allein mit größerer Verschiedenheit leben lernen, sondern auch eine sparsame Demokratie erproben, die Mobilität sichert, ohne Gleichheit der Lebensverhältnisse herstellen zu können, die Verlierer kennt, diese aber nicht demütigt und verkommen lässt. Wie das gelingen kann, lehrt kein Beispiel der Vergangenheit und kann kein Wirtschaftsreformer verraten. Es geht um Bildung, Armut, Schrumpfen und Aufstiegsmöglichkeiten. Das sind die Zukunftsthemen einer offenen Gesellschaft, nicht Unternehmenssteuern, Heuschreckenschwärme oder Arbeitsvermittlung. Gegenwärtig erleben Ost und West gemeinsam eine Gefährdung ihrer bürgerlichen Kultur, die nach dem Ende der kommunistischen Attacke zwischen Marktradikalismus und Fürsorgestaat zerrieben zu werden droht. Nur ein politisch waches Bürgertum kann jedoch die neue Einheit auf die Tagesordnung setzen.

Anmerkungen

Wir verstehen die Welt nicht mehr

1 Elisabeth Noelle, «Mehr miteinander sprechen», in: *Frankfurter Allgemeine Zeitung* (21. Juli 2004), S. 5.
2 Günter Sautter, *Politische Entropie. Denken zwischen Mauerfall und dem 11. September 2001* (Paderborn 2002), S. 313.
3 Patrick Süskind, «Deutschland, eine Midlife-crisis», in: *Der Spiegel* (17. September 1990), S. 126.
4 Institut für Demoskopie, Allensbach, *Der Wert der Freiheit. Ergebnisse einer Grundlagenstudie zum Freiheitsverständnis der Deutschen* (Oktober / November 2003), S. 58.
5 Sautter, *Politische Entropie* (a.a.O.), S. 313.
6 *Focus* (13. September 2004), S. 20.
7 *Focus* (27. September 2004), S. 152.
8 Wolfgang Schäuble, *Der Vertrag. Wie ich über die deutsche Einheit verhandelte* (Stuttgart 1991), S. 12.
9 Ebd., S. 135.
10 *Focus* (20. September 2004), S. 32.
11 Katechismus zur deutschen Frage, in: *Kursbuch 4* (1966), S. 1.
12 Klaus von Dohnanyi, *Das deutsche Wagnis* (München 1990), S. 272.

1. Vorboten der Angstgesellschaft

1 *Berliner Zeitung* (1. September 2003), S. 6.
2 Ebd.
3 *Focus Money* (4. September 2003), S. 86.
4 *Süddeutsche Zeitung* (11. August 2004), S. 4.
5 Arnulf Baring, «Bürger, auf die Barrikaden!», in: *Frankfurter Allgemeine Zeitung* (19. November 2002), S. 33.
6 «Das globale Job-Roulette», in: *Der Spiegel* (25. April 2005), S. 80–92.

7 *Schnell privatisieren, entschlossen sanieren, behutsam stilllegen. Ein Rückblick auf 13 Jahre Arbeit der Treuhandanstalt und der Bundesanstalt für Vereinigungsbedingte Sonderaufgaben. Abschlussbericht der Bundesanstalt für vereinigungsbedingte Sonderaufgaben* (Berlin 2003), S. 18.

8 Klaus Schröder, *Der Preis der Einheit. Eine Bilanz* (München 2000), S. 153.

9 *Schnell privatisieren* (a.a.O.), S. 33.

10 Siegfried Wenzel, *Was kostet die Wiedervereinigung* (Berlin 2003), S. 35.

11 Thomas Kralinski, «Leere oder Lehre? Wie die Bevölkerungsentwicklung im Osten Land und Menschen prägt. Und verändern wird», in: Tanja Busse / Tobias Dürr (Hg.): *Das neue Deutschland. Zukunft als Chance* (Berlin 2003), S. 85.

12 Patrick Süskind, «Deutschland, eine Midlife-crisis», in: *Der Spiegel* (17. September 1990), S. 126.

13 Toralf Staud, «Ossis sind Türken», in: *Die Zeit* (41 / 2003), S. 9. Vgl. auch: Toralf Staud, «Die ostdeutschen Immigranten», in: Busse / Dürr (Hg.), *Das neue Deutschland* (a.a.O.), S. 266–281.

14 Vgl. Helge Heidemeyer, *Flucht und Zuwanderung aus der SBZ / DDR 1945 / 49–1961. Die Flüchtlingspolitik der Bundesrepublik Deutschland bis zum Bau der Berliner Mauer* (Düsseldorf 1994), S. 45.

15 Gunnar Winkler (Hg.), *Sozialreport 2004. Daten und Fakten zur sozialen Lage in den neuen Bundesländern* (Berlin 2004), S. 262.

16 Stefan Simon, «Skinhead-Gruppe zerschlagen», in: *Süddeutsche Zeitung* (19. August 1999), S. 35.

17 Schröder, *Der Preis der Einheit* (a.a.O.), S. 115.

18 Ebd.

19 Laurence McFalls, «Die kulturelle Vereinigung Deutschlands», in: *Politik und Zeitgeschichte 11* (2001), S. 24.

20 Prognos-Umfrage, November 2004 (www.bbr.bund.de / aufbau-ost).

21 Winkler (Hg.), *Sozialreport 2004* (a.a.O.), S. 29.

22 *Handelsblatt* (30. September 2004), S. 1.

23 Bund der Steuerzahler, Pressemitteilung vom 30. Dezember 2004.

24 Elisabeth Noelle, «Mehr miteinander sprechen», in: *Frankfurter Allgemeine Zeitung* (21. Juli 2004), S. 5.

25 *Jahresbericht der Bundesregierung zum Stand der Deutschen Einheit 2004*, S. 9.

26 Süskind, «Deutschland, eine Midlife-crisis» (a.a.O.), S. 125.

27 Florian Illies, *Generation Golf. Eine Introspektion* (Frankfurt/Main 2001), S. 16.

28 Uwe Müller, *Supergau Deutsche Einheit* (Berlin 2005), S. 223.

2. Der Westen zahlt, der Osten leidet

1 Tanja Busse, «Geht ab hier in Dorf. Schrumpfen lernen im ehemaligen sozialistischen Musterdorf», in: Tanja Busse / Tobias Dürr (Hg.), *Das neue Deutschland. Die Zukunft als Chance* (Berlin 2003), S. 106.

2 Karl Mai, *Mezzogiorno als zwangsläufige Perspektive Ost? Memo der Arbeitsgruppe Alternative Wirtschaftspolitik an der Uni Bremen* (7. Januar 2005), S. 3.

3 André Steiner, *Von Plan zu Plan. Eine Wirtschaftsgeschichte der DDR* (München 2004), S. 29

4 Ebd., S. 226.

5 Ebd., S. 207.

6 Wolfgang Kühn, «Vom zehntgrößten Industrieland zur Wachstumsregion Nummer 1 in Europa. Ostdeutschlands Industrie 1990 und 1994», in: Klaus Steinitz, *Vereinigungsbilanz. Fünf Jahre deutsche Einheit* (Hamburg 1995), S. 21 f.

7 *Jahreswirtschaftsbericht der Bundesregierung* (1. Februar 1995), S. 39.

8 Ulrich Busch, *Am Tropf. Die ostdeutsche Transfergesellschaft* (Berlin 2002), S. 370.

9 Siegfried Wenzel, *Was kostet die Wiedervereinigung?* (Berlin 2003), S. 22.

10 Busch, *Am Tropf* (a.a.O.), S. 377.

11 Wenzel, *Was kostet die Wiedervereinigung* (a.a.O.), S. 22.

12 Wolfgang Herles, *Wir sind kein Volk. Eine Polemik* (München 2004), S. 71.

13 Zitiert nach: Herbert Hax, «Sanierung durch Privatisierung oder Sanierung vor Privatisierung? – Rückblick auf eine Kontroverse», in: *Schnell privatisieren, entschlossen sanieren, behutsam stilllegen. Ein Rückblick auf 13 Jahre Arbeit der Treuhandanstalt und der Bundesanstalt für Vereinigungsbedingte Sonderaufgaben. Abschlussbericht der Bundesanstalt für vereinigungsbedingte Sonderaufgaben* (Berlin 2003), S. 205.

14 *Schnell privatisieren* (a.a.O.), S. 53.

15 Nach Birgit Breuel (Hg.), *Treuhand intern* (Frankfurt / Main, Berlin 1993), S. 229.

16 *Schnell privatisieren* (a.a.O.), S. 221.

17 Gerlinde Sinn / Hans-Werner Sinn, *Kaltstart. Volkswirtschaftliche Aspekte der deutschen Vereinigung* (Tübingen 1991), S. 110.

18 Ebd., S. 111f.

19 Ebd., S. 113

20 Hax, «Sanierung durch Privatisierung» (a.a.O.), S. 218.

21 *Schnell privatisieren* (a.a.O.), 40f.

22 Ebd., S. 41.

23 Ebd., S. 55.

24 Ebd., S. 272.

25 Busch, *Am Tropf* (a.a.O.), S. 108.

26 Klaus von Dohnanyi, «Geschichte und Zukunft des Aufbaus Ost», in: *Schnell privatisieren* (a.a.O.), S. 356.

27 Hans-Werner Sinn, *Ist Deutschland noch zu retten?* (München 2003), S. 217.

28 Sinn/Sinn, *Kaltstart* (a.a.O.), S. 150.

29 Wochenbericht des DIW Berlin 13/04, S. 2.

30 *Lebenslagen in Deutschland. Der 2. Armuts- und Reichtumsbericht der Bundesregierung* (Berlin 2005), S. 31.

31 Ebd., S. 48.

32 Institut für Demoskopie, Allensbach, *Befindlichkeiten in Ost und West. Ein demoskopischer Vergleich* (Juli 1996), S. 13.

33 Ebd., S. 9.

34 Gunnar Winkler, *Sozialreport 2004. Daten und Fakten zur sozialen Lage in den neuen Bundesländern* (Berlin 2004), S. 213.

35 Pressemitteilung des Deutschen Instituts für Wirtschaftsforschung (DIW) Berlin vom 4. Mai 2005.

36 Henning Sichelschmidt, *Zur Frage einer Infrastrukturlücke Ostdeutschlands gegenüber Westdeutschland. Kieler Arbeitspapier 1175* (Kiel 2003), S. 14.

37 *Fortschritte beim Aufbau Ost. Fortschrittsbericht wirtschaftswissenschaftlicher Institute über die wirtschaftliche Entwicklung in Ostdeutschland. 2002.* (*Wirtschaft im Wandel 7–8*, 2002), S. 224.

38 Ebd.

39 Sichelschmidt, *Infrastrukturlücke* (a.a.O.), S. 34.

40 Ebd., S. 15.

41 Ebd., S. 17.

42 Bund der Steuerzahler Sachsen (www.steuerzahler-sachsen.de).

43 Bund der Steuerzahler Sachsen-Anhalt (www.steuerzahler-sachsen-anhalt.de).

44 Joachim Tesch, «Perspektiven der Bauwirtschaft in Ostdeutschland», in: Joachim Tesch (Hg.), *Ostdeutschland – alternative Entwicklungsmöglichkeiten oder Mezzogiorno* (Leipzig 2005), S. 79.

45 Zahlen nach: «Fortschritte beim Aufbau Ost. Fortschrittsbericht wirtschaftswissenschaftlicher Forschungsinstitute über die wirtschaftliche Entwicklung in Ostdeutschland. Kurzfassung», in: *Wirtschaft im Wandel 7–8* (2002), S. 187.

46 Busch, *Am Tropf* (a.a.O.), S. 91.

47 «Fortschritte beim Aufbau Ost» (a.a.O.), S. 203.

48 Klaus von Dohnanyi/Edgar Most: «Für eine Kurskorrektur des Aufbau Ost», S. 6 (unter: www.spiegel.de/media/0,4906,4026,00.pdf).

49 Ebd., S. 8.
50 Ebd., S. 11.
51 *Süddeutsche Zeitung* (7. April 2004), S. 13.
52 Institut für Wirtschaftsforschung Halle (IWH), Pressemitteilung 27/2004.
53 Institut für Wirtschaftsforschung Halle (IWH), Pressemitteilung 20/2005.
54 Institut für Wirtschaftsforschung Halle (IWH), Pressemitteilung 24/2003.
55 Karl Mai, «Zu den finanziellen Rahmenbedingungen für die weitere Entwicklung in den neuen Ländern», in: Tesch (Hg.), *Ostdeutschland* (a.a.O.), S. 89.
56 Ebd., S. 91.
57 Jens Bullerjahn, *Sachsen-Anhalt 2020. Einsichten und Perspektiven* (Magdeburg 2004), S. 19.
58 Steiner, *Von Plan zu Plan* (a.a.O.), S.224.
59 Ebd., S. 18.
60 Lothar Späth, «Im Osten was Neues?», in: *Handelsblatt* (14. April 2004), S. 11.
61 Wolfgang Schroeder, *Leipzig und BMW: Standortwettbewerb durch Clusterbildung.* In: Busse/Dürr (Hg.), *Das neue Deutschland* (a.a.O.), S. 123.
62 *Schnell privatisieren* (a.a.O.), S. 300.
63 Ulrich Busch, «Zwischen Sonderwirtschaftszone und Mezzogiorno. Kritik aktueller wirtschaftspolitischer Konzepte für Ostdeutschland», in: Tesch (Hg.), *Ostdeutschland* (a.a.O.), S. 8.
64 Zitiert nach: Dieter Schulte, «Arbeitsplatzssicherung und Aufbau von Arbeitsplätzen», in: *Schnell privatisieren* (a.a.O.), S. 267.
65 *Berliner Zeitung* (3. Juni 2005), S. 1.
66 Uwe Müller, *Supergau Deutsche Einheit* (Berlin 2005), S. 237.

3. Wir sind anders

1 Claudia Rusch, *Meine freie deutsche Jugend* (Frankfurt am Main 2003), S. 154.
2 *Frankfurter Rundschau* (14. Mai 1990), S. 7.
3 Gerd Koenen, *Das rote Jahrzehnt. Unsere kleine deutsche Kulturrevolution. 1967–1977* (Frankfurt am Main 2001), S. 499.
4 *Neues Deutschland* (15. Mai 1990), S. 6.
5 Scholz & Friends (Hg.), *Lore's Law. Das Gesetzbuch des gesunden Menschenverstands* (Frankfurt 2005), S. 20ff.
6 Thomas Ahbe, «Der Dammbruch», in: *Freitag* (29. August 2003), S. 14.

7 Herbert Riehl-Heyse: «… und dem Gestern zugewandt», in: *Süddeutsche Zeitung* (2. Oktober 2000), Beilage, S. 1.

8 Heinz Bude, *Die ironische Nation. Soziologie als Zeitdiagnose* (Hamburg 1999), S. 14.

9 Gunnar Winkler (Hg.): *Sozialreport 2004. Daten und Fakten zur sozialen Lage in den neuen Bundesländern* (Berlin 2004), S. 13.

10 Ebd., S. 24.

11 Ebd., S. 58.

12 Ebd., S. 24.

13 Ebd., S. 64.

14 Peter Förster, *Junge Ostdeutsche auf der Suche nach Freiheit. Eine systemübergreifende Längsschnittstudie zum politischen Mentalitätswandel vor und nach der Wende* (Leverkusen 2002), S. 167.

15 Ebd., S. 173.

16 Ebd., S. 171.

17 Winkler (Hg.), *Sozialreport 2004* (a.a.O.), S. 63.

18 Ebd.

19 Helmut Schelsky, *Wandlungen der deutschen Familie in der Gegenwart* (Stuttgart 1955), S. 222.

20 Ebd., S. 236.

21 Alexander Thumfart, *Die politische Integration Ostdeutschlands* (Frankfurt am Main 2002), S. 799.

22 *Schnell privatisieren, entschlossen sanieren, behutsam stilllegen. Ein Rückblick auf 13 Jahre Arbeit der Treuhandanstalt und der Bundesanstalt für Vereinigungsbedingte Sonderaufgaben. Abschlussbericht der Bundesanstalt für vereinigungsbedingte Sonderaufgaben* (Berlin 2003), S. 80.

23 Institut für Demoskopie, Allensbach, *Befindlichkeiten in Ost und West. Ein demoskopischer Vergleich* (Juli 1996), S. 4.

24 Winkler (Hg.), *Sozialreport 2004* (a.a.O.), S. 29.

25 Thumfart, *Die politische Integration* (a.a.O.), S. 806.

26 *Frankfurter Allgmeine Zeitung* (10. September 2004), S. 10.

27 Vgl. Thumfart, *Die politische Integration* (a.a.O.), S. 805.

28 Zitiert nach: Claudia Dreke, «Erfolg und Scheitern im ‹fremden Osten›», in: Stefan Zahlmann / Sylka Scholz (Hg.): *Scheitern und Biographie. Die andere Seite moderner Lebensgeschichten* (Gießen 2005), S. 131.

29 MDR, Umschau (www.mdr.de / umschau / 1658103.html).

30 Stefan Bollinger / Ulrich van der Heyden (Hg.), *Deutsche Einheit und Elitenwechsel in Ostdeutschland* (Berlin 2002), S. 32 f.

31 Vgl. Arno Hecht, *Die Wissenschaftselite Ostdeutschlands. Feindliche Übernahme oder Integration* (Leipzig 2002).

32 *Süddeutsche Zeitung* (19. Februar 2002), S. 13. Vgl. auch: www.benjaminhoff.de

33 *Süddeutsche Zeitung* (23. Februar 2004), S. 11.

34 Zitate nach: Bollinger/van der Heyden (Hg.), *Deutsche Einheit und Elitenwechsel* (a.a.O.), S. 24f.

35 Vgl. Norbert Frei, *Vergangenheitspolitik. Die Anfänge der Bundesrepublik und die NS-Vergangenheit* (München 1999).

36 Zitiert nach ebd, S. 228.

37 Rita Kuczynski, *Im Westen was Neues? Ostdeutsche auf dem Weg in die Normalität* (Berlin 2003), S. 189.

38 Bollinger/van der Heyden (Hg.), *Deutsche Einheit und Elitenwechsel* (a.a.O.), S. 32.

39 Wolfgang Engler, *Die Ostdeutschen als Avantgarde* (Berlin 2002), S. 116f.

40 Ebd., S. 117.

41 Institut für Demoskopie, Allensbach, *Der Wert der Freiheit. Ergebnisse einer Grundlagenstudie zum Freiheitsverständnis der Deutschen* (Oktober/November 2003), S. 12.

42 Martina Rellin, *Klar bin ich eine Ost-Frau! Frauen erzählen aus dem richtigen Leben* (Berlin 2004), S. 98.

43 Institut für Demoskopie, Allensbach, *Der Wert der Freiheit* (a.a.O.), S. 10.

44 Ebd., S.11.

45 Elisabeth Noelle-Neumann/Thomas Petersen, «Zeitenwende. Der Wertewandel 30 Jahre später», in: *Aus Politik und Zeitgeschichte 29* (2001), S. 18.

46 Ebd., S. 19.

47 Institut für Demoskopie, Allensbach, *Der Wert der Freiheit* (a.a.O.), S. 103.

48 Ebd., S. 124.

49 Ebd.

50 Winkler (Hg.), *Sozialreport 2004* (a.a.O.), S. 65.

51 Ebd., S. 73.

52 Julia Schoch/Peter Ulrich Weiß, «‹Freiheit ist Leistung› – Ostdeutsche Kleinbürgerlichkeit als Stütze der Gesellschaft», in: Tanja Busse/Tobias Dürr (Hg.), *Das neue Deutschland. Die Zukunft als Chance* (Berlin 2003), S. 254–265.

53 Tobias Nolte, «Der Osten, eine Krabbelbox», in: Freitag (24. September 2004), S. 17.

54 Jana Hensel, *Zonenkinder* (Reinbek 2004), S. 71.

55 Ebd., S. 71 f.

56 Ebd., S. 80.

57 Annette Simon, «Unsere bösen Kinder», in: *Berliner Zeitung* (15. August 2000), S. 11.

4. Deutschland im Abstiegskampf?

1 Til Mette, in: *Stern* (20/2005), S. 92.

2 Günter Sautter, *Politische Entropie. Denken zwischen Mauerfall und dem 11. September 2001* (Paderborn 2002), S. 313.

3 Gabor Steingart, *Deutschland. Der Abstieg eines Superstars* (München 2004), S. 259 ff.

4 *Frankfurter Allgemeine Zeitung* (14. Mai 2005), S. 1.

5 Institut für Demoskopie, Allensbach, *Der Wert der Freiheit. Ergebnisse einer Grundlagenstudie zum Freiheitsverständnis der Deutschen* (Oktober/November 2003), S. 63.

6 Ebd., S. 65

7 Ebd., S. 63.

8 Ebd., S. 65.

9 Ebd., S. 70.

10 Ebd., S. 71.

11 André Steiner, *Von Plan zu Plan. Eine Wirtschaftsgeschichte der DDR* (München 2004), S. 223.

12 Gunnar Winkler (Hg.), *Sozialreport 2004. Daten und Fakten zur sozialen Lage in den neuen Bundesländern* (Berlin 2004), S. 262.

13 Franz-Josef Kemper, «Binnenwanderungen in Deutschland. Rückkehr alter Muster?», in: *Geographische Rundschau* (6/2003), S. 11.

14 Steffen Krönert/Nienke van Olst/Reiner Klingholz, *Deutschland 2020. Die demographische Zukunft der Nation* (Berlin 2004).

15 Herwig Birg, Die innerdeutsche Migration in: *Frankfurter Allgemeine Zeitung* (3. März 2005), S. 39.

16 Bundesministerium für Verkehr, Bau- und Wohnungswesen, Pressemitteilung Nr. 132/2005 (27. April 2005).

17 Vgl. hierzu die Angaben bei Krönert/van Olst/Klingholz, *Deutschland 2020* (a.a.O.), S. 36–54.

18 Sigrun Kabisch/Matthias Bernt/Andreas Peter, *Stadtumbau unter Schrumpfungsbedingungen. Eine sozialwissenschaftliche Fallstudie* (Wiesbaden 2004).

19 Claudia van Laak, «In Zukunft ohne Gießkanne» (http://www.dradio.de/dkultur/sendungen/laenderreport/357054/).

20 Pressemitteilung vom 1. Mai 2005.

21 *Süddeutsche Zeitung* (23. April 2005), S. 17.

22 Alexander Thumfart, «Ostdeutschland als Gegenwart einer gemeinsamen Zukunft. Ein Laborversuch», in: Tanja Busse/Tobias Dürr (Hg.), *Das neue Deutschland. Die Zukunft als Chance* (Berlin 2003), S. 144.

23 Vgl. Gabriele Metzler, *Der deutsche Sozialstaat. Vom Bismarckschen Erfolgsmodell zum Pflegefall* (München 2003).

24 Jürgen Habermas, «Die Krise des Wohfahrtsstaates und die Erschöpfung utopischer Energien», in: ders., *Zeitdiagnosen. Zwölf Essays* (Frankfurt am Main 2003), S. 39.

25 *Die Zeit* (12. Mai 2005), S. 41.

26 Berthold Vogel, «Am Nachmittag des Wohlfahrtsstaats. Zur politischen Ordnung gesellschaftlicher Ungleichheit», in: *Mittelweg 36* (13. Jahrgang, August/September 2004), S. 42.

27 Pressemitteilung vom 2. März 2005 (unter: www.julis.de).

28 Gustav Seibt, «Auf Wiedersehen, Schönheit», in: *Süddeutsche Zeitung* (10. August 2002), S. 13.

29 Institut für Demoskopie, Allensbach, *Der Wert der Freiheit* (a.a.O.), S. 116.

30 Winkler (Hg.), *Sozialreport 2004*, S. 320.

31 Thumfart, «Ostdeutschland als Gegenwart» (a.a.O.), S. 152.

Freiheit statt Wohlstand

1 Juli Zeh, «Euer Sündenbock-Spiel nervt», in: *Der Spiegel* (23. Mai 2005), S. 144.

Dank

Den Gesprächen mit Freunden und Kollegen verdanke ich ebenso viele Anregungen wie der unduldsamen Geduld Gunnar Schmidts, ohne den dieses Buch nicht zustande gekommen wäre. Ute Jochimsen hat mir mit den richtigen Fragen über Blockaden hinweggeholfen. Christoph Schmaus danke ich für die vielfältige und zuverlässige Hilfe beim Recherchieren, Bernd Klöckener für die sorgsame Durchsicht des Manuskripts. Meinen West-Berliner Freunden ist dieses Buch gewidmet.